Profile des Bösen

Christian Lüdke · Kerstin Lüdke

Profile des Bösen

und wie man sie erkennt –
eine Anleitung

Dr. phil. Christian Lüdke
TERAPON Consulting GmbH
Essen, Deutschland

Dr. phil. Kerstin Lüdke
Polizei des Landes NRW
Münster, Deutschland

ISBN 978-3-658-28435-0   ISBN 978-3-658-28436-7 (eBook)
https://doi.org/10.1007/978-3-658-28436-7

Die Deutsche Nationalbibliothek verzeichnet diese Publikation in der Deutschen Nationalbibliografie; detaillierte bibliografische Daten sind im Internet über http://dnb.d-nb.de abrufbar.

© Springer Fachmedien Wiesbaden GmbH, ein Teil von Springer Nature 2020
Das Werk einschließlich aller seiner Teile ist urheberrechtlich geschützt. Jede Verwertung, die nicht ausdrücklich vom Urheberrechtsgesetz zugelassen ist, bedarf der vorherigen Zustimmung des Verlags. Das gilt insbesondere für Vervielfältigungen, Bearbeitungen, Übersetzungen, Mikroverfilmungen und die Einspeicherung und Verarbeitung in elektronischen Systemen.
Die Wiedergabe von allgemein beschreibenden Bezeichnungen, Marken, Unternehmensnamen etc. in diesem Werk bedeutet nicht, dass diese frei durch jedermann benutzt werden dürfen. Die Berechtigung zur Benutzung unterliegt, auch ohne gesonderten Hinweis hierzu, den Regeln des Markenrechts. Die Rechte des jeweiligen Zeicheninhabers sind zu beachten.
Der Verlag, die Autoren und die Herausgeber gehen davon aus, dass die Angaben und Informationen in diesem Werk zum Zeitpunkt der Veröffentlichung vollständig und korrekt sind. Weder der Verlag, noch die Autoren oder die Herausgeber übernehmen, ausdrücklich oder implizit, Gewähr für den Inhalt des Werkes, etwaige Fehler oder Äußerungen. Der Verlag bleibt im Hinblick auf geografische Zuordnungen und Gebietsbezeichnungen in veröffentlichten Karten und Institutionsadressen neutral.

Planung/Lektorat: Joachim Coch
Springer ist ein Imprint der eingetragenen Gesellschaft Springer Fachmedien Wiesbaden GmbH und ist ein Teil von Springer Nature.
Die Anschrift der Gesellschaft ist: Abraham-Lincoln-Str. 46, 65189 Wiesbaden, Germany

Es gibt nichts Gutes, außer man tut es.
(Erich Kästner)

Für **Lilli & Zoe**
Ihr seid die Allerbesten!

Geleitwort

Ist es nicht gut, zu wissen, dass Sie die Welt verändern können, ohne Ihren Alltag zu verändern?!

Was ist böse, wer ist böse? Jeder hat hier seine individuelle Sicht, und befragen wir mehrere Menschen, werden wir schnell Gemeinsamkeiten in der Betrachtung finden. Dass das Böse oft differenzierter, unvermittelter – wie aus dem Nichts heraus – auftritt, ist ein weiterer Teil der Sicht, denkt man sich – laienhaft – in die Materie des Bösen hinein.

Als Nachrichtenmoderator bin ich täglich mit Bösem konfrontiert, welches mir und unseren Zuschauern in unterschiedlicher Form und Person begegnet. Ob ein Arzt, der seine Patienten totspritzt, jugendliche Serientäter, Einbruchdiebstahl, Vergewaltigung, Amoklauf – die Reihe lässt sich beliebig fortsetzen. Das Böse begegnet im Alltag, es begegnet technisch: auch Bilanzmanipulation, als Delikt der Wirtschaftskriminalität, ist böse. Und Cyberkriminalität ist längst in unserer Gesellschaft angekommen.

Empfinde ich eine Tat und ihre Umstände als tragisch, ertappe ich mich gelegentlich dabei, eben diesem Bösen das Attribut unfassbar beizufügen. Oft ringe ich mit mir – das Wort unfassbar gehört ins journalistische Reich der Floskeln und Hülsen. Rein faktisch, wäre etwas nicht fassbar, könnten wir nicht darüber berichten.

Unfassbar beschreibt vielmehr unsere Hilflosigkeit bei der Suche nach Antworten auf die Frage nach den Motiven, den Absichten des Bösen. Der Frage, warum ist das Böse eigentlich böse?

Die Autoren Kerstin und Christian Lüdke begeben sich auf die Suche nach ebendiesen Antworten. Feinfühlig und differenziert in Analyse und Klassifizierung, menschlich nah in ihrer Einschätzung und zuweilen sogar humoristisch an Orten, in denen sich Wärme fast von selbst verbietet. Eben nur fast.

Und so vollzieht sich während der Lektüre nicht allein Wissensvermittlung, sondern rascher Erkenntnisgewinn. Das Böse wird bleiben, es ist ein Teil des Menschen, habe ich – so oder ähnlich formuliert – einst in Schule und Redakteursausbildung gelernt. Daran vermag auch dieses Buch nichts zu ändern. Kerstin und Christian Lüdke tragen jedoch erheblich dazu bei, das oft kaum Fassbare besser zu verstehen. Das Wissen hilft mir persönlich, Gefahren besser einschätzen und ihnen hoffentlich ausweichen zu können.

Foto: Thorsten Jander

Berlin
im Sommer 2019

Marc Bator
Fernsehmoderator
und ehemaliger
Tagesschau-Sprecher

Vorwort

Wir sind fest davon überzeugt, dass man mit einer einzigen Frage herausfinden kann, wie hoch das Risiko ist, böse zu werden. Diese Frage finden Sie allerdings in keinem Anamnesebogen, bei keinem Arzt oder Psychiater, bei keinem Psychotherapeuten und auch kein Richter oder Polizeibeamter wird Ihnen jemals diese Frage stellen. Die Frage lautet: *„Fühlen Sie sich geliebt?"* Wir glauben, dass ein Mensch, der sich bedingungslos geliebt fühlt, nicht böse werden kann. Was bewegt uns eigentlich, ein Buch über *das Böse* zu schreiben, wo doch die Bibliotheken der Welt gefüllt sind mit unzähliger Literatur zu diesem Thema? Es gibt Fragen, auf die es keine Antworten gibt, zumindest keine einfachen Antworten, die allgemein akzeptiert sind. Es gibt Fragen, die die Menschheit seit Anbeginn beschäftigen: Woher? Wohin? Wozu? Aber auch auf ganz banale Fragen haben wir oft keine Antwort: Warum lieben Frauen Schuhe und Handtaschen? Warum trinken Männer Bier? Warum räumen unsere Kinder ihre Zimmer nicht auf? Warum ist der

Klodeckel immer hochgeklappt? Wir haben dieses Buch geschrieben, um Sie ein wenig zum Nachdenken und zum Nachfühlen anzuregen. Unser Buch soll kein Ratgeber sein und auch keine Antworten geben, die wir ohnehin nicht haben. Wir wollen Ihnen unsere Wahrnehmungen und unsere Erfahrungen mitteilen, weil wir glauben, gemeinsam mit Ihnen die Welt ein wenig besser machen zu können. Unsere Berufe bringen es mit sich, dass wir uns seit vielen Jahren mit den unterschiedlichen Facetten des Bösen beschäftigen: Gewalt, Überfälle, Mord, Totschlag, Missbrauch, Vergewaltigung, Vernachlässigung und vieles mehr. Wir haben im Laufe der Jahre sehr viele Menschen kennengelernt, Normalos, wie du und ich, beeindruckende, faszinierende, wundervolle, liebenswerte, einmalige Menschen, die alle danach streben, einfach glücklich und friedlich zu leben. Wir haben aber auch andere Menschen kennengelernt, brutale, skrupellose, eiskalte, berechnende, durchtriebene, perverse und psychisch kranke Menschen. Wir haben viele Täter kennengelernt, aber noch viel mehr Opfer. Wir glauben, bei der Beobachtung der bösen Menschen gewisse Gemeinsamkeiten und Strukturen erkannt zu haben, die wir in diesem Buch vorstellen wollen. Weil wir aus der Praxis kommen, soll unser Buch ein ganz praktisches Sachbuch sein, das Ihnen am Ende mit etwas Glück behilflich sein kann, böse Menschen in Ihrem Alltag besser zu erkennen und sich vor ihnen zu schützen. Wenn wir uns vor dem Bösen schützen, schützen wir dadurch auch unsere Demokratie. Freiheit und Sicherheit gehen Seite an Seite. Freiheit gibt es nicht umsonst! „Freedom is not for free." Freiheit fordert tägliches Engagement und Selbstverantwortung. *„Wer die Freiheit aufgibt, um Sicherheit zu gewinnen, wird am Ende beides verlieren"* (Benjamin Franklin). Freiheit ist auch Gerechtigkeit. Böse Menschen kennen keine Gerechtigkeit.

Zu Beginn unserer Recherchen haben wir einen ersten Blick in den Duden geworfen, um zu sehen, was dort steht. **Böse** (Duden 1989, S. 93): gering, wertlos, schlecht, schlimm, eigentlich aufgeblasen, geschwollen, verwandt mit Bausch, Busen, Pausback, Beule und pusten. Böse bedeutet ursprünglich etwas aufgeblasen. Ableitungen sind: erbosen, erzürnen, schlecht werden, schlecht handeln, gotteslästerlich reden, boshaft, Bösewicht, wertlos. „Sprachen wie das Griechische und das Lateinische haben zur Bezeichnung der verschiedenen Arten des Üblen, Bösen, Schlechten, Defizitären, Schlimmen bzw. sonst Negativen einen alles umfassenden Begriff: ‚kakon' bzw. ‚malum'. Das Deutsche weist demgegenüber die eben genannten verschiedenen begrifflichen Differenzierungsmöglichkeiten auf. Wer auf Deutsch schreibt, ist zu einer Auswahl aus den verschiedenen möglichen Bezeichnungen gezwungen" (Schäfer 2014, S. 8 f.). Thomas von Aquin nennt es: „De malo. Plotin Pothen ta kaka".

Als Titel unseres Buches haben wir uns entschieden für: **Profile des Bösen.** Das bringt alles Negative am intensivsten zum Ausdruck. **Profile des Bösen** ist ein Intensivbegriff. Was im Griechischen und Lateinischen als *kakon* oder *malum* bezeichnet wird, hat in dem Begriff **Profile des Bösen** seinen intensivsten Beleg und lässt sich eben aus dieser Intensität besonders deutlich erschließen. *Profile des Bösen* soll eine Anleitung für Sie sein, eben diese zu erkennen. „*Gefahr erkannt, Gefahr gebannt*", sagt der Volksmund. Wenn Sie die *Profile des Bösen* erkennen, werden Sie auch die für Sie besten Wege finden, sich vor ihnen zu schützen. Viele Sprichwörter und Redensarten sind oft so kurz und gut, weil sie Lebenserfahrungen auf den Punkt bringen und erste Lösungsansätze liefern, wie z. B. das Zitat von Johann Gottfried Seume: „*Wo man singt, da lass dich ruhig nieder, böse Menschen haben keine Lieder*" („Weh dem Lande, wo man nicht mehr singet").

Erinnern Sie sich noch an das Markenzeichen des kauzigen TV-Ermittlers Inspektor Columbo? *„Eine Frage hätte ich da noch …"* Der Inspektor, der im schäbigsten Trenchcoat aller Zeiten agierte, wirkte während der gesamten Ermittlungszeit unkonzentriert, als kapierte er nichts, als sei er zu blöd, um selbst die offenkundigste Spur zu lesen. Selbst die Fragen, die Columbo während seiner Arbeit stellte, hatten den Charme des Ahnungslosen: Erst am Ende stellte sich heraus, dass niemand so hellwach alle Indizien zusammenzusetzen wusste wie eben dieser Inspektor.

Am Ende machen wir es ihm nach. *Eine Frage hätten wir da noch*: *Fühlen Sie sich geliebt?*

Lünen	Christian Lüdke
Köln	Kerstin Lüdke
im Frühling 2020	

PS: Wenn Sie in diesem Buch einen Druckfehler finden, dann dürfen Sie ihn behalten.

Inhaltsverzeichnis

1 **Einleitung** 1
1.1 Steckbrief Erde (Lesch und Kamphausen 2018) 2
1.2 Was ist eigentlich das Böse? 3
1.3 Ein neuer Blick auf die alte Welt 12
1.4 Wenn die Welt ein Dorf mit nur 1001 Einwohnern wäre 22
1.5 Wege zum Frieden und Glück 26
Literatur 28

2 **Menschenbild** 31
2.1 Der Mensch als Leib-Seele-Geist-Organismus 32
2.2 Was ist gesund und was ist krank? 38
2.3 Wo die Liebe hinschlägt 43
2.4 Egoismus der Gene: Fliehe, kämpfe oder erstarre 47
Literatur 60

3 Was die Welt zusammenhält 63
3.1 Rotation 67
3.2 Revolution 68
3.3 Anziehungskraft 68
3.4 Fliehkraft 69
Literatur 72

4 Das Böse in der Welt 73
4.1 Leben unter dem Einfluss der Welt 74
4.2 Alle Täter sind dumm 83
4.3 Jeden Tag eine böse Tat 90
4.4 Zehn Bedrohungsszenarien für die Menschheit 95
Literatur 138

5 Fratzen der Gewalt 141
5.1 Die Faszination des Abscheulichen 145
5.2 Verhaltensbestimmte Faktoren 160
5.3 Situationsbedingtes Verhalten 162
5.4 Persönlichkeitsbedingtes Verhalten 163
Literatur 170

6 Persönlichkeitstypen 173
6.1 Schizoide Persönlichkeit 180
6.2 Depressive Persönlichkeit 184
6.3 Zwanghafte Persönlichkeit 187
6.4 Histrionische Persönlichkeit 190
Literatur 197

7 Psychische Störungen 199
7.1 Paranoide Störungen 202
7.2 Dissoziale Persönlichkeitsstörung 204
7.3 Narzisstische Persönlichkeitsstörung 207
7.4 Depressiv-abhängige Persönlichkeitsstörung 208

	7.5	Kombinierte und inadäquate Persönlichkeitsstörung	211
	Literatur		219
8	**Was können wir gegen das Böse im Alltag tun?**		**221**
	8.1	Tätereinschätzung und Gespür für die Situation	221
	8.2	Gefährliche Menschen im Alltag erkennen	229
	8.3	Umgang mit Psychopathen, Sadisten, Perversen, Abartigen	237
	8.4	Tipps für den Alltag	243
		8.4.1 Richtiges Verhalten in Gefahrensituationen	245
		8.4.2 So reagieren Sie souverän in kritischen Situationen	249
		8.4.3 Anmache und blöde Sprüche: Was guckst du?	252
		8.4.4 Wenn Sie körperlich angegriffen werden	255
		8.4.5 Fazit	262
	Literatur		263
9	**Hilfsangebote**		**265**
	9.1	Hilfe für Opfer	268
	9.2	Wenn ich böse bin	269
	9.3	Adressen	270
	9.4	Glaube kann helfen	271
	Literatur		273

Über die Autoren

Foto: Stefan Schejok

Christian Lüdke Der Hang zum Bösen ist auch in guten Menschen. Dr. phil., geboren 1960, ist Klinischer Hypnotherapeut (Deutsche Gesellschaft für Hypnose und Hypnotherapie, DGH) sowie approbierter Kinder- und Jugendlichenpsychotherapeut (Verhaltenstherapie) und Geschäftsführer der Terapon Consulting GmbH (www.terapon.de). Langjährige Arbeit in der psychologischen Ausbildung von Spezialeinheiten der Polizei des Landes NRW (SEK). Ein Spezialgebiet ist u. a. die Psychologie von Täterverhalten. Er ist erfahrener Experte für akutes Krisenmanagement und die Behandlung von Gewalt- und Kriminalitätsopfern sowie von Ängsten und Traumata.

In Funk und Fernsehen ist er ein gefragter Interviewpartner zu diesen Themen.

www.lüdke.de

Foto: Stefan Schejok

Kerstin Lüdke Der Mensch ist zwei in einem: Gut und Böse.

Dr. phil., geboren 1970, ist Kriminaldirektorin, im Land Nordrhein-Westfalen, zur Zeit an der Deutschen Hochschule der Polizei.

Tätigkeit u. a. für die Spezialeinheiten der Polizei NRW (Verhandlungsgruppe), Streifendienst, Reiterstaffel und Kriminalpolizei. Magisterstudium der Sozialen Verhaltenswissenschaften, Soziologie und Rechtswissenschaften. Masterstudium an der Deutschen Hochschule der Polizei „Öffentliche Verwaltung – Polizeimanagement". Systemische Coachin und Ausbildung in psychologischer Akutintervention nach traumatischen Ereignissen.

www.lüdke.de

//1

Einleitung

Wenn einer von einem hochgelegenen Aussichtspunkt aus seinen Blick ringsum schweifen liesse, so wie es Berichten von Dichtern zufolge Jupiter gelegentlich tut, könnte er nicht umhin zu erkennen, wie zahllos die Heimsuchungen sind, denen das Leben der Menschen ausgesetzt ist, ... wie überall alles mit bitterer Galle durchtränkt ist, ganz zu schweigen von den Leiden, die der Mensch dem Menschen zufügt, wie etwa Verelendung, Gefangenschaft, Rufmord, Verunglimpfung, Folter, Heimtücke, Verrat, Schmähungen, Streithändel und Betrügereien.
(Erasmus von Rotterdam [Paris 1511] 2005, S. 76)

Zusammenfassung Das Böse ist mitten unter uns. Das Böse schläft nie, sagt man. Wir können manchmal auch nicht schlafen – sind wir deshalb böse? Vor dem Hintergrund unterschiedlicher Berufserfahrungen nähern sich eine erfahrene Polizeibeamtin und ein kompetenter Psychotherapeut dem Menschen und dem Bösen, mal sachlich-objektiv, mal emotional-tiefsinnig, mal ganz böse, mal humorvoll. Dabei zeigen sie verschiedene Persönlichkeitstypen auf, den Ist-Zustand der Welt und wie alles zusammenspielt. Gleichzeitig zeigen sie dem Leser Möglichkeiten auf, Böses zu erkennen, selbstverantwortlich zu handeln und damit die Welt zu verbessern.

1.1 Steckbrief Erde (Lesch und Kamphausen 2018)

- Synonym: der blaue Planet,
- Planet Nummer: 3,
- Planetenart: Felsenplanet,
- Alter: 4,543 Mrd. Jahre,
- mittlerer Abstand zur Sonne: 149,6 Mio. km,
- Umlaufdauer: 365 Tage = 1 Jahr,
- Rotationsdauer: 24 h = 1 Tag,
- Umfang am Äquator: 40.075 km,
- Durchmesser: 12.756 km,
- Masse: $5{,}974 \times 10^{24}$ kg,
- mittlere Oberflächentemperatur: +15 °C,
- Begleiter: Mond,
- besondere Kennzeichen: beherbergt Leben,
- Bewohner: 7,7 Mrd. Menschen.

Vor 300.000 Jahren kam der Mensch (Homo sapiens) auf die Welt, und die Welt war schon da. So etwas wie den Menschen hat dieser Himmelskörper allerdings noch nicht erlebt. Diese Spezies ist wirklich einzigartig. Älter als 300.000 Jahre dürfte das Böse also nicht sein. In Anbetracht des Alters unserer Erde von fast 4,5 Mrd. Jahren könnte man sagen, dass es ja quasi gerade erst da ist, das Böse. Also keine Panik! Wir haben alle Zeit der Welt, uns damit zu beschäftigen und die Welt vor dem Bösen zu schützen.

Macht euch die Erde untertan! (Genesis 1:28)

Wir haben den Eindruck, dass viele Menschen diese Worte aus der Schöpfungsgeschichte falsch verstanden haben. „*Untertan machen*" heißt aber nicht kaputtmachen oder zerstören, heißt auch nicht böse werden. „Macht euch die Erde untertan" bedeutet vielmehr, eine *Verpflichtung* und *Verantwortung* zu übernehmen. Mit der Erde in Einklang stehen, mit ihr harmonieren, sich vertragen und zurechtkommen. Also vertragt Euch!

Der Mensch ist nichts an sich. Er ist nur eine grenzenlose Chance. Aber er ist der grenzenlos Verantwortliche für diese Chance. (Albert Camus)

1.2 Was ist eigentlich das Böse?

„Von wegen „*alles wird gut*", heute wird es böse.

Wer oder was ist eigentlich böse? Der Teufel? Die Illuminaten? Die Schwiegermutter?

In der Regel wird das Böse als Inbegriff des moralisch Falschen verstanden. Eine das Weltgeschehen beeinflussende Grundkraft, die dem Guten gegenübersteht, nach dem Motto: *Wo das Licht ist, da ist auch Schatten*. Gott gegen den Teufel, der Westen gegen Terroristen, Aspirin gegen Kopfschmerzen. Aber wer bestimmt eigentlich die Definition des moralisch Falschen? Je nach ethischer Position gibt es da nämlich ganz erhebliche Unterschiede in der Definition. Nach Benedict de Spinoza war das Böse alles, was die Selbstbehauptung des Einzelnen hemmt, eine Kraft von außen also, alles, was uns Menschen an der freien Entfaltung hindert. Für Kant ist das Böse ein wesentlicher Bestandteil der menschlichen Natur, weil der Mensch nicht nur mit Vernunft ausgestattet ist, sondern ganz natürliche weltliche Bedürfnisse hat, den Hang zur dunklen Seite. Das Böse war also schon immer in uns. Rousseau sagt, dass der Mensch von Geburt an gut ist. Das Leben in der Gemeinschaft vergiftet ihn und macht ihn böse.

Sind wir nun böse geboren oder macht die Gesellschaft uns böse? Nietzsche warf all das über den Haufen und erklärte das Gute zum Schlechten und das Böse schlichtweg zu einem Konstrukt einer christlichen Sklavenmoral.

Leibnitz befasste sich sehr intensiv mit dem Bösen und machte gleich drei verschiedene Kategorien des Bösen aus: *Malum physikum*: Verlust, Schmerzen, Einsamkeit, Armut, also alles, was man selbst seinem ärgsten Feind nicht wünscht. *Malum metaphysicum*: Kleine Imperfektionen und von Gott eingebaute Sollbruchstellen des Menschen. Der Mensch aber könne nach Leibnitz nur auf eine einzige Art böse sein, durch das *Malum morale*, das moralische Übel, die Sünde, die man begeht, wenn man sich von Gott abwendet.

Der Existenzphilosoph Karl Theodor Jaspers teilte das Böse ebenfalls in drei Kategorien ein:

Triebhaftigkeit jeder Art, der Mangel an Wille zum Guten und der Wille zum Bösen. Das ist doch interessant, fanden wir *Darth Vader* doch immer aufregender, als den in olle Ökoleinen gehüllten *Luke Skywalker*. Egal von welchen religiösen oder ideologischen Standpunkten man ausgeht, das rein Böse, Töten, Stehlen, Lügen ist das, was schlecht ist für das Individuum und die Gesellschaft. Dennoch scheint es so, als bräuchten wir das Böse. Gut und Böse stehen in einem dualistischen Verhältnis zueinander, das eine kann nicht ohne das andere, sonst wäre Ozzy Osbourne nur ein tattriger Familienvater und jeder Hollywood-Film würde mit dem Happy End beginnen und ohne Gegenspieler dahinplänkeln. Wir brauchen das Böse als Gegenpol, um uns in der ethischen

Welt zurechtzufinden" (ZDF, 3sat, Mediathek, Wissen, Sendung vom 25.01.2012).

Gewalt tut weh. Das ist wohl die kürzeste Beschreibung von Gewalt. Das Böse tritt oft in Gestalt der Gewalt auf. Täter auf der einen Seite, Opfer auf der anderen Seite. Gewalt ist eine Erscheinungsform des Bösen. Das Böse in unserer Gesellschaft kann man aus verschiedenen Perspektiven betrachten: kriminologisch, psychotherapeutisch, theologisch, psychologisch, soziologisch und nicht zuletzt philosophisch. Dabei werden in der Regel mehr Fragen aufgeworfen als beantwortet. Die Bibliotheken dieser Welt sind randvoll mit Texten zum Bösen, von der Antike bis zur Gegenwart. Wer der Frage nachgehen will, woher das Böse gekommen ist, müsste dieser Frage zunächst einmal zugrunde legen, was denn das Böse überhaupt ist. Solche Fragen haben namhafte Philosophen über Jahrhunderte beschäftigt. Einige von ihnen haben sich an dem Thema regelrecht abgearbeitet. Von Platon über Sokrates, Augustinus bis hin zu Voltaire, Spinoza, Kant und Nietzsche und vielen anderen. Viele Fragen wurden sicherlich beantwortet, aber mit jeder Antwort tauchten ebenso viele neue Fragen auf: Woher kommt das Böse eigentlich? Gibt es das Böse nur, weil es auch das Gute gibt? Ist das Gute dem Bösen überlegen? Gibt es „das Böse" überhaupt? Ist der Mensch von Natur aus böse? Oder wird er erst dazu gemacht? Fragen über Fragen, auf die wir auch keine Antwort haben. Wäre die Auseinandersetzung mit dem Bösen ein Theaterstück, das wir uns angesehen hätten, könnten wir es nicht besser als mit den Worten von Bertolt Brecht zusammenfassen: *„Wir stehen selbst enttäuscht und sehn betroffen den Vorhang zu und alle Fragen offen"* (Brecht 1997). Wir nähern uns dem Thema des Bösen sehr viel banaler und pragmatischer. Es ist ein Teil unseres Berufes, dass wir uns zwangsläufig immer wieder mit den dunklen Seiten der Welt und des Lebens beschäftigen müssen. Gewalt, Kriminalität, Bedrohung, Kränkungen, Demütigungen, Verletzungen und vieles mehr. Wir haben viele Täter kennengelernt und viel mehr Opfer. In der Auseinandersetzung mit beiden haben wir immer wieder vergleichbare Erfahrungen gemacht, mit denen wir das Erscheinungsbild des Bösen in unserer Gesellschaft mit allen seinen stark ausgeprägten Erscheinungsformen des alltäglichen Lebens in eine gewisse Ordnung bringen und beschreiben wollen. Mit *Profile des Bösen* nähern wir uns dem Menschen und dem Bösen ganz subjektiv. Die oben gestellten Fragen können wir zwar nicht einmal ansatzweise beantworten, aber wir können Sie ein wenig näher an das Thema des Bösen heranführen, um selbst mehr und mehr ein Gespür für die Menschen zu bekommen, ob sie eher gut oder böse sind. Und wenn Sie dann bereit sind, Eigenverantwortung zu übernehmen und selbst zu handeln, können Sie Ihr Leben und die Welt ein kleines Stückchen besser und sicherer machen.

Reden und Handeln sind zwei Seiten einer Medaille und stimmen nicht immer miteinander überein. Wir haben gelernt, Menschen eher danach zu beurteilen, was sie tun, und weniger danach, was sie reden. Wir werden auch kein Auto, wenn wir uns 3 Wochen lang in eine Garage stellen. Aber wenn wir etwas Gutes tun, führt das unmittelbar und erlebbar zu Veränderungen. Und wenn sich nichts ändert, ändert sich nichts. Wir dürfen also nicht immer nur meckern und jammern, sondern wir müssen konkret etwas tun. Und am einfachsten ist es, wenn wir uns erst mal an die eigene Nase fassen, bevor wir mit dem Finger auf andere Menschen zeigen. Wenn wir das tun, sollten wir immer bedenken, dass vier Finger der selben Hand auf uns zurück zeigen.

Also, was können wir sehen, wenn wir in den Spiegel des Bösen schauen? Vielleicht können wir darin manchmal auch einen kleinen Teil von uns selbst entdecken, so wie wir in manch Bösem vielleicht auch ein Quantum Gutes entdecken können. Wir werden sehen!

Grundsätzlich sind wir der festen Überzeugung, dass der überwiegende Teil der Menschen den Willen zum Guten in sich trägt. Grundsätzlich! Wenn da nicht die vielen kleinen und größeren Versuchungen wären, die uns ganz anders handeln und reden lassen, als wir es uns eigentlich vorgenommen hatten. Wer ist denn heute noch bereit, uneigennützig zu helfen? Beim Umzug des Nachbarn, dem eigenen Bruder, der sich von seiner Familie getrennt hat? Oder der Kollegin, die sexuell belästigt wird? Oder was, wenn ich im Telefondisplay schon wieder die Telefonnummer meiner Schwiegermutter sehe, der ich dann stundenlang geduldig zuhören muss? Das nervt, da nehme ich besser erst gar nicht den Hörer ab. Ist das nicht oft viel zu lästig? Warum soll ich das machen? Warum soll ich mich einmischen? Andere könnten das doch vielleicht viel besser oder habe ich einfach nur Angst, etwas verkehrt zu machen? Oder nervt es mich manchmal schlicht und ergreifend? Jede und jeder von uns kennt eine ganze Reihe solcher tagtäglicher Versuchungen. Um es mit den Worten von Oscar Wilde zu sagen: *„Ich kann allem widerstehen, nur der Versuchung nicht."*

Das Spektrum des Bösen ist also außerordentlich breit. Es geht wirklich von extrem brutalen Tätern bis hin zu den Weingummibärchen auf unserem Schreibtisch, die uns die ganze Zeit anlächeln, aber von denen wir wissen, dass sie in irgendeiner Form auch böse sind und uns nicht gut tun, wenn wir zu viele von ihnen in uns hineinstopfen. Das Böse scheint also gewissermaßen mit der Versuchung verbunden zu sein. Das Böse ist mitten unter uns. Wir sind der festen Überzeugung, dass beide Themen daher auch in einem der bekanntesten Gebete weltweit Berücksichtigung gefunden haben. Auch Jesus hat es zu spüren bekommen, als er in der Wüste vom Teufel in Versuchung geführt wurde. Jesus betete und widersagte den Verlockungen des Bösen. Und so lehrt uns diese Vaterunser-Bitte, dass wir den Versuchungen des täglichen Lebens, den Einflüsterungen des Bösen nur dann entkommen und sie entlarven können, wenn wir Gott inständig darum bitten: Und führe uns nicht in Versuchung, sondern erlöse uns von dem Bösen!

„Die letzte Bitte des Vaterunser [uns von dem Bösen zu erlösen, Anm. d. Verfasser] nimmt die vorletzte [uns nicht in Versuchung zu führen, Anm. d. Verfasser] noch einmal auf und wendet sie ins Positive; insofern gehören beide Bitten ganz eng zusammen. Wenn in der vorletzten Bitte das ‚Nicht' dominiert (dem Bösen nicht Raum geben über das Erträgliche hinaus), so kommen wir in der letzten Bitte mit der zentralen Hoffnung unseres Glaubens zum Vater. ‚Errette, erlöse, befreie uns!' Es ist letzten Endes die Bitte um Erlösung. Wovon wollen wir erlöst werden? Die neue Übersetzung des Vaterunser sagt ‚vom Bösen' und lässt damit offen, ob ‚das Böse' oder ‚der Böse' gemeint ist. Beides lässt sich letztendlich nicht trennen … Wir sehen vor uns den Drachen, von dem die Apokalypse spricht … Aus den dunklen Abgründen des Bösen, mit den Elementen der römischen Staatsmacht gezeichnet und damit die Bedrohung … die politisch-militärisch-ökonomische Macht zur totalen Allmacht … zur Gestalt des Bösen, das uns zu verschlingen droht … Auch wenn es das Römische Reich und seine Ideologien nicht mehr gibt – wie gegenwärtig ist doch alles! Auch heute sind da zum einen die Mächte des Marktes, des Handels mit Waffen, mit Drogen und mit Menschen, die auf der Welt lasten und die Menschheit in Zwänge hineinreißen, die unwiderstehlich sind. Auch heute ist da zum anderen die Ideologie des Erfolges, des Wohlbefindens, die uns sagt: Gott ist nur eine Fiktion, er nimmt uns nur Zeit und Lust des Lebens weg. Kümmere dich nicht um ihn! Suche, allein vom Leben so viel zu erhaschen, wie du kannst. Auch diese Versuchungen scheinen unwiderstehlich … Erst wenn du Gott verloren hast, hast du dich selbst verloren; dann bist du nur noch ein zufälliges Produkt der Evolution. Dann hat der ‚Drache' wirklich gesiegt. Solange er dir Gott nicht entreißen kann, bist du in allen Übeln, die dich bedrohen, immer noch zutiefst heil geblieben … Übel können notwendig sein für unsere Reinigung, aber das Böse zerstört … Wenn wir den erbetenen Schutz gegen das Böse einmal erlangt haben, dann stehen wir sicher und geborgen gegen alles, was Teufel in der Welt bewerkstelligen können" (Ratzinger 2007, S. 200 ff.). *„Die Personifikation des Bösen schlechthin ist der Teufel. Er und seine Gehilfen sind die Gegenspieler Gottes und kämpfen mit ihm um die Macht über die Seelen der Gläubigen"* (Fayet 2008, S. 13).

Jesus wurde von seinem Vater in die Welt geschickt, um uns Menschen von dem Bösen zu erlösen. Er hat sich selbst dafür geopfert. Aber was ist seitdem geschehen? So richtig ist seine Mission noch nicht aufgegangen, denn das Böse ist immer noch da, sogar allgegenwärtig. Weder wollen wir in die Philosophie noch in die Theologie abgleiten, stellen aber fest, dass die Beschäftigung mit dem Bösen nicht losgelöst von beidem gelingen kann. Als gläubiger Mensch ist man sehr schnell im Bereich der Theodizee. In allgemein verständliche Sprache übersetzt, heißt Theodizee nichts anderes als die Gerechtigkeit oder Rechtfertigung Gottes. Zusammengefasst sind darin verschiedene Antwortversuche auf die Frage, wie man das subjektive Leiden in der Welt erklären kann, vor dem Hintergrund, dass ein Gott einerseits allmächtig, andererseits gut sein soll. Warum verhungern tagtäglich Kinder, wo es doch Nahrung im Überfluss gibt? Warum sterben Unschuldige bei Terroranschlägen? Wenn es einen lieben Gott gibt, warum verhindert er das nicht? Vielleicht liegt die Antwort ja ganz nahe, weil wir selber hier die Verantwortung übernehmen müssen, handeln müssen, und nicht nur darauf vertrauen, dass Gottes Sohn ein zweites Mal zu uns auf die Erde kommt, um uns von dem Bösen zu erlösen. Vielleicht war das ja eine seiner wichtigsten Botschaften? Wenn wir davon ausgehen, dass Gott in Menschengestalt auf die Welt gekommen ist und quasi einer von uns geworden ist, heißt das doch im Umkehrschluss nichts anderes, als dass jeder Mensch auch etwas Göttliches in sich trägt, oder nicht? Gott wurde Mensch, also wurden die Menschen auch göttlich, wäre für uns ein logischer Umkehrschluss. Aber was haben wir nun davon ganz konkret im Alltag? Erst mal nichts, solange wir nur warten. Der römische Schriftsteller Publius Syrus (1969, S. 14) sagte einmal: *„Trau lieber deiner Kraft, als deinem Glück."* Und vielleicht hat Jesus ja genau das gemeint, dass wir die Dinge selber in die Hand nehmen sollen und nicht warten, bis er eines Tages wiederkommt. Aber was heißt denn „wiederkommt"? Vielleicht ist alles ja ganz anders und er ist längst schon wieder da, ohne dass wir ihn sehen? Und überhaupt, ist es nicht der größte Trick aller Götter, unsichtbar zu sein? Spielen Sie doch einmal in Gedanken durch, was denn wäre, wenn Jesus ein zweites Mal auf die Welt käme, um uns von dem Bösen zu befreien. Womit würde er anfangen? Mit den Computerwürmern und Computerviren? Oder würde er uns zuerst von den Despoten befreien? Trump, Putin, Erdogan, Assad, Kim Jong Un, die nicht selten als solche bezeichnet werden? Wer weiß?! Würde er sich zuerst um den Plastikmüll in den Weltmeeren kümmern? Um den Klimawandel oder die künstliche Intelligenz? Würde er uns helfen, unsere Demokratie vor den widerwärtigen und feigen Trollen der AfD zu schützen? Was meinen Sie?

Vorher aber noch etwas zum Nachdenken: „Einmal vergleicht Jesus sein Los mit dem der wilden Tiere des Feldes und der Vögel am Himmel; es lohnt sich, auch seine Taktiken damit zu vergleichen. Ähnlich den Menschen bilden auch Tiere soziale Gruppen mit hierarchischen Machtstrukturen. Es kommt zu Machtkämpfen, wenn ein Revolutionär versucht emporzukommen und der etablierte Führer ihn bekämpft. Unter den vielen Taktiken, die Tiere in diesem Kampf einsetzen, ist vor allem die Überlebenstaktik Jesu von Bedeutung. Bekämpfen sich beispielsweise zwei Wölfe, und einer wird fast getötet, hebt dieser plötzlich den Kopf und bietet seinem Gegner die Kehle an. Der Gegner kann ihn nicht töten, solange er mit diesem Verhalten konfrontiert wird. Obgleich er der Sieger ist, kontrolliert ihn der Besiegte, indem er verharrt und seine verletzliche Halsschlagader anbietet. Ein ähnliches Verhalten wurde auch von Truthähnen beobachtet, die ihren Gegner auf diese Weise daran hinderten, sie zu töten. Einen Vergleich zwischen Jesus und dem Tierverhalten stellte auch Konrad Lorenz an. Im Hinblick auf die Frage, was der Mensch vom Verhalten der Tiere lernen kann, schreibt er: *„Ich habe letztlich daraus ein tiefes und neueres Verständnis einer wunderbaren und oft missverstandenen Rede des Evangelisten gezogen, die in mir bis dahin nur ein Gefühl der schärfsten Gegnerschaft erweckt hatte. Wenn dich einer auf die rechte Wange schlägt, dann halt ihm auch die andere hin (Matthäus 5:39). Ein Wolf hat mich gelehrt; nicht dass dein Feind dich dann wieder schlägt, wenn du die Backe hinhältst, sondern dass man ihn damit unfähig macht, es zu tun"* (Haley 2011, S. 28). Und wer weiß, vielleicht kann uns ja die Jesus-Strategie auch in der Bewältigung des Bösen behilflich sein?! Zunächst aber wollen wir erst mal einen neuen Blick auf die alte Welt werfen.

Und wenn Sie nach draußen in die Welt gehen, im Angesicht der vielen Widrigkeiten, denken Sie doch an die Worte des Dichters Rudyard Kipling, die das Letzte sind, was ein Tennisspieler sieht, bevor er auf den Centre Court in Wimbledon hinaustritt (Dutton 2014, S. 238):

> Wenn du mit Sieg und Niederlage umgehen kannst.
> Und diese beiden Blender gleich behandelst …
> dann bist du ein Mensch!

1.3 Ein neuer Blick auf die alte Welt

„Der Mann ist sozial und sexuell ein Idiot" (Goldberg 1986, S. 1). Das dürfte wohl eine der kürzesten und treffendsten Problembeschreibungen unserer Welt sein. Männer organisieren menschliches Leben in einer Gesellschaftsform, in der nur der Mann zu bestimmen hat. Alles ist von ihm für ihn eingerichtet. Der Mann interessiert sich in dieser Gesellschaft ernsthaft nur für den Mann. Männer erfinden Waschmittel und Bomben, machen Gesetze und Fernsehserien, führen Lokomotiven, Flugzeuge und Kriege, stehen Gerichten vor und Kirchen, haben Frauen und die Macht. Kein Wunder, dass unsere Welt bis in die kleinsten Verästelungen eine technologische, vom manomanischen und instrumentellen Männerverhalten geprägte Welt ist (Goldberg 1986, S. 1). Der italienische Autor Edoardo Albinati geht in seinem Monumentalroman über die Geschichte der männlichen Gewalt noch einen drastischen Schritt weiter, indem er den *Mann als unheilbare Krankheit der Welt* beschreibt: „Ich habe irgendwo gelesen, ein 22-Jähriger habe versucht, eine 53-Jährige zu vergewaltigen. Weil sie sich heftig wehrte, habe er sie umgebracht, ihre Leiche vergewaltigt und sie in einen See geworfen. Aber dann habe er sie wieder herausgezogen, um sie abermals zu schänden" (Albinati 2018, S. 934). „Eine Jungfrau zu schänden, erfordert eine Entschlossenheit, die man nur mit Grausamkeit erlangt.

Jungfräulichkeit törnt den Perversen an, sie macht ihn wütend und womöglich impotent. Also ist ihm jedes Mittel recht, um auf diesen Körper einzuwirken, denn er kann ihn nicht so lassen, wie er ist. Das vielleicht Haarsträubendste an den Berichten und Verhörprotokollen sind die in Anführungszeichen gesetzten Formulierungen wie, ‚er verging sich mit einem Besenstil‘ oder ‚die Einführung einer Bierflasche‘ als wäre der Gebrauch von Gegenständen statt des Geschlechtsorgans, um das Opfer zu penetrieren, der Beleg für besondere Bösartigkeit …" (Albinati 2018, S. 945).

Damit ist eigentlich schon alles zum Thema des Bösen gesagt. Weil es aber in der Literaturgeschichte noch nie den Nobelpreis für ein Faltblatt gegeben hat, wollen wir diese Diagnosen noch weiter erläutern. Damit aber noch nicht genug. Einer unserer wissenschaftlichen Lehrer hat dem Ganzen dann noch die Krone aufgesetzt. Horst Herrmann war ein ehemaliger Priester der römisch-katholischen Kirche, Kirchenrechtler und v. a. auch Kirchenkritiker und Soziologe. Seine Studien zur Männerforschung waren direkt und hemmungslos. Er beschreibt immer wieder, auf welch schwachen Füßen die Männergewalt steht. Und wo sieht er die Wurzel allen Übels? Es ist *die Angst der Männer vor den Frauen* (Herrmann 1989). „Männer jagen oft Angst ein, werden laut und schrill und gewalttätig. Aber warum das so ist, wird weniger laut gefragt und schon gar nicht gesagt … Offensichtlich soll da etwas verdrängt werden. Aber was? Die Angst der Männer vor den Frauen" (Herrmann 1989, S. 7). Männer haben Angst vor Frauen. Unsere Welt ist bis in die hintersten Winkel vermessen und alles ist erforscht. Bis auf die Männer. Sie haben seit Jahrhunderten dafür gesorgt, undurchschaubar zu bleiben. Der wirksamste Trick aller Götter ist, wie bereits oben erwähnt, stets der gewesen, unsichtbar zu sein. Männer machen denen die meiste Angst, vor denen sie sich selbst am meisten fürchten. Männer üben Gewalt aus, gegen Frauen und gegen Kinder (Herrmann 1989, S. 11). Herrmann beschreibt, auf welch schwachen Füßen die Männergewalt steht. Das auffällig starke Geschlecht trägt ein auffällig starkes Geschlechtsorgan vor sich her. Das ist aber auch schon alles. Das auffälligste Phänomen einer Gesellschaft: Überall stehen Männer im Vordergrund und überall wirken sie auf mich wie Vorgeschobene. Großmäulig, renommierend, reputierlich sind sie – und relativ wenig von ihnen selbst steckt hinter ihren Fassaden. Was sie nach vorne treibt? Es ist ihre Angst vor den Frauen. Hinter jedem Mann, der sich in den Vordergrund drängt, steht eine Frau, vor der er flieht. Dabei sind nur die Männer wirklich krank (Herrmann 1989, S. 19). Männer sind bindungsschwach. Männer haben Angst vor starken Frauen. Werden Frauen aktiv, werden Männer impotent. Männer haben Schwierigkeiten, ihre Gefühle zu äußern. Deshalb brauchen sie immer konkrete Anlässe dafür. Die Liebe und den Krieg. Ach ja, und den Fußball. Wenn ein Mann einer Frau sagt *ich liebe dich*, dann heißt das sehr oft *ich brauche dich* oder *ich will dich nehmen* und in Besitz nehmen. Vorsicht ist geboten, wenn Männer im Zusammenhang mit Partnerschaften von Freiräumen sprechen. Sie sind garantiert auf der Flucht. Wenn die Autoren gefragt werden, was ihrer Meinung nach die Hauptgründe sind, warum Beziehungen zwischen Männern und Frauen scheitern, es zu Trennungen und Scheidungen kommt, so gibt es zwei Hauptgründe: erstens Zeitmangel und zweitens Missverständnisse. Dass ein Mangel an Zeit Mangel an Liebe ist, haben die Männer erfolgreich verdrängt. Viele Frauen leben ein Leben in stiller Verzweiflung und in einem gemütlichen Elend. Frauen haben oft Angst vor ihrer eigenen Kraft. Aber sind es nicht immer die Frauen, die die Partnerschaften, Beziehungen und Familien im Inneren zusammenhalten? Von dem Augenblick an, wo einer Frau ein kalter Schauer den Rücken herunterläuft, weil sie fühlt, dass in ihrer Partnerschaft ganz gewaltig etwas nicht stimmt, bis zu dem Zeitpunkt, an dem sie die Entscheidung trifft, sich von ihrem Mann zu trennen, vergehen Monate, manchmal Jahre. Bei Männern reicht oft ein einziges Wochenende, um die Ehefrau gegen ein jüngeres Modell auszutauschen. Viele Männer, die ihre Frauen schlagen, tun das nicht nur aus Gemeinheit und Bösartigkeit, sondern aus Schwäche. Männer fühlen sich in ihrem Innersten oft ohnmächtig und hilflos. Durch Gewaltausübung verwandeln sie ihr Gefühl von Ohnmacht in ein kurzzeitiges Erleben von Allmacht. *Ich habe Macht, ich habe Kontrolle,* und im schlimmsten Fall fühlen sie sich wie Herr über Leben und Tod. Männer wollen Macht. Frauen reicht das Leben. Frauen haben viel weniger mit Gewalt im Sinn als Männer. Männer wollen die Bestimmer sein, die Schöpfer und Erfinder. In der von Horst Herrmann durchgeführten Männerforschung wurde durch Zufall eine interessante Entdeckung gemacht. Die meisten Maschinen, die wir kennen, wurden von Männern erfunden und erschaffen. Aber warum heißt es *die* Maschine? Warum ist etwas, das die Männer erfunden haben, nicht maskulin? Warum heißt es nicht *der* Maschine? Die interessante Entdeckung, die nebenbei gemacht wurde, besteht darin, dass das Wort Maschine in allen Sprachen der Welt weiblich ist. Es heißt immer *die* Maschine (Herrmann 1989, S. 103). Die Vermutung liegt nahe, dass Männer in Frauen oft auch nur Maschinen sehen: Liebesmaschinen, Lustspendemaschinen, Gebärmaschinen, Erziehungsmaschinen, Aufräummaschinen usw. Maschinen sind machtvolle Prothesen der Männer (Phallussymbole). Böse Zungen (Duden 2002, S. 136) behaupten, Autos sind nichts anderes als in Metall gegossene Dauererektionen. Zwei wesentliche Merkmale von Maschinen bestehen darin, dass sie funktionieren müssen, dass man sie einschalten und ausschalten kann und dass man sie bis zu einem gewissen Grad auch zerstören kann. Das, was Männer vorrangig als ihre Tätigkeiten ausgeben, das sog. Aktive, Tätige, Schöpferische, Politische, Wirtschaftliche usw., können die Frauen entweder sowieso schon oder sie erlernen es sehr viel schneller als Männer. Dieses Verhältnis von Männern und Frauen hat Ginger Rogers auf den Punkt gebracht mit einem sehr bemerkenswerten Satz. Als sie in einem Interview von einem völlig euphorisierten Moderator gefragt wurde, was sie denn von Fred Astaire, diesem gefeierten, weltbesten Traumtänzer halten würde, antwortete sie ganz kurz und knapp: *„Alles, was er kann, kann ich auch. Aber rückwärts und auf Stöckelschuhen"* (Benard 1999). Damit ist eigentlich schon alles gesagt. Maschinen müssen funktionieren. Wenn eine Maschine nicht mehr funktioniert, wird sie ausgetauscht. Männer reduzieren Frauen viel zu oft auf Funktionen und machen sie dadurch für sich sehr schnell ersetzlich und austauschbar. *„Tota mulier in utero"* sagte man, als man noch lateinisch sprechen konnte. Das Weib ist ganz und gar von seiner Gebärmutter her definiert. Ein Mehr gibt es nicht (Herrmann 1989, S. 111). Wir geben aber nicht die Hoffnung auf, dass irgendwann aus Männern noch Menschen werden können, die bedingungslos lieben können. Für viele Männer sind Frauen nur aus einem einzigen Grund überlegenswert. Weil sie noch immer biologisch nicht zu entbehren sind, die Kinder bekommen und damit für Nachkommenschaft sorgen. Schaut man aber auf die Gentechnologie und die Vermehrungstechnologie, so findet man dort auch wieder überwiegend Männer, und möglicherweise versuchen sie, den Frauen auch die letzte Domäne zu nehmen, Kinder zu bekommen.

Die Welt, auf die wir schauen, scheint ein Patriarchat zu sein, eine Männerherrschaft der Angstbeißer. Wie viele weibliche Nobelpreisträgerinnen würden Ihnen jetzt spontan einfallen? Institutionen und Organisationen können nicht selbst lieben. Daher sind sie an entsprechend funktionierenden Vätern, Müttern und Kindern interessiert. Der Aufbau der Welt geschieht als Funktion von Machtdenken. Frauen und Kinder gehören zur Beute der Männer. Die genannten Institutionen nähren sich von ihnen. Und sie verlangen Liebe dafür. In diesen Liebesverhältnissen gibt es kein Dein und kein Mein. Es handelt sich um das erste und das letzte Eigentumsverhältnis, in dem Menschen Menschen besitzen. Hinter allem steht die Angst der Männer vor den Frauen:

- Angst vor ihrer Harmonie mit der Natur,
- Angst vor ihrer produktiven Stärke,
- Angst vor der Kraft ihrer Emotionalität,
- Angst vor ihrer Sicherheit (Herrmann 1989).

Männer haben Angst vor Frauen. Sie begehren, was sie verachten (Herrmann 2010). *„Begehren, was man verachtet, welche Tragik liegt darin! An sich ziehen und zurückstoßen fast in einer gleichen Bewegung, entzünden und schnell wieder wegwerfen, wie man es mit einem Holz macht, das ist die Tragödie unserer Beziehungen zu Frauen"* (Hermann 2010, S. 4). Frauen sind biegsam und Männer brechen (Goldberg 1986, S. 13). Männer sterben lieber, als zuzugeben, dass ihnen vieles Angst macht. Das männliche Selbstwertgefühl ist sehr leicht zu beschädigen. Wenn Männer schwach werden oder krank werden, haben sie das Gefühl, kein richtiger Mann mehr zu sein. Dann sind es wieder die Frauen, die ihn aufrichten, stärken und lieben. Beim Sex muss der Mann als der dominierende Partner immer eine Erektion haben. Wenn das nicht mehr klappt, was eines Tages einmal vorkommen wird, dann wird dieses frühere Vergnügen nun auch zu einer Quelle ängstlicher Anspannung, zur Pflichterfüllung und manchmal sogar zur Bedrohung. Für Männer gilt nicht nur schlafen als weiblich, sondern auch viele Einstellungen und Lebensweisen, die mit heilen, erholen, Leben spenden und Gesunderhalten zu tun haben. Gefühle auszudrücken, ist weiblich. Dem Schmerz nachzugeben, ist weiblich. Um Hilfe zu bitten, ist weiblich. Sich Gedanken um die Ernährung zu machen, ist weiblich, wenig Alkohol zu trinken, ist weiblich. Auf sich selbst achtzugeben, ist weiblich. Abhängigkeit ist weiblich. Berühren ist weiblich. Zusammenfassend kann man sagen, es gilt als männlich: möglichst wenig zu schlafen, möglichst viel Schmerzen auszuhalten, möglichst viel Alkohol zu vertragen, sich nicht darum zu kümmern, was man ist, möglichst selten um Hilfe zu bitten, seine Gefühle möglichst immer unter Kontrolle zu haben (Goldberg 1986, S. 38). Ein neuer Blick auf die alte Welt zeigt v. a. eines: Wir leben nach wie vor in einer Gewaltgesellschaft (Herrmann 05/1989). Warum werden bis heute Frauen viel öfter Opfer von Gewalt? Warum werden Frauen nach wie vor abgewertet? Warum ist die Fortführung und Erhaltung des Lebens viel weniger Wert als die Produktion des Mannes, also seine Arbeit? Die Entwicklung unserer Gesellschaft in den letzten Jahrzehnten und Jahrhunderten ist eine Entwicklung des Patriarchats, dessen Sichtweisen und Normen, dessen Lebensferne und Lebensfreundlichkeit uns hierhin geführt hat (Pflüger 1987). *„Seitdem Vaterrecht herrscht, ist das Zusammenleben der Menschen der Erde in Familie und Staat auf Gewalt aufgebaut. Diesem männlich zerstörenden Prinzip ist das weiblich aufbauende Prinzip der gegenseitigen Hilfe, der Güte, des Verstehens und Entgegenkommens diametral entgegengesetzt"* (Lida Gustava Heymann 1917; zit. nach Heyne 1996, S. 19).

1 Einleitung

Es scheint, als würde die Menschheit gerade aus einem schrecklichen Albtraum erwachen. Völlig verschlafen schwirren noch die Bilder im Kopf herum, und die Menschheit schaut in den Spiegel und fragt sich: Was steht heute auf der Agenda (Harari 2017, S. 9)? Erstaunlicherweise stehen nicht mehr Hunger, Krankheit und Krieg ganz oben auf der Liste. Zum ersten Mal in der Geschichte sterben mehr Menschen, weil sie zu viel essen und nicht weil sie zu wenig essen. Es sterben mehr Menschen an Altersschwäche als an ansteckenden Krankheiten. Und es begehen mehr Menschen Selbstmord, als von Soldaten, Terroristen und Kriminellen zusammen getötet werden. Zu Beginn des 21. Jahrhunderts stirbt der Durchschnittsmensch mit größerer Wahrscheinlichkeit, weil er sich bei McDonald's vollstopft, als durch eine Dürre, Ebola oder einen Anschlag von Al-Qaida. So wie Feuerwehrleute in einer Welt ohne Feuer muss sich auch die Menschheit im 21. Jahrhundert eine ganz neue Frage stellen: Was soll aus uns werden (Harari 2017, S. 10)? Der Hunger als schlimmster Feind der Menschheit bedroht auch heute noch Millionen von Menschen. Auch Kriege und Krankheiten sind nach wie vor sehr bedrohlich. Nur eine kurze Zeit, dann verschwinden Kriege immer mehr. Krieg war für Generationen stets eine Selbstverständlichkeit und Frieden nur ein vorübergehender Zustand. Das hat sich heute umgekehrt. Hunger, Krankheit und Krieg werden auch in den kommenden Jahrzehnten wahrscheinlich weiter Millionen Opfer fordern. Es handelt sich dabei aber nicht um unvermeidliche Tragödien, sondern um Herausforderungen, die sich bewältigen lassen. „Ein zentrales Projekt wird es sein, die Menschheit und den Planeten insgesamt vor den Gefahren zu schützen, die in unserer eigenen Macht angelegt sind" (Harari 2017, S. 32). Ein Projekt, das auf der menschlichen Agenda steht, wird vermutlich sein, ernsthaft nach der Unsterblichkeit zu greifen. In Wahrheit hat die moderne Medizin unsere natürliche Lebensspanne bislang nicht um ein einziges Jahr verlängert. Ihre größte Leistung war es, uns vor dem vorzeitigen Tod zu bewahren, sodass wir in den vollen Genuss unserer Jahre kommen (Harari 2017, S. 43). Ein weiteres großes Projekt auf der menschlichen Agenda wird es vermutlich sein, den Schlüssel zum Glück zu finden. Es reicht nicht, nur gesund zu sein, sondern man muss auch Glück haben. Die meisten Passagiere der Titanic waren gesund, aber sie hatten kein Glück. „Wer lange glücklich sein will, muss sich oft verändern." Gegenwärtig interessiert sich die Menschheit v. a. für die biochemische Lösung. Ganz egal, was Mönche in ihren Höhlen im Himalaja oder Philosophen in ihrem Elfenbeinturm sagen, – für den kapitalistischen Moloch ist Glück Vergnügen. Punkt (Harari 2017, S. 63). Glückliche Menschen sind gesünder. Aber was genau ist Glück eigentlich? Wie kommt es, dass manche Menschen glücklicher zu sein scheinen als andere? Ist Glück genetisch verankert, kann man es kaufen oder vielleicht sogar auf Rezept bekommen? Glück ist eigentlich ein ziemlich unglücklicher Begriff. Obwohl wir sonst so eine präzise Sprache haben, verwirrt sie uns ausgerechnet beim höchsten der Gefühle. Im Englischen gibt es Luck, Pleasure, Happiness. Im Deutschen könnte man fünf Sorten des Glücks auseinander halten: Glück der Gemeinschaft, Glück des Zufalls, Glück des Momentes, Glück der Selbstüberwindung und das Glück der Fülle (von Hirschhausen 2009, S. 18). Mit ihrem Streben nach Glück und Unsterblichkeit versuchen die Menschen in Wirklichkeit, so Harari (2017), sich zu Göttern zu erheben. Nicht nur deshalb, weil beides göttliche Eigenschaften sind, sondern weil die Menschen, wollen sie Alter und Elend überwinden, zunächst gottgleiche Kontrolle über ihren eigenen biologischen Unterbau erlangen müssen. Das Upgrade von Menschen zu Göttern kann auf drei Wegen erfolgen: durch Biotechnologie, durch Cyborg-Technologie und durch die Erzeugung nichtorganischer Lebewesen (Harari 2017, S. 64). Der Mensch erobert immer mehr die Welt. „Der Techno-Humanismus hat noch mit einer weiteren schrecklichen Bedrohung zu kämpfen. Wie alle humanistischen Sekten huldigt auch er dem menschlichen Willen und betrachtet ihn als den Nagel, an dem das gesamte Universum hängt. Er geht davon aus, dass unsere Wünsche darüber entscheiden, welche geistigen Fähigkeiten wir entwickeln und damit darüber bestimmen, wie unser Geist in Zukunft aussieht. Was aber würde geschehen, wenn der technische Fortschritt es ermöglicht, auch unsere Wünsche umzumodeln und zu manipulieren" (Harari 2017, S. 491)? „Doch eine kühlere Techno-Religion ist bestrebt, die humanistische Nabelschnur ganz zu durchtrennen. Sie träumt von einer Welt, in der es nicht um die Wünsche und Erlebnisse irgendwelcher Menschen gleicher Wesen geht. Was könnte Wünsche und Erlebnisse als die Quelle allen Sinns und aller Autorität ersetzen? Im Augenblick sitzt nur ein Kandidat im Empfangsraum der Geschichte und wartet auf ein Vorstellungsgespräch. Dieser Kandidat ist die Information. Die interessanteste Religion, die gerade entsteht, ist der Dataset, der weder Götter noch den Menschen verehrt – er huldigt den Daten" (Harari 2017, S. 495). Die Welt auf die wir schauen, scheint immer mehr zu einer Welt zu werden, die aus Datenströmen besteht und aus Datenverarbeitung. Und wenn Sie glauben, bei der ganzen Digitalisierung und im Internet irgendetwas umsonst zu bekommen, dann denken Sie bitte an die Weisheit der Vertriebler: *„If you don't pay for the product, you are the product!"*

1.4 Wenn die Welt ein Dorf mit nur 1001 Einwohnern wäre

Wie kein anderes Lebewesen, hat der Mensch die Fähigkeit zu schöpferischem und zerstörerischem Handeln. Bei allem Bösen und den unterschiedlichen Bedrohungsszenarien, steht die Menschheit jetzt an einem Punkt, an dem sie entscheiden muss, welchen Weg sie von hier aus weitergehen will. Unsere Anleitung soll Ihnen eine kleine Entscheidungshilfe sein, den für Sie richtigen Weg einzuschlagen. Vielleicht kann es dabei hilfreich sein, den Gedankengang der Dartmouth-Professorin Donella Meadows noch einmal aufzugreifen und sich vorzustellen, wie es wäre, wenn die Menschheit ein Dorf mit 1000 Bewohnern wäre (Meadows 2003)? Wir wissen nicht, wie es Ihnen geht, aber bei uns gibt es manche Dinge, die übersteigen einfach unsere Vorstellungskraft. Vor allen Dingen dann, wenn in den Nachrichten mit großen Zahlen hantiert wird, unter denen wir uns nichts vorstellen können. Bilder sind da schon viel deutlicher und v. a. hilfreicher, um sich Dimensionen von Zahlen konkret vorzustellen. So gab es einmal eine Patientin der Autorin, eine Mathematikprofessorin, mit der sich der Autor über die kaum vorstellbaren Millionen- oder Milliardenverluste von Banken unterhalten hat. Irgendwann klingt alles gleich, Millionen oder Milliarden. Den Unterschied machte die Matheprofessorin dann mit einem sehr eindringlichen Bild deutlich. Sie bat darum, einmal spontan aus dem Bauch heraus zu sagen, wie viel Zeit 1 Mio. Sekunden sind. Die richtige Antwort wäre gewesen: 11 Tage. Daraufhin bat sie, zu schätzen, wie viel Zeit 1 Mrd. Sekunden seien. Die richtige Antwort: 31 Jahre! Das fanden wir sehr beeindruckend. 1 Mio.

verhält sich zu 1 Mrd. wie 11 Tage zu 31 Jahren. So bekommt man eine klare Vorstellung von dieser unglaublichen Dimension. 2019 leben schätzungsweise 7,7 Mrd. Menschen auf der Welt. Und noch ein Bild: Würde man einmal davon ausgehen, dass 100.000 übereinandergelegte 10-Euro-Scheine einen Stapel von genau 1 m Höhe ergeben, dann haben wir die Summe von genau 1 Mio. EUR. Würden wir weiter stapeln, um auf eine Summe von 1 Mrd. EUR zu kommen, wäre der Stapel am Ende 1 km hoch. 1 Mio. verhält sich zu 1 Mrd. wie 1 m zu 1 km.

7,7 Mrd. Menschen auf der Welt, das ist eine unvorstellbar große Anzahl von Menschen auf diesem Planeten. Deutlich werden die Relationen und Dimensionen, wenn man die beiden genannten Bilder auf die Menschheit und die Welt überträgt, so wie es Meadows getan hat. Wie würde die Welt aussehen, wenn sie nur ein Dorf wäre mit 1000 Einwohnern? Wenn man von fast 1 Mrd. (über 820 Mio.) hungernden Menschen hört (Welthungerhilfe 2018), ist das eine sehr abstrakte Zahl. Stellt man sich aber einmal vor, dass in einem Dorf mit 1000 Menschen rund 110 Menschen an Hunger leiden, wird erschreckend klar, wie viel das ist. Würden wir als Bewohner dieses Dorfes durch die Straßen spazieren gehen, würden wir zwangsläufig permanent auf Menschen treffen, die nicht ausreichend zu essen und zu trinken hätten. In einem Dorf namens Welt mit 1000 Einwohnern (Meadows 2003) wären davon:

- 584 Asiaten,
- 124 Afrikaner,
- 95 Europäer,
- 84 Lateinamerikaner,
- 52 Nordamerikaner,
- 6 Australier und Neuseeländer,

sprächen

- 165 Chinesisch,
- 86 Englisch,
- 83 Hindu und Urdu,
- 64 Spanisch,
- 58 Russisch,
- 37 Arabisch,

wären

- 329 Christen,
- 178 Muslime,
- 167 Atheisten,
- 132 Hindus,
- 60 Buddhisten,
- 3 Juden

und

- 360 der Menschen in dem Dorf wären Kinder,
- 90 Kinder wüchsen in totaler Armut auf,
- 30 Kinder stürben wegen Unterernährung, bevor sie 5 Jahre alt sind,
- 75 Kinder müssten täglich schwer arbeiten, damit ihre Familien überleben können,
- 520 der Menschen im Dorf wären Frauen,
- 480 wären Männer,
- in dem Dorf würden sich 3 Flüchtlinge befinden,
- jedes Jahr würden 31 Babys geboren,
- jedes Jahr stürben 10 Menschen,
- 330 Dorfbewohner hätten keinen Zugang zu sauberem Trinkwasser,
- 400 Menschen hätten keine Badezimmer und Toiletten,
- nur 240 Menschen hätten immer genug zu essen,

1 Einleitung **25**

- 70 Menschen besäßen ein eigenes Auto,
- 200 Menschen verdienten 75 % des Gesamtgeldes,

hätten

- 760 Menschen Stromversorgung,
- 420 Menschen ein eigenes Radio,
- 140 Menschen ein Smartphone,
- 70 Menschen einen Computer

und

- 320 Menschen könnten nicht lesen und schreiben,
- von den 380 Kindern gingen 70 nicht zur Schule,
- im Dorf gäbe es 5 Soldaten,
- es gäbe 7 Lehrer und
- 1 Arzt,
- dazu genügend Nuklearwaffen, um das Dorf mehrfach zu pulverisieren,
- 100 Dorfbewohner wären böse und gewalttätig,
- 900 Dorfbewohner beobachten die Bösen und fragen sich, wie man sich vor ihnen schützen kann, wie man sie kontrollieren kann, wie man mit ihnen klarkommen soll.

So lebte es sich in unserem kleinen Dorf mit den 1000 Einwohnern. Aber einen Einwohner des Dorfes haben wir vollkommen aus den Augen verloren: *Sie!* Als 1001. Bewohner des Dorfes können Sie einen großen Unterschied für die Lebensbedingungen in ihrem Dorf schaffen (Meadows 2003, S. 36). Kann ein einzelner Mensch eine Veränderung bewirken? Die Antwort lautet: Ja! Denn wenn nur 99,9 % anstelle von 100 % erreicht werden, dann wären in dem Dorf nicht mehr 100 böse und gewalttätige Menschen, sondern nur noch 99. Wie viele

Gerechte benötigen wir also, um das Dorf und damit die Welt zusammenzuhalten? Ein afrikanisches Sprichwort besagt: „Man braucht ein ganzes Dorf, um ein Kind zu erziehen." Kein Mensch wird böse in die Dorfwelt geboren. Böse Menschen werden dazu gemacht. Oft über einen langen Zeitraum. Manchmal über Generationen. Wenn wir die Welt ein wenig verändern und von dem Bösen befreien wollen, dann sollten wir die Frauen fragen. Frauen sind vielmehr Teil der Natur und dadurch viel natürlicher, als Männer es sind. Frauen alleine können es natürlich nicht schaffen. Aber sie können ein Spiegel dessen sein, wie es geht und was notwendig ist. Fortschritt bedeutet immer auch Rückschritt. Das Fortschreiten im Rückschreiten führt vielmehr wieder hin zum Ursprung, zu den Urgesetzen und zur Ureinheitlichkeit alles Seienden. Natur und Mensch, Göttliches und Menschliches wären wieder als Ganzes, Ganzheitliches, Bezogenes, Abhängiges und Einander-Bedingendes erlebbar (Pflüger 1987, S. 64). Und wenn wir schon bis zum Ursprung zurückgehen, warum sollte dann dort nicht vielleicht eine Frau als Urgottheit auf uns warten? Jeder Mensch trägt in sich die Kraft zur Veränderung. Wenn jeder einzelne seine eigene Kraft nutzt, können wir auch das Ganze verändern. Wenn sich nichts ändert, ändert sich nichts!

1.5 Wege zum Frieden und Glück

Viele Wege führen nach Rom, sagt eine alte Redewendung. Wenn wir uns auf den Weg machen wollen, um die Welt ein wenig besser zu machen, gibt es auch hier viele Wege. Wie aber findet man den für sich besten Weg? Wie findet man persönlichen Frieden und persönliches Glück? Bei der Beantwortung dieser Fragen kann das Prosagedicht des amerikanischen Rechtsanwalts Max

Ehrmann aus dem Jahr 1927 wertvolle Anregungen geben. Sein Gedicht wird auch als „Lebensregel von Baltimore" bezeichnet.

Desiderata
Gehe ruhig und gelassen inmitten von Lärm und Hast und sei des Friedens eingedenk, der in der Stille ist. Stehe, soweit ohne Selbstaufgabe möglich, in freundlicher Beziehung zu allen Wesen. Äußere deine Wahrheit ruhig und klar und höre anderen zu, auch wenn sie langweilig und unwissend sind; auch sie haben ihre Geschichte. Meide laute und aggressive Menschen, sie verwirren das Gemüt. Wenn du dich mit anderen vergleichst, könntest du hochmütig werden oder dir nichtig vorkommen, denn immer wird es jemanden geben, größer oder geringer als du. Freue dich deiner eigenen Leistungen wie auch deiner Pläne. Bleibe weiter an deiner eigenen Laufbahn interessiert, wie bescheiden auch immer. Sie ist ein echter Besitz im Wandel der Zeit. In deinen geschäftlichen Angelegenheiten lass Vorsicht walten; denn die Welt ist voller Betrüger. Aber dies soll dich nicht blind machen, denn Rechtschaffenheit ist auch vorhanden. Viele Menschen ringen um hohe Ideale, und überall ist das Leben voller Heldentum. Sei du selbst, vor allen Dingen täusche keine falschen Gefühle vor. Noch sei zynisch was die Liebe betrifft; denn trotz aller Öde und Enttäuschung verdorrt sie nicht, sondern wächst weiter wie Gras. Höre freundlich und gelassen auf den Ratschlag des Alters, gib die Dinge der Jugend mit Anmut auf. Stärke die Kraft des Geistes, damit sie dich in plötzlich hereinbrechendem Unglück schütze. Aber beunruhige dich nicht mit Einbildungen. Viele Ängste sind Folge von Erschöpfung und Einsamkeit. Bei einem heilsamen Maß an Selbstdisziplin sei gut zu dir selbst. Du bist ein Kind des Universums, nicht geringer als die Bäume und die Sterne, du hast ein Recht hier zu sein. Und ob es dir nun bewusst ist oder nicht: Zweifellos entfaltet sich das Universum wie

vorgesehen. Darum lebe in Frieden mit Gott, was für eine Vorstellung du auch von ihm hast und was auch immer dein Mühen und Sehnen in der lärmenden Wirrnis des Lebens ist, bewahre den Frieden in deiner Seele. Trotz all ihrem Schein, der Plackereien und zerbrochenen Träume ist diese Welt doch wunderschön. Sei vorsichtig. Strebe danach, glücklich zu sein.

(Max Ehrmann, deutsch-amerikanischer Schriftsteller, 1927)

Es ist, als hätte, wer ein einziges Leben rettet, die ganze Welt gerettet. (Talmud)

Literatur

Albinati, E. (2018). *Die katholische Schule*. Aus dem Italienischen von Verena von Koskull. München: Berlin Verlag.

Benard, C., & Schlaffer, E. (1999). *Rückwärts und auf Stöckelschuhen können Frauen so viel wie Männer*. München: Heyne.

Brecht, B. (1997). *Der gute Mensch von Sezuan, Epilog (Der Spieler)* (Ausgewählte Werke in sechs Bänden. Zweiter Band: Stücke 2, S. 294). Frankfurt a. M.: Suhrkamp.

Duden. (2002). *Redewendungen. Wörterbuch der deutschen Idiomatik* (Bd. 11). Mannheim. Dudenverlag (Bibliographisches Institut & F. A. Brockhaus AG).

Dutton, K. (2014). *Psychopathen. Was man von Heiligen, Anwälten und Serienmördern lernen kann*. München: Deutscher Taschenbuch Verlag.

Erasmus von Rotterdam, D. (2005). *Das Lob der Torheit*. Zürich: CreateSpace Independant Publishing Plattform.

Fayet, R. (Hrsg.). (2008). *Die Anatomie des Bösen. Ein Schnitt durch Körper, Moral und Geschichte*. Baden: hier + jetzt und Museum zu Allerheiligen Schaffhausen.

Goldberg, H. (1986). *Man(n) bleibt Mann. Möglichkeiten und Grenzen der Veränderung*. Hamburg: Rowolth Taschenbuch.

Haley, J. (2011). *Die Jesus-Strategie. Die Macht der Ohnmächtigen.* Heidelberg: Carl-Auer-Systeme.
Harari, Y. (2017). *Homo Deus. Eine Geschichte von Morgen.* München: Beck.
Herrmann, H. (1989). *Die Angst der Männer vor den Frauen.* Hamburg: Konkret Literatur.
Herrmann, H. (05/1989). *Vaterliebe. Ich will ja nur dein Bestes.* Reinbek bei Hamburg: Rowolth Taschenbuch.
Herrmann, H. (2010). *Begehren, was man verachtet. Männer haben Angst vor Frauen.* Münster: Telos.
Heyne, C. (1996). *Täterinnen. Offene und versteckte Aggressionen von Frauen.* München: Knaur.
Lesch, H., & Kamphausen, K. (2018). *Die Menschheit schafft sich ab. Die Erde im Griff des Anthropozän.* München: Knaur Taschenbuch.
Meadows, D. (2003). *Wenn die Welt ein Dorf mit nur 1001 Einwohnern wäre.* München: Verlag Bombus Media.
Pflüger, P. M. (Hrsg.). (1987). *Wendepunkte Erde Frau Gott. Am Anfang eines neuen Zeitalters.* Olten: Walter-Verlag AG.
Publius, S. (Verfasser), & Beckby, H. (1969). *Die Sprüche.* München: Verlag Heimeran.
Ratzinger, J., & Benedikt XVI. (2007). *Jesus von Nazareth.* Freiburg im Breisgau: Verlag Herder.
Von Hirschhausen, E. (2009). *Glück kommt selten allein.* Reinbek bei Hamburg: Rowolth.
Welthungerhilfe. (2018). https://www.welthungerhilfe.de/hunger/.

# 2

Menschenbild

Man lügt wohl mit dem Munde, aber mit dem Maule, das man dabei macht, sagt man doch noch die Wahrheit.
(Nietzsche 2017, S. 89)

Zusammenfassung *Die Natur ist gut. Der Mensch ist böse.* Gewalt ist ganz überwiegend männlich. Gewalt gegen Frauen ist nahezu ausschließlich männlich. Wie kann es vor diesem Hintergrund sein, dass es die Frauen sind, die sich die Männer aussuchen? Wer böse Dinge tut, empfindet sich selbst nicht zwangsläufig als böse oder unnormal. Ist Normalität ein wirklich objektives oder doch eher ein ausgesprochen subjektives Konzept und wie beeinflussen egoistische Gene die Bewältigung von Krisen, die das Leben unumgänglich für uns bereit hält? Warum Nichtkranksein nicht gleichzusetzen ist mit Gesundsein und wie *Hänschen klein* und *Aschenputtel* unser Leben beeinflussen, hängt nicht unerheblich davon ab, welches Menschenbild unser Leben prägt.

2.1 Der Mensch als Leib-Seele-Geist-Organismus

Die Seele ist die Ursache des Guten und des Bösen. „Es gibt ein gutes Prinzip, das die Ordnung, das Licht und den Mann, und ein schlechtes Prinzip, das das Chaos, die Finsternis und die Frau geschaffen hat" (Pythagoras, 6. Jhdt. v. Chr.). Wenn wir über den Menschen sprechen und insbesondere über böse Menschen, sollte vorab ein kurzer Blick auf das Menschenbild geworfen werden, das wir unseren Ausführungen zugrunde legen. Ganz allgemein wird unter Menschenbild eher ein philosophischer Begriff verstanden und es geht dabei um die Vorstellung vom Wesen des Menschen. Auch in anderen Wissenschaften wie der Religionswissenschaft, der Theologie, der Psychologie, der Soziologie usw. wird immer ein bestimmtes Menschenbild zugrunde gelegt. Weil der Mensch ein Teil der Welt ist, ist das Menschenbild auch Teil des Weltbildes. Nicht zuletzt haben alle Weltreligionen ein ganz spezielles Menschen- und Weltbild. Die Frage, die sich an dieser Stelle stellt, ist, wie es um die Zukunftsfähigkeit des Menschenbildes aussieht. Wir haben uns in ein Weltbild hineinmanövriert, aus dem uns erst mal keine Lösungen angeboten werden. „Der moderne Mensch erfährt sich als etwas von der Natur Getrenntes, als gleichsam außerhalb der Natur lebend. Wir können diesen Zustand ‚Naturvergessenheit' nennen. Der Mensch hat sich zum Herrscher über die Natur aufgeschwungen und dabei die Natur erniedrigt. Um zu überleben, so dachte er, müsse er seine eigene Natürlichkeit aufgeben und leugnen, dass er selbst Teil der ihn umgebenden Natur ist. Das ist der folgenschwere Denkfehler der Neuzeit … Darüber hat der Mensch vergessen, dass er selbst zutiefst in diese Natur eingebettet und gänzlich abhängig von ihr ist. Die Illusion der Trennung führte dazu, dass wir einerseits das Machbare heillos überschätzen und andererseits unterschätzen, was für Möglichkeiten der Teilhabe wir tatsächlich haben … Wir haben uns weit von einer friedlichen und gerechten Welt entfernt, so weit, dass viele Menschen mittlerweile Gerechtigkeit und Frieden für eine Utopie halten … Wir tragen die Verantwortung für diese Welt. Wir können nicht weiterhin russisches Roulette mit dem Leben unserer Kinder und Enkelkinder spielen. Es ist an der Zeit, unsere schöpferischen und kreativen Fähigkeiten zu begreifen und verantwortlich zu gebrauchen. Wenn wir weiterhin die natürlichen Lebensgrundlagen der Erde zerstören, sind wir die ersten, die dabei abstürzen werden" (Hüther 2018, S. 19 f.).

Unsere Anleitung handelt nicht davon, dass wir unrettbar ins Verderben rennen, sondern zeigt vielmehr, wie wir uns selbst retten können. Darüber hinaus ist unsere Anleitung als eine Art *Dechiffrieranleitung* für die Ratlosigkeit unserer modernen Welt zu verstehen, die jedem Leser von 8–80 Jahren die Möglichkeit bietet, zu einer neuen, persönlichen Weltsicht zu gelangen, an der sich das eigene Handeln ausrichten lässt (Ramo 2009, S. 16).

Trifft der Himalayawanderer einen Bären auf dem Steg,
ruft er laut, und manchmal kehrt das Untier sich vom Weg.
Doch die Bärin reist in Stücke jeden Rufer,
macht nicht Halt: Tödlicher ist
jede Art in ihrer weiblichen Gestalt.
(Rudyard Kipling, zit. nach MacDonald 1991, S. 6)

Damit wir gemeinsam auf dieser Erde überleben können, müssen wir uns gegen das Böse wenden. Wir sind eine globale Menschheitsfamilie. Übrigens findet sich diese

Botschaft in den Ursprungstexten aller Religionen. Auch das deutsche Grundgesetz beschäftigt sich mit dem Menschenbild, nicht als einem isolierten Individuum, sondern vielmehr mit der Spannung des Individuums in der Gemeinschaft. Es klingt zunächst banal, es ist aber nicht für alle Kulturen selbstverständlich, dass, wie in unserem europäischen Weltbild, eine eindeutige begriffliche Unterscheidung zwischen Mensch und Tier vorgenommen wird. Insbesondere die Psychotherapie und Psychologie beschäftigen sich intensiv mit dem Menschenbild. Menschenbilder sind die Gesamtheit der Annahmen, Einstellungen und Überzeugungen, was der Mensch von Natur aus ist, wie er in seinem sozialen und materiellen Umfeld lebt und welche Werte und Ziele sein Leben hat oder haben sollte – als Selbstbild (Selbstkonzept) und als Bild von anderen Personen oder von den Menschen allgemein. Hierzu gehören auch Traditionen der Kultur und Gesellschaft, Wertorientierungen und Antworten auf Grundfragen des Lebens. Geprägt wird das Menschenbild und Selbstbild auch durch die Erziehung und die individuellen Lebenserfahrungen und die dabei entstandenen persönlichen Konstruktionen und Interpretationen der Welt (Wirtz 2014, S. 1074). Durch die Ideen und Forschungen von Kopernikus und Galilei, Marx, Darwin und Freud sind viele der traditionellen, früher selbstverständlichen Anschauungen über den Menschen tiefgreifend verändert worden. Der Mensch kann im christlichen Verständnis nicht nur als ein Geschöpf Gottes angesehen werden, sondern auch als ein Lebewesen in der Gemeinschaft, ein Tier mit Vernunft, ein Handwerker, ein spielender Mensch, ein Wirtschaftsmensch und noch vieles mehr (Wirtz 2014, S. 1074). Der Mensch ist ein sehr komplexes Lebewesen, das notwendig einer Erziehung und Beziehung bedarf, das eine Religion benötigt, eine Politik und einen strukturierten

Lebensalltag. Zu den Grundüberzeugungen des Menschen gehören oft der religiöse Glaube, der Glaube an Gott und die Annahme über die Leib-Seele-Geist-Einheit. Die Frage nach dem Menschenbild ist zugleich auch immer eine Frage nach dem Sinn des Lebens, nach sozialer Verantwortung und Orientierung, mit humanistischen und demokratischen Werten. Als Christen gehen wir bei unseren Ausführungen dementsprechend von einem humanistischen und ganzheitlichen Menschenbild aus.

Hand in Hand mit dem Menschenbild geht die menschliche Identität. Identität beschreibt die Art und Weise, wie Menschen sich selbst aus ihrer biografischen Entwicklung heraus in der ständigen Auseinandersetzung mit ihrer sozialen Umwelt wahrnehmen und verstehen. Wichtige Bestimmungsstücke, die in die Konstitution der eigenen Identität eingehen, sind zum Beispiel Geschlecht, Alter und soziale Herkunft, Ethnizität, Nationalität und Gruppenzugehörigkeit, Beruf und sozialer Status, aber auch persönliche Eigenschaften und Kompetenzen (Wirtz 2014, S. 759). Mit eigenen Worten ausgedrückt, könnte man ganz kurz und knapp aussagen, Identität bedeutet: *Ich sehe, wie andere mich sehen.* Die *fünf Säulen der Identität* des Menschen sind (Wirtz 2014, S. 760 f.):

- seine Leiblichkeit (Körper),
- sein soziales (privates wie berufliches) Umfeld,
- seine Arbeit und Leistung,
- seine materiellen Sicherheiten und
- seine Normen, Werte und persönlichen Glaubensvorstellungen.

Die fünf Säulen der Identität führen zu einem ganzheitlichen Menschenbild: der Mensch als ein *Leib-, Seele- und Geist-Organismus* (Lüdke 2018).

Erster Teil des Menschenbildes ist der Körper. Der Körper, so sagt man in der Psychotherapie, ist gelebte Zeit. Bei manchen Menschen könnte man auch von „verlebter" Zeit sprechen, wenn man sie betrachtet, weil sie sich gehen lassen, weil sie keinen Wert legen auf ihre Körperlichkeit und damit aber dann auch in einer negativen Art und Weise auf ihre Gesundheit einwirken.

Zweiter Teil des Menschenbildes ist die Seele, Animus und Anima (C. G. Jung), es gibt eine männliche und eine weibliche Seite der Seele. Seele in der Psychotherapie bedeutet zum einen, dass die Seele der Träger der bewussten Erinnerungen ist, d. h. also alles, woran wir uns bewusst in unserem Leben erinnern können, ist Teil unserer Seele und diese Informationen gehen niemals verloren und dauern auch über den Tod hinaus. Seele ist also alles, was wir bewusst erlebt haben, was wir mit brennendem Interesse aufgenommen haben, was uns geprägt hat, und was die Seele einmal gelernt hat, das vergisst sie nicht mehr. Weiter ist Seele der Abdruck, den die Welt in einem Menschen hinterlassen hat. Vor allen Dingen im Gesicht eines Menschen kann man sehr deutlich erkennen, welchen Abdruck die Welt in diesem Menschen hinterlassen hat. *„Mit dem Glauben an die Seele beginnt auch der Glaube an die Schattenseele"* (Grandt 2000, S. 103). Alles hat zwei Seiten. Auch der Mond hat eine dunkle Seite.

Dritter Teil des Menschenbildes ist der Geist. Mit „Geist" bezeichnen wir Intelligenz im wahrsten Sinne des Wortes. Intelligenz, aus dem Lateinischen übersetzt, heißt *„Einsichtsvermögen"* und wird definiert als die Fähigkeit, Probleme zu lösen und neue Probleme zu schaffen. Menschen, die nur Probleme machen, sind weniger intelligent. Menschen, die aber ein hohes Problemlösungsverhalten haben und

2 Menschenbild

dadurch, dass sie Probleme lösen, neue Probleme, neue Fragestellungen aufwerfen, sind als sehr intelligent zu bezeichnen.

Auf den fünf Säulen der Identität ruhen dann auch die *fünf Säulen des Glücks:*

- Dankbarkeit,
- Optimismus,
- Humor,
- Neugier und
- Leidenschaft.

Das Menschenbild kann sich grundsätzlich von der Persönlichkeitstheorie eines Menschen unterscheiden, mit der wir uns später noch eingehend beschäftigen werden. Die Persönlichkeitstheorien beschreiben vielmehr die Struktur und Funktion von Persönlichkeitsmerkmalen, Persönlichkeitseigenschaften, Motiven und Emotionen. Aus diesen Theorien heraus lässt sich dann auch einfacher und deutlicher beschreiben, was normale und gesunde Persönlichkeiten ausmacht und was die typischen Kennzeichen von bösen, von Täterpersönlichkeiten beschreibt.

Zuvor möchten wir uns aber ganz generell der Frage widmen, was ist eigentlich *normal* und was *unnormal,* was ist *gesund* und was ist *krank?* Aus einem grundlegenden Verständnis der Gesundheitslehre bzw. der Krankheitslehre lässt sich dann später konzentrierter beschreiben, welches die zentralen Kräfte sind, die das Denken, das Fühlen und das Handeln eines Menschen maßgeblich bestimmen.

> Jeder Mensch ist ein Mond und hat eine dunkle Seite, die er niemandem zeigt. (Mark Twain)

2.2 Was ist gesund und was ist krank?

> Was bringt den Doktor um sein Brot?
> a) die Gesundheit
> b) der Tod.
> Drum hält der Arzt, auf dass er lebe,
> uns zwischen beiden in der Schwebe.
> (Eugen Roth)

Wenn die Seele brennt, muss der Kopf Wasser holen (Lüdke 2018). Fast alles hat seinen Ursprung in unserem Kopf: Denken, Fühlen und Handeln. Und auch Gesundheit und Normalität haben ihren Ursprung in unserem Kopf. Vorweg kann man sagen, dass der Übergang von gesund zu krank sehr fließend ist und es nicht immer eine scharfe Trennlinie gibt. Das gilt nicht nur für körperliche Erkrankungen, sondern insbesondere auch für psychische und psychogene Störungen. Zu der Frage: „Was heißt Gesundheit?", haben Wissenschaftler und Experten jahrzehntelange Streitgespräche geführt. Man war nicht in der Lage, sich auf eine einheitliche Definition zu verständigen, und das führte in der Folgezeit zur Entstehung von teilweise völlig absurden Definitionen, die sich manchmal sogar über viele Jahre offiziell gehalten haben. Eine anerkannte Definition über 6 Jahre lang war die Definition der Weltgesundheitsorganisation (WHO, World Health Organization), die besagte *„Gesundheit ist das Schweigen der Organe"*. Ein völlig irrwitziger Satz, denn wenn die Organe schweigen, sind wir tot. Weiter werden wir als Menschen nur auf unsere Organe reduziert. Gesundheit aber ist viel mehr als die Abwesenheit von Krankheit. *Nichts ist ungesünder, als krank zu sein* (Deutsches Sprichwort).

Wir erleben es in unseren Berufen immer wieder, dass wir Menschen begegnen, die teilweise sehr schwer krank sind, die unheilbar krank sind, z. B. Krebspatienten, die trotz dieser schweren und unheilbaren Krankheit eine unglaubliche Lebensfreude versprühen, einen unglaublichen Lebensmut haben, der uns sehr dankbar werden lässt, der uns manchmal demütig werden lässt und uns sehr stark beeindruckt. *„Gesundheit ist ein Zustand vollständigen körperlichen, geistigen und sozialen Wohlbefindens, der sich nicht nur durch die Abwesenheit von Krankheit oder Behinderung auszeichnet", Gesundheit ist ein wesentlicher Bestandteil des alltäglichen Lebens, aber nicht sein vorrangiges Lebensziel* (WHO 2019).

Ein Mensch ist dann gesund, wenn er sich

- *körperlich,*
- *seelisch und*
- *sozial im Gleichgewicht befindet.*

Das sind die drei Bereiche, die unsere Gesundheit und zum großen Teil auch unser Leben ausmachen: körperlich, seelisch und sozial gesund. Diese drei Teile sind miteinander verbunden wie die Teile eines Mobiles. Sobald sich ein Teil bewegt, bewegen sich die anderen mit, und je stärker sich ein Teil bewegt, desto stärker bewegen sich auch die anderen mit. Das bedeutet, dass eine Störung in einem Bereich unmittelbar auch zu einer Störung des Gleichgewichtes in einem anderen Bereich führt. Aber wenn wir körperlich, seelisch und sozial halbwegs im Gleichgewicht sind, dann können wir sagen, dass wir gesund sind. Wir Menschen sind selten in allen drei Bereichen immer und über längere Zeit im Gleichgewicht. Mal haben wir Ärger zu Hause, dafür läuft es auf der Arbeit gut, mal ist es umgekehrt und zu Hause mit der Familie, mit den Freunden, mit den Kindern ist alles in Ordnung, dafür haben wir sehr großen Stress mit der Arbeit, mit dem Chef, mit den Mitarbeitern, und so kann dann ein Bereich auf den anderen unmittelbar einwirken. Wenn wir jedoch körperlich, seelisch und sozial im Gleichgewicht sind, und hier gilt die Mittelmäßigkeit, denn Mittelmäßigkeit reicht völlig aus im Leben, dann können wir einen Menschen als gesund bezeichnen. Sigmund Freud soll einst gefragt worden sein, was seiner Meinung nach ein normaler Mensch gut können müsste. Der Frager erwartete vermutlich eine komplizierte, „tiefe" Antwort. Aber Freud soll einfach gesagt haben: *„Lieben und Arbeiten"*. Es lohnt sich, über diese einfache Formel nachzudenken. Fazit: Ein Mensch ist dann gesund, wenn er sich in Liebe und Arbeit befriedigend betätigen kann. *Arbeitest du heute nicht fleißig, dann suchst du morgen fleißig nach Arbeit.*

Liebe und Arbeit sind die beiden Bereiche, die unser Leben und unsere Gesundheit ausmachen. Liebe, Partnerschaft, die Körperlichkeit, unsere Freunde, die Kinder, alles das, was wir in unserer Freizeit machen, was uns unglaublich viel Spaß und Freude und Lust bereitet auf der einen Seite. Auf der anderen Seite dann aber die Arbeit, mit der wir oft mehr Zeit verbringen als mit unseren Familien, wo wir mit Menschen zusammen sind, die wir uns nicht immer aussuchen können, und bei der wir manchmal Aufgaben verrichten müssen, die nicht immer einen tiefen Sinn ergeben. Daher ist es ganz wichtig, dass wir uns in Liebe und Arbeit befriedigend betätigen können, um so unsere Gesundheit zu erhalten. Wenn wir also beruflich und privat zufrieden sind, vielleicht eine Familie und ein ausreichendes soziales Netzwerk um uns herum haben, ist das letztlich der beste Schutz, um mit den Belastungen des Lebens gut umgehen zu können. Im Zusammenhang mit diesem Ausspruch, dass ein Mensch dann gesund ist, wenn er sich in Liebe und Arbeit befriedigend betätigen kann, möchte ich auf drei sehr interessante Nebenthemen hinweisen. Ein Thema beschäftigt sich mit der Zeit, also mit der Zeitforschung. Menschen haben je älter sie werden das Gefühl, dass die Zeit immer schneller vergeht. So wie Opa früher sagte: „Je älter man wird, desto schneller vergeht die Zeit", was natürlich aus wissenschaftlicher Sicht nicht stimmt, denn als Erwachsener haben wir exakt die gleiche Zeit, die wir auch als Kind hatten. Allerdings haben wir ein ganz wichtiges Gut verloren, das man bei Kindern das Gefühl der Zeitewigkeit nennt (Jönsson 2000, S. 20).

> Zwei Dinge trüben sich beim Kranken
> a) der Urin,
> b) die Gedanken.
> (Eugen Roth)

Körperliche, seelische und soziale Gesundheit wird noch ergänzt durch den Begriff der *„funktionalen Gesundheit"*. Ein Mensch gilt nach der Internationalen Klassifikation der Funktionsfähigkeit, Behinderung und Gesundheit (ICF) der WHO als *funktional gesund* (Schuntermann 2019, S. 21), wenn – vor seinem gesamten Lebenshintergrund *(Konzept der Kontextfaktoren)* –

- seine körperlichen Funktionen (einschließlich des geistigen und seelischen Bereichs) und seine Körperstrukturen allgemein anerkannten (statistischen) Normen entsprechen *(Konzept der Körperfunktionen und -strukturen)*,
- er all das tut oder tun kann, was von einem Menschen ohne Gesundheitsprobleme (Gesundheitsproblem im Sinne der ICD-10) erwartet wird *(Konzept der Aktivitäten)*, und

- er zu allen Lebensbereichen, die ihm wichtig sind, Zugang hat und sich in diesen Lebensbereichen in der Weise und dem Umfang entfalten kann, wie es von einem Menschen ohne Beeinträchtigung der Körperfunktionen und -strukturen oder Aktivitäten erwartet wird *(Konzept der Teilhabe an Lebensbereichen).*

Wenn unsere Gesundheit aus dem Gleichgewicht gerät, ist emotionaler Stress die Folge. Emotionaler Stress kann durch eine ganze Reihe von unterschiedlichen Ereignissen ausgelöst werden: schwere Erkrankungen, der Verlust eines geliebten Menschen, Trennung, Tod, schwere Verkehrsunfälle, negative Erwartungen, Wohnungseinbrüche, Gewaltverbrechen, Bedrohungen, Unsicherheiten und auch Terroranschläge. Emotionaler Stress führt am Ende immer zu psychischen Belastungen. Von allen psychischen Belastungen, die wir kennen, bleiben am Ende in den meisten Fällen nur zwei übrig: Angst und Depression. Angst und Depression kann man sich wie Zwillingsgeschwister vorstellen. Zuerst kommt die Angst ins Leben und dann die Depression. Es ist relativ leicht diese beiden Belastungen zu verstehen: Wer Angst hat, richtet seinen Blick innerlich in die Zukunft. Wer mit Depressionen reagiert, richtet seinen Blick innerlich in die Vergangenheit. Hier kann schon allein ein Perspektivenwechsel um 180° ausreichen, um einen Heilprozess einzuleiten. Wer also Angst hat, kann sich innerlich umdrehen und in die Vergangenheit blicken und sich z. B. an die größten Erfolge im Leben erinnern und was dazu geführt hat, dass es ein Erfolg war. Wer depressiv reagiert, kann seinen Blick innerlich in die Zukunft richten und sich vorstellen, was geschehen müsste, damit das Leben wieder zufrieden und glücklich verläuft. Es ist wichtig, dabei eine Vorstellung zu bekommen, wie es sein könnte, wenn alles wieder in Ordnung und unter Kontrolle ist. Angst und Depression können also die Folge von emotionalem Stress sein. Dauerstress macht allerdings am Ende dick und dumm. Stress zieht in aller Regel Angst nach sich und Angst führt schnell zu Aggression. Diese entlädt sich viel zu oft in alltäglichen Situationen und auch in den eigenen vier Wänden. Die Opfer sind Frauen und Kinder.

2.3 Wo die Liebe hinschlägt

„Ich habe immer an den Ratschlag des Dramatikers Sardou geglaubt. Er sagte: ‚Quäle die Frauen!' … Das Problem heutzutage liegt darin, dass wir die Frauen nicht genug quälen." Dieses erschütternde Zitat stammt von keinem geringeren als dem berühmten Sir Alfred Hitchcock (Herrmann 1989, S. 4). Möglicherweise war das ja auch das Motto all seiner Filme, die ihn so erfolgreich gemacht haben. Offensichtlich wusste er genau, wovon seine Filme handelten, denn es war bekannt, dass er selbst im wahren Leben auch gerne mal den Frauen gegenüber zugeschlagen hat. *„Jeder intelligente Narr kann Dinge größer, komplexer und gewaltsamer machen. Es braucht einen Anflug von Genie, die entgegengesetzte Richtung zu beschreiten"* (Harford 2012, S. 261). Alfred Hitchcock und die Blondinen sind wie ein schier endlos geflochtenes Band. Es war allgemein bekannt, dass er v. a. blonde Filmfiguren liebte, die in seinen Filmen in Not gerieten, die litten und zu Opfern wurden, manchmal wurden sie erwürgt, zerstückelt oder an den Rand des Wahnsinns getrieben. Er machte einige schöne Frauen zu Stars: Grace Kelly, Kim Novak, Eva Marie Saint, Tippi Hedren. Hitchcock war besessen, voller Komplexe, übergewichtig und ein echter Problemfall, ein Sadist, der zugleich ein Meisterwerk nach dem anderen drehte. Hitchcock hat wenige Situationen ausgelassen, nach Abschluss der Dreharbeiten seine Stars zu begrapschen, zu bedrängen, zu quälen und sexuell zu missbrauchen. Vor allem Tippi Hedren, die Mutter von Melanie Griffith und Großmutter der Schauspielerin Dakota Johnson („50 Shades of Grey"), hat mehr als alle anderen unter ihm gelitten. In ihrer Autobiografie konkretisiert und beschreibt sie detailreich ihr Martyrium (Hedren 2016).

Gewalt gegen Frauen, körperlich und seelisch, findet oft in den eigenen vier Wänden statt, in einem Bereich, der eigentlich sicher sein und Schutz vor Gewalt bieten sollte. Sie wird ausgeübt vom eigenen Partner, demjenigen, der eigentlich der Beschützer sein sollte. Häusliche Gewalt ist seit Jahrzehnten eines der markantesten Profile des Bösen. Es ist ein Albtraum, aus dem wir gerade erst zu erwachen scheinen. Tagtäglich werden in Deutschland Frauen und Kinder Opfer von häuslicher Gewalt. Dazu zählen körperliche Gewalt, sexuelle Gewalt, psychische Gewalt und auch wirtschaftliche Gewalt. Und die Täter sind fast ausnahmslos Männer. Nach Angaben des statistischen Bundesamtes wird jeden 2.–3. Tag in Deutschland eine Frau von ihrem aktuellen oder ehemaligen Partner getötet (Destatis 2019). Nicht mitgezählt sind dabei neue Erscheinungsformen wie Freiheitsberaubung, Zwangsprostitution und Zuhälterei. Partnerschaftsgewalt gegen Frauen und Kinder ist ein Problem, das alle gesellschaftlichen Schichten betrifft und in allen Kulturen vorkommt. Nachweislich werden jeden Tag mehr als 1000 Kinder und Frauen von ihren Männern und Vätern tätlich angegriffen, missbraucht, verletzt, vergewaltigt. Ganz abgesehen von den psychischen Verletzungen. Unbekannt ist die Dunkelziffer. Diese dürfte aber vermutlich beängstigend höher sein.

Als eine der wichtigsten Datenquellen zur Beschreibung und Analyse von Kriminalitätslagen ist die polizeiliche Kriminalstatistik (PKS) anzusehen (BKA 2019). In der PKS sind alle der Polizei bekannt gewordenen strafrechtlichen

Sachverhalte unter Beschränkung auf ihre wesentlichen Inhalte zusammengestellt. Da die PKS ausschließlich das polizeiliche Hellfeld abbildet, ist sie stark vom Anzeigeverhalten der Bevölkerung beeinflusst. Trotzdem ist die PKS eine wichtige Grundlage für die Beantwortung zahlreicher kriminologischer und kriminalpolitisch relevanter Fragestellungen. Die PKS wird fortlaufend erweitert und an neue Gesetzeslagen, z. B. zur Verbesserung des Schutzes der sexuellen Selbstbestimmung, angepasst. Daten zu Opfern und Tatverdächtigen werden bei ausgewählten Straftaten in folgenden Kategorien erfasst (BKA 2019, S. 2):

- Mord und Totschlag,
- gefährliche Körperverletzung,
- schwere Körperverletzung,
- Körperverletzung mit Todesfolge,
- vorsätzliche einfache Körperverletzung,
- Vergewaltigung, sexuelle Nötigung,
- Bedrohung, Stalking, Nötigung (psychische Gewalt),
- Freiheitsberaubung,
- Zuhälterei,
- Zwangsprostitution.

„Partnerschaften" werden in der PKS im Katalog der „Opfer-Tatverdächtigen-Beziehung" nach

- Ehepartner,
- eingetragene Lebenspartnerschaft,
- Partner nichtehelicher Lebensgemeinschaften und
- ehemalige Partnerschaften.

differenziert.

Bei den oben angegebenen Straftaten wurden im Jahr 2017 138.893 Opfer von vollendeten und versuchten Delikten der Partnerschaftsgewalt erfasst. 82 % aller erfassten Opfer sind Frauen. 93 % aller Tatverdächtigen sind Männer (BKA 2019, S. 10). Das Phänomen der partnerschaftlichen und häuslichen Gewalt in Deutschland hat in den letzten Jahren mehr und mehr an Bedeutung gewonnen und kann daher als eine erhebliche Bedrohung angesehen werden. Die Gewalttaten richten sich überwiegend gegen Frauen, Aufgrund der kriminalistischen Entwicklung partnerschaftlicher und häuslicher Gewaltkriminalität im Verlauf der letzten Jahre wird diesem Gesamtphänomen hohe Bedeutung beigemessen. Jede vierte Frau hat mindestens einmal in ihrem Leben körperliche oder sexuelle Partnerschaftsgewalt erlebt. Betroffen sind Frauen aus allen sozialen Schichten. Um häusliche Gewalt wirksam bekämpfen zu können, ist die Zusammenarbeit aller Verantwortlichen in staatlichen und nichtstaatlichen Institutionen erforderlich (BKA 2019, S. 23).

Frauen sollten frühzeitig lernen, sich hemmungslos und entschlossen in Gewaltsituationen zu schützen und zu wehren, Antiopfersignale zu lernen (Lüdke 2017). *Wer schlägt, der geht!*

Aber warum sind es immer wieder Männer, die böse und gewalttätig sind? Sind sie vielleicht sogar Marionetten ihrer eigenen Gene? Geben Männer möglicherweise das Böse von Generation zu Generation immer weiter? Sind Menschen und allen voran Männer möglicherweise ihrem Genschicksal hilflos ausgeliefert? Was für eine düstere Vorstellung! Als Polizeibeamtin und Psychotherapeut sind wir v. a. auch Freund(in) und Helfer(in)! Daher hier schon mal die gute Nachricht: Nach dem gegenwärtigen Forschungsstand können wir Ihnen Hoffnung machen (Dawkins 2007), denn der Mensch ist das einzige Lebewesen, das gegen sein genetisches Schicksal ankämpfen kann. Da wir uns in erster Linie mit der Faszination und den Profilen des Bösen beschäftigen, kommen wir nicht umhin, einen kurzen Blick auf den Egoismus der Gene zu werfen.

2.4 Egoismus der Gene: Fliehe, kämpfe oder erstarre

Das Böse ist eine Art von Unwissenheit. Egoismus der Gene ist ein Begriff, der auf Richard Dawkins zurückgeht (Dawkins 2007) und bedeutet, dass jeder Mensch eine grundlegende genetische Information in sich trägt, die durch 4 Regeln bestimmt wird (Dawkins 2007, S. 133 f.):

- Regel 1: *Sei nett zu allem Nahestehenden.* Das bedeutet, dass ich alles, was mir vertraut, bekannt und sympathisch ist, auch erst einmal sehr freundlich behandle.
- Regel 2: *Sei gemein zu allem Fernstehenden.* Das bedeutet also, alles, was ich nicht kenne und mir nicht vertraut ist, das behandle ich erst einmal sehr misstrauisch und sehr argwöhnisch. Das findet z. B. Ausdruck in dem Sprichwort: „Was der Bauer nicht kennt, das frisst er nicht."
- Regel 3: Sie stammt aus der Spieltheorie, die lautet: *Wie du mir, so ich dir!* – so wie ich in den Wald rufe, so schallt es auch heraus. Und hier spielen die Entdeckung und Bedeutung der Spiegelneurone sicherlich eine ganz zentrale Bedeutung. Hier können Erkenntnisse der Spiegelneurone noch eingefügt werden, d. h. also, warum ich fühle, was du fühlst.
- Regel 4: Sie ist die wichtigste Regel im Egoismus der Gene und lautet: *Betrüge, wo du nur kannst.* Jetzt werden einige Menschen behaupten: „Nein, bei mir stimmt das nicht", aber dennoch liegt diese genetische

Information jedem Menschen inne. Wenn wir z. B. in einem Supermarkt stehen und bemerken, dass die Kassiererin zu viel Wechselgeld ausgezahlt hat, dann kann es sein, dass uns ein Impuls durchzuckt, dieses Geld in der Hoffnung einzustecken, dass sie es nicht bemerkt – das ist: Betrüge, wo du nur kannst. Oder stellen Sie sich vor, Sie sind mit Ihrem Auto auf der Straße unterwegs, am Straßenrand sehen Sie die Geschwindigkeitsvorschläge und überlegen dann, ob Sie sich an diesen Geschwindigkeitsvorschlag halten oder nicht. In der Regel brechen viele Menschen diese Regel und auch das erfolgt vor dem Hintergrund: *Betrüge, wo du nur kannst.*

„Jeder Fall ist anders, doch alle haben eines gemeinsam: eine lange Vorgeschichte. Auch wenn die Tat spontan erscheint, dahinter verbergen sich Lebensgeschichten und Familiendramen. Bis zum Mord ist immer ein langer Weg" (Korruhn 1995, S. 6). Kein Mensch wird böse geboren. Niemand wird über Nacht zum Täter. Das ist immer Abschluss einer langen gestörten Persönlichkeitsentwicklung und hat seinen Ursprung oft schon in der Herkunftsfamilie. Bindungsstörungen, keine Vorbilder, keine starke emotionale Bindung, das Gefühl, nicht als Person wahrgenommen zu werden, ein ungeliebtes Kind zu sein. Da wir als Menschen immer das Bedürfnis haben, als Person wahrgenommen zu werden, kann eine solche fehlgeleitete Bindungserfahrung dazu führen, dass die genetischen Informationen überhand gewinnen. Bei manchen Menschen führt das dazu, dass sie quasi nach einer Art innerem Drehbuch handeln: *Wenn ich schon nicht geliebt werde, dann will ich wenigstens gehasst werden, und das mit der gleichen Intensität.* Menschen, die sich in ihren Ursprungsfamilien ungeliebt fühlen, haben aber den gleichen Wunsch, als Person wahrgenommen zu werden.

Oft lernen sie über abweichende Verhaltensweisen oder durch Regelverletzungen, dass man sie wahrnehmen muss, dass man sich mit ihnen beschäftigen muss und nicht mehr an ihnen vorbeisehen kann. Nur allzu oft ist das schon der Beginn einer kriminellen Karriere.

Aber welche Entwicklung durchläuft denn normalerweise ein Mensch? Lassen Sie uns einen kurzen Blick werfen auf die psychosexuelle Entwicklung und die Entwicklungskrisen des Menschen (Lüdke 2018):

Der Begriff „Krise" wird umgangssprachlich meist negativ verwendet, weil viele Menschen mit dem Wort „Krise" unangenehme Situationen verbinden. Allerdings ist der Begriff psychotherapeutisch ein völlig neutraler, „Krise" heißt nichts anderes als eine Phase der Entwicklung, Wandlung und Veränderung. Es muss nicht unbedingt schlecht sein, wenn man sich entwickelt und wandelt.

> Was die Raupe das Ende der Welt nennt,
> nennt der Rest der Welt Schmetterling!
> (Laotse)

In der Psychotherapie spricht man von der Biografiearbeit: Unser Leben entwickelt sich in Jahrsiebten, d. h. alle 7 Jahre durchlaufen wir Menschen tiefgreifende körperliche und seelische Veränderungsprozesse. Jede Entwicklungsphase ist immer mit einem bestimmten Entwicklungsthema verbunden und der Übergang von einer Stufe in die nächste wird immer durch sog. Übergangsobjekte begleitet. Das können Spielsachen sein, ein Pullover oder andere materielle Dinge.

Entwicklungskrisen bedeuten, dass sich unser Leben und damit auch die vorhin schon erwähnten Ressourcen, Potentiale oder Talente eben gerade in diesen manchmal auch sehr schwierigen Zeiten entwickeln. Die Entwicklungskrisen, die Menschen durchlaufen, sind sehr vielfältig. Wir durchlaufen viele Hunderte Identitäts-, Autoritäts- oder Sexualitätskrisen, aber es gibt zehn Entwicklungsstufen (Lüdke 2001, S. 61 ff.), die bei allen Menschen gleich sind: Zuerst ist dort die **Geburtskrise**. Neun Monate lang war alles dunkel, warm, feucht, wir hatten alles, was wir für unsere Entwicklung brauchten. Dies bezeichnet man auch als den „paradiesischen Zustand". Nach neun Monaten kommt dann der erste tiefe Einschnitt, es ist hell, es ist kalt, es ist trocken, es ist laut – das ist die sog. Geburtskrise, die als erste große Entwicklung bewusst erlebt wird. Als zweites schließt sich die sog. **Abstillkrise** an. Abstillkrise bedeutet, dass unsere Bedürfnisse nicht unmittelbar und sofort erfüllt werden, sondern wir auf uns aufmerksam machen müssen („Mama Hunger", „Mama Arm"), wir von der Mutter oder anderen Bezugspersonen abhängig sind, die maßgeblich verantwortlich sind, ob und wann unsere Grundbedürfnisse erfüllt werden.

Daran schließt sich die **Hänschen-Klein-Krise** an. Diese beschreibt nichts anderes als die Entwicklung von Vertrauen, von Sicherheit und auch Freiheit. Umgangssprachlich spricht man im Zusammenhang mit dieser Entwicklungskrise auch von dem sog. *Fremdeln,* d. h. Kinder genießen und erleben das Gefühl von Freiheit, sich von den Eltern zu lösen und in den freien Raum hineinzulaufen, bekommen dann aber plötzlich Angst vor diesem neu gewonnenen Gefühl und kommen zurückgelaufen, suchen einmal ganz kurz die Hand der Mutter oder klammern sich fest an das Bein des Vaters, und dann beginnt dieses Wechselspiel von Nähe und Distanz wieder, indem sich das Gefühl von Vertrauen und auch Freiheit entwickelt. Hänschen-Klein-Krise bedeutet auch, dass die sog. *Ich-Entwicklung* abgeschlossen ist, sich ein Kind also selbst als eigenständige Person wahrnimmt und sich das erste Mal bewusst von der Mutter ablöst.

Diese Entwicklung findet etwa um das 3. oder 4. Lebensjahr statt und kann sprachlich sehr schön festgestellt werden, da dies der Zeitpunkt ist, an dem ein Kind über sich selbst nicht mehr mit dem eigenen Namen spricht, also sagt: „Christian möchte noch ein Wasser", sondern „ich will". In dem Moment, in dem ein Kind sagt: „Ich will", klopft es oft mit der flachen Hand auf den Brustkorb, es weiß: „Ich bin ich, andere sind andere, ich höre hier auf, dort fängt ein anderer Mensch an." Gleichzeitig erfolgt in dieser *Ich-Entwicklung* die Beherrschung des Schließmuskels, d. h., Kinder werden, wie man so schön sagt, „trocken". Sie machen nun im wahrsten Sinne des Wortes, was sie wollen und nicht, was die Eltern wollen. In dieser Phase entwickeln sich auch Themen wie Schuld und Zweifel.

Hänschen-Klein-Krise bedeutet auch, dass es das erste Mal ist, dass Kinder sich weiter von der Mutter ablösen müssen, und das Ganze gestaltet sich manchmal als sehr schwierig. Kinder lieben immer ihre Eltern, egal wie die Eltern sind, Kinder lieben IMMER ihre Eltern. Jemand, den ich lieb habe, von dem kann ich mich aber nicht lösen. Jemanden, der mich aber abends ins Bett schickt oder sagt: „Räum dein Zimmer auf", den finde ich doof, und jemand, den ich doof finde, von dem kann ich mich sehr leicht lösen. Das ist der Grund, warum Kinder in dieser Entwicklungsphase beginnen zu trotzen. Kinder müssen ihre Eltern bewusst verletzen, im besten Fall auf die Palme oder bis zur Weißglut treiben, d. h. also, sehr starke emotionale Reaktionen bei ihren Eltern provozieren, dass die Eltern komplett ausrasten, und wenn die Eltern ausrasten, dann können sich die Kinder gefahrlos von Mama und Papa ablösen, ohne ein schlechtes Gewissen oder Schuldgefühle zu haben. Wichtiger als die Erziehung ist Beziehung. Wenn Eltern auf eine gute Beziehung zu ihren

Kindern achten und ihnen das Gefühl bedingungsloser Liebe geben, werden Kinder zu starken Persönlichkeiten. Werden Kinder allerdings von den Eltern verunsichert, werden sie sehr ängstliche Kinder und reagieren irgendwann auch mit Aggressionen. Wut und Aggression sind bei Kindern immer dann eine Reaktionsweise, wenn sie in eine Sackgasse geraten sind. Das Kind fühlt sich dann permanent frustriert und gekränkt. Diese seelischen Verletzungen können sehr leicht in aggressive Handlungen umschlagen und Elternteile werden dann so behandelt, wie man sich selbst von ihnen behandelt fühlt. „Dann wird die Mutter, von der man sich nicht geliebt und abgelehnt fühlt, z. B. zur ‚blöden Kuh'. Dies geschieht aus zwei Gründen: Zum einen tut es nicht so weh, von einem Menschen nicht geliebt zu werden, der sowieso ‚blöd' ist, und zum anderen wird der andere Menschen so verletzt, wie man sich selbst von ihm verletzt fühlt. Es wird dann also nach dem Schema gehandelt: Wenn du mich nicht magst und mir weh tust, dann mag ich dich auch nicht und tue dir auch weh" (Deegener 2002, S. 57). Ein Kind, das seine Mutter mit „blöde Kuh" anschreit, ringt verzweifelt um die Liebe der Mutter und kann deren Zurückweisung nicht ertragen. Eltern sollten das Phänomen der kognitiven Dissonanz kennen, um sich in einer solchen Situation richtig zu verhalten. Kognitive Dissonanz (Zimbardo 1983, S. 603 f.) bezeichnet einen als sehr unangenehm empfundenen Gefühlszustand. Dieser unangenehme Gefühlszustand entsteht dadurch, dass ein Mensch unvereinbare Kognitionen hat (Wahrnehmungen, Gedanken, Meinungen, Einstellungen, Wünsche oder Absichten). Kognitionen sind mentale Ereignisse, die mit einer Bewertung verbunden sind. Zwischen diesen Kognitionen können Konflikte („Dissonanzen") entstehen. Das bedeutet, dass wir auch nicht zur gleichen Zeit zwei unterschiedliche Gefühle wahrnehmen können. Diesen unangenehmen Zustand kann man dadurch auflösen, indem man Person und Verhalten voneinander trennt. Zum Beispiel kann man dem Kind sagen, „Ich liebe dich, aber ich mag nicht, wie dein Zimmer aussieht" oder „Nachdem wir uns jetzt gestritten haben, liebe ich dich noch ein wenig mehr, aber ich mag nicht, was du gerade zu mir gesagt hast". Durch die Trennung von Person und Verhalten können auch schon Kinder und Jugendliche Kritik annehmen, ohne sich als Person entwertet oder abgewertet zu fühlen. Bei der kognitiven Dissonanz geht es um die Verarbeitung wichtiger Informationen nach einer Entscheidung. Gegenteilige Informationen können abgewehrt oder nicht beachtet werden. Dissonanz bedeutet, dass Wahrnehmungen, Meinungen, Überzeugungen nicht in Übereinstimmung gebracht werden können und dass dadurch ein unangenehmes Gefühl entsteht (Wirtz 2014, S. 888).

Es schließen sich sog. **Sozialisationskrisen** an, d. h. Entwicklungen, die eintreten, wenn wir in neue Gruppen von Menschen kommen, in den Kindergarten, in die Schule, die weiterführende Schule, die Berufsausbildung. Immer wenn wir mit neuen Menschen zusammenkommen, müssen wir uns zurechtfinden, wir müssen die Gruppensituation erfassen und müssen neue Regeln lernen. Dann schließt sich die Pubertätskrise als eine der stärksten und tiefgreifendsten Sexualitätsentwicklungen an. In der Pubertät entwickeln wir unsere Geschlechtsidentität, wir erleben, was wir eigentlich sind, Mann oder Frau oder vielleicht eine andere Spielform der Natur? Wir machen unsere ersten vier großen Lebensentwürfe: Will ich alleine leben oder will ich mit einem anderen Menschen zusammenleben, will ich Kinder haben oder keine? Die Frage der Sexualität wird geklärt. Zudem wird die Berufswahl zum ersten Mal überdacht.

Dann folgt die **Paarkrise**. Mit Paarkrise sind keine Ehestreitigkeiten gemeint, sondern der Zeitpunkt, zu dem die

Kinder das Elternhaus verlassen, ihr Leben erstmals alleine gestalten müssen, und auch das zurückbleibende Ehepaar die Ehe oder Partnerschaft neu definieren muss, nach dem Motto: *„Was machen wir jetzt, wo die Kinder das Elternhaus verlassen haben?"*

Im Anschluss folgt die sog. **Midlife-Krise** (wissenschaftlich spricht man auch von **Plateau-Krise**). Der Begriff Midlife-Krise wurde in den 1950er-Jahren von dem kanadischen Psychoanalytiker Elliot Jaques geprägt (Midlife-Crisis, dt. Lebensmittekrise), weil man zu der Zeit davon ausging, dass Menschen eine durchschnittliche Lebenserwartung von etwa 70 Jahren haben. Die ersten 35 Jahre benötigen wir, um uns zu entwickeln, zu verändern, unsere Rollen in der Gesellschaft zu finden und zu übernehmen, und die zweiten 35 Jahre brauchen wir, um uns aus diesen Rollen wieder zurückzuziehen, zu verabschieden und zu sterben. Man war der Auffassung, dass genau in der Mitte des Lebens dieses Tal der tausend Tränen durchlaufen und damit eine sehr starke Krisensituation erlebt wird. Seit vielen Jahren weiß die Wissenschaft aber, dass diese Midlife-Krise nicht in der Mitte des Lebens, sondern zu jedem beliebigen Zeitpunkt auch mehrfach auftreten kann. Aus diesem Grund wird besser von einer Plateau-Krise gesprochen. Ein „Plateau" ist eine Hochebene und in unserem Leben kommen wir einmal oder mehrmals auf eine solche Hochebene, von der aus wir unser Leben betrachten. Wir schauen auf unser Leben und überdenken unsere Selbstdefinition. Ist das, was ich heute in meiner Partnerschaft und Ehe mache, das, was ich mir immer erträumt habe? Ist das, was ich in meinem Beruf mache, genau das, was ich mir vorgestellt habe? Ist das, was ich in meiner Freizeit mache, das, was ich mir gewünscht habe? Und dann kann ein Mensch sagen, ich bin sehr zufrieden, ich bin sehr glücklich. Oder ich erlebe

Situationen wie schon wieder eine Trennung, schon wieder eine Kündigung, schon wieder ein Misserfolgserlebnis, und das kann bei dem Blick auf die mir verbleibende Lebenszeit Menschen in Gefühle der Hoffnungslosigkeit und tiefer Verzweiflung stürzen. Die Midlife- oder Plateau-Krise ist im Übrigen die Entwicklungsstufe, in der die meisten chronischen Erkrankungen sowohl bei Frauen als auch bei Männern entwickelt werden. Bei Männern und Frauen kann sich in der Midlife-Krise dann auch noch ein unterschiedliches Syndrom entwickeln. Bei Frauen entwickelt sich in der Midlife-Krise oft der **Aschenputtel-Komplex** oder das sog. **Cinderella-Syndrom**, was bedeutet, dass Frauen ein Leben in *gemütlichem Elend* leben. Frauen, die ein Leben in gemütlichem Elend oder ein Leben in *stiller Verzweiflung* führen, träumen davon, dass sich ihr Leben ändern müsste. Sie wollen ihr Leben von Grund auf verändern, aber die Entscheidungen dafür nicht selbst treffen. Stattdessen warten sie auf ein von außen kommendes Ereignis, das ihr Leben dann von Grund auf verändert, wie in dem Märchen von Aschenputtel bzw. Cinderella, in dem der Prinz an die Tür klopft und sagt: *„Hier, das ist der Schuh, der passt, komm mit."* Dies ist eine Situation, in der man im Grunde genommen sehr verzweifelt ist und nicht die Entscheidungen trifft, die hilfreich wären, um das Leben positiv zu verändern. Bei Männern entwickelt sich in der Midlife-Krise das sog. **Peter-Pan-Syndrom**. Darunter versteht man die Weigerung, erwachsen zu werden und in Würde zu altern.

Die Behauptung, ein Mann könne nicht immer genau die gleiche Frau lieben ist so unsinnig wie die Behauptung, ein Musiker benötigt für ein und dasselbe Musikstück mehrere Violinen". (Honoré de Balzac [1799–1850], Schriftsteller)

Wissenschaftler sind schon seit langem zu der Erkenntnis gelangt, dass Männer mehr Probleme mit dem Älterwerden haben als Frauen. Wenn Männern ihre eigene Sterblichkeit bewusst wird, etwa um das 35. Lebensjahr, und sie merken, dass sie älter und reifer werden, dann fallen sie häufig auf frühkindliche Entwicklungsstufen zurück. Die Auffassung, sie könnten den Alterungsprozess aufhalten, führt dann teilweise zu Verhaltensänderungen (eine neue Frisur, völlig neue Kleidung, ein Tattoo, ein Piercing, ein Sportwagen). Viele Männer trennen sich aus langjährigen Partnerschaften, sie suchen sich deutlich jüngere Frauen, von denen sie weniger Siege zu befürchten haben. So gibt es, wenn man in die Medien schaut, sehr viele Beispiele von bekannten Prominenten, bei denen die Frauen immer jünger werden. Böse ausgedrückt, könnte man sagen, die Inkarnation des Peter-Pan-Syndroms war Udo Kai-Uwes, der, einem Witz zufolge, eines seiner letzten Konzerte abgesagt hatte, weil er gerne bei der Geburt des Kindes seiner neuen Freundin dabei sein wollte. In der Jugendsprache könnte man auch sagen: *den Wendler machen.* Der deutsche Sänger Michael Wendler ist seit geraumer Zeit mit der 18-jährigen Schülerin Laura Sophie Müller zusammen. Wendlers Tochter Adeline Norberg ist im selben Jahr 17 Jahre alt geworden. Wendler und seine Freundin trennen 28 Lebensjahre.

Wenn Männer älter werden, bekommen sie es mit der Angst zu tun. Männer können nicht oder nur in wenigen Fällen in Würde altern und vor allen Dingen schaffen viele Männer es nicht, in Würde mit gleichaltrigen Frauen zu altern. Die nächste Entwicklungsstufe, die Menschen durchlaufen, sind sog. **Leiblichkeitskrisen**. Leiblichkeitskrise bedeutet, dass es um Veränderungen des Körpers geht. Diese Art von Krise tritt spätestens im Alter auf, wenn wir gebrechlicher werden, wenn wir anfälliger werden, nicht mehr so belastbar sind. Leiblichkeitskrisen können aber auch in jüngeren Jahren eintreten, wie in dem erwähnten Beispiel bei starken Sportverletzungen oder schweren Unfällen, wo sich die körperliche Gesundheit verändert, wo wir eingeschränkt sind und Dinge, die uns zuvor wichtig waren, plötzlich nicht mehr durchführen können.

Es folgt der **Rentenschock.** Rentenschock ist die Phase, in der wir aus dem aktiven Berufsleben in die Freizeit entlassen werden. Dann zeigt sich, wie Menschen gelernt haben, Liebe und Arbeit in Gleichklang zu bringen. Es gibt Studien (2019, Deutsche Post Stiftung, Fatal Attraction? Access to Early Retirement and Mortality), die belegen, dass ein geringer Prozentsatz von Frauen und Männern, obwohl sie keinerlei erkennbare Risikofaktoren zeigten, etwa in einem Zeitraum von einem halben Jahr nach der Pensionierung versterben, weil sie offensichtlich diese Entwicklungsstufe nicht bewältigt haben, weil sie es in den Jahren vorher versäumt haben, sich ausreichend auf ihr Privatleben, ihre Partnerschaften, ihre Familien zu konzentrieren und die Arbeit einen deutlich größeren Raum eingenommen hat (Andreas Kuhn, Jean-Philippe Wuellrich, Josef Zweimüller, Forschungsinstitut zur Zukunft der Arbeit GmbH, IZA, Schaumburg-Lippe-Str. 5–9, 53113 Bonn, www.iza.org). Jetzt, wo die Arbeit nicht mehr da ist, fühlen sich diese Menschen weniger wertvoll und ihr Leben wird plötzlich sinnlos. Das kann dazu führen, dass Menschen in dieser Phase versterben. Zu dem Rentenschock gibt es einen sehr schönen Film mit Loriot, „Pappa ante Portas", besser kann man im Grunde genommen das Phänomen Rentenschock nicht beschreiben. Es folgt nach dem Rentenschock das **Sterben** – zunächst einmal die letzte bekannte Entwicklungsstufe – und hier schließt sich der Kreislauf.

Das Leben ist ein Kreis und alles beginnt wieder von vorn. In diesen gerade beschriebenen Entwicklungskrisen und Entwicklungsstufen, die ja nicht immer nur lustig sind, sondern oft mit Kränkungen, Demütigungen und Verletzungen einhergehen und oft sehr schwierig sind, haben wir als Menschen unsere Überlebens- und Entwicklungsstrategien entwickelt, in denen wir unsere Potenziale, Kräfte und Talente entfaltet haben, die uns auch helfen können, mit einem erneuten schwierigen Lebensereignis zurechtzukommen. Dabei ist es ganz wichtig, sich daran zu erinnern: Wie habe ich das damals geschafft? Wie habe ich diese Krisensituation überwunden? Wie bin ich dort gereift? Was hat dazu beigetragen, dass ich am Ende gestärkt aus dieser Entwicklungskrise hervorgegangen bin?

Dawkins fasst den Menschen als eine eigennützige Maschine auf, die programmiert ist, alles zu tun, was für ihre Gene als Gesamtheit von Vorteil ist (Dawkins 2007, S. 133). Er vergleicht den Menschen weiter mit einer Überlebensmaschine, die andere Überlebensmaschinen (die nicht ihr eigenes Kind oder ein enger Verwandter sind) aus dem Wege räumt. Gerade wenn eine solche Überlebensmaschine außer Kontrolle gerät, weil sie keine oder wenig Sozialisation und Bindung erfahren hat, kann sie zu einer eiskalten Reaktionsmaschine werden, die vor nichts zurückschreckt und keinen Respekt vor dem Leben hat. Solche Überlebensmaschinen nutzen andere Überlebensmaschinen permanent aus. Überlebensmaschinen derselben Art wirken in ihrem Leben gewöhnlich direkt aufeinander ein. Der Mensch tötet seine eigenen Artgenossen (Dawkins 2007, S. 134 f.). Der Egoismus der Gene ist nicht einfach nur ein einzelnes materielles Stückchen DNA. Es ist vielmehr zu befürchten, dass der Egoismus der Gene, wie in der Ursuppe, die Gesamtheit aller über die ganze Welt verteilten Kopien eines speziellen Stückchens DNA enthält.

Das Böse gibt es auf der ganzen Welt.

Das Böse empfängt seine Macht aus dem Guten. (Schäfer 2014, S. 79).

Immer wieder müssen wir feststellen, dass bei der Beschäftigung mit den Profilen des Bösen, die Männer viel mehr wird hier im Fokus stehen als die Frauen. Frauen sollten also noch bewusster hinschauen, welchen Mann sie sich auswählen. Und dabei bitte immer daran denken: *Partnerwahl ist Problemwahl!* Überwältigend in seiner Einfachheit ist das folgende Konzept einer glücklichen Beziehung: *„Den richtigen Partner, aus dem richtigen Grund, zum richtigen Zeitpunkt"* (Peseschkian 2002, S. 9). Und das beste Rezept für ein langes Leben ist es, jeden Morgen wieder aufzustehen. Es ist ein altbekanntes Naturgesetz, dass die Männer von den Frauen ausgesucht werden und nicht umgekehrt. Frauen haben damit nicht nur die Macht, sondern sie können Macht auch kontrollieren. Und wenn wir schon über den Egoismus der Gene sprechen, dann sollte man dabei nicht vergessen, dass es biologische Gesetze von Partnerschaft gibt (Grammer 2002). Partnerschaft heißt nicht Partnerschaft, weil der Partner schafft! „Wenn Sie geglaubt haben, Liebe beginnt mit dem ersten Blick, dann haben Sie sich gehörig getäuscht – sie beginnt schon lange vorher. Verhängnisvolle Affären fangen bereits an, ohne dass die darin verwickelten Personen auch nur die geringste Ahnung davon haben" (Grammer 2002, S. 9). Frauen suchen die Männer aus, in einem Prozess, an dessen Ende im besten Fall etwas steht, was wir „Liebe" nennen. Unter schlechten Bedingungen entwickelt sich am Ende das Böse. Die Kommunikation zwischen Mann und Frau ist reine Manipulation: Lügen, Täuschen und Betrügen! Aber bitte denken Sie immer daran: Lügen haben kurze Beine und große Ehefrauen werfen ihre Gatten voraus. Außerdem achten Sie bitte immer darauf, wann und wo Frauen und Männer lachen. Lachen ist immer Ausdruck von sexueller Erregung oder von Aggression (Grammer 2002, S. 321). Haben Sie jetzt etwa gelächelt? Wenn ja, kreuzen Sie bitte an:

[ ] Ich bin sexuell erregt.
[ ] Ich bin aggressiv.

Frauen suchen die Männer aus (Grammer 2002, S. 47 f.), Frauen halten die Partnerschaften, Ehen und Familien im Inneren zusammen.

Sind es am Ende vielleicht auch die Frauen, die unsere Welt zusammenhalten?

Literatur

BKA. (2019). *Bundeskriminalamt: Partnerschaftsgewalt. Kriminalistische Auswertung. Berichtsjahr 2017*. Wiesbaden: BKA. www.bka.de.

Dawkins, R. (2007). *Das egoistische Gen*. München: Spektrum Akademischer.

Deegener, G. (2002). *Aggression und Gewalt von Kindern und Jugendlichen*. Göttingen: Hogrefe Verlag für Psychologie.

Destatis. (2019). *Statistisches Bundesamt*. Wiesbaden: Destatis. www.Destatis.de.

Grammer, K. (2002). *Signale der Liebe. Die biologischen Gesetze der Partnerschaft*. München: Deutscher Taschenbuch Verlag.

Grandt, G., & Grandt, M. (2000). *Satanismus. Die unterschätzte Gefahr*. Düsseldorf: Patmos Verlag GmbH und Co. KG.

Harford, T. (2012). *Trial and Error. Warum nur Niederlagen zum Erfolg führen*. Reinbek bei Hamburg: Rowolth.

Hedren, T. (2016). *Tippi. A Memoir*. New York: Verlag William Morrow.

Herrmann, H. (1989). *Die Angst der Männer vor den Frauen*. Hamburg: Konkret Literatur.

Hüther, G., & Spannbauer, C. (Hrsg.). (2018). *Verbundenheit. Warum wir ein neues Weltbild brauchen.* Bern: Hogrefe.
Jönsson, B. (2000). *Zeit. Wie man ein verlorenes Gut zurückgewinnt.* Köln: Kiepenheuer & Witsch.
Korruhn, W. (1995). *Dann hab ich's einfach gemacht. Was Mörder mir erzählten.* Düsseldorf: ECON.
Lüdke, C. (2001). *Wenn die Seele brennt. Mit eigener Kraft aus der Krise.* Heidelberg: medhochzwei.
Lüdke, C. (2017/2). *Musik der Seele. Tera-Gramm Spezial.* Essen: Good-News-Letter der Terapon Consulting GmbH. www.terapon.de.
Lüdke, C. (2018). *Wer hat Stella & Tom die Angst gemopst? Geschichten die Kinder stark machen.* Heidelberg: medhochzwei.
MacDonald, E. (1991). *Erschießt zuerst die Frauen. Die weibliche Seite des Terrorismus.* München: Heyne.
Nietzsche, F. (2017). *Jenseits von Gut und Böse.* Hamburg: Nikol.
Peseschkian, N. (2002). *33 und eine Form der Partnerschaft.* Frankfurt a. M.: Fischer Taschenbuch.
Ramo, J. C. (2009). *Das Zeitalter des Undenkbaren. Warum unsere Weltordnung aus den Fugen gerät und wie wir damit umgehen können.* München: Riemann.
Schäfer, C. (Hrsg.). (2014). *Was ist das Böse? Philosophische Texte von der Antike bis zur Gegenwart.* Stuttgart: Reclam.
Schuntermann, M. F. (2019). *Einführung in die ICF.* Landsberg am Lech: ecomed Medizin.
WHO. (2019). *World Health Organization.* Genf: WHO. www.who.int.
Wirtz, M. A. (Hrsg.). (2014). *Lexikon der Psychologie.* Bern: Huber.
Zimbardo, P. G. 1983. *Psychologie.* Heidelberg: Springer.

3

Was die Welt zusammenhält

Das Leben ist da, wo die Menschen sind.
(Raimar Wigger)

Zusammenfassung *11.000 Gerechte halten die Welt zusammen.* Aber wer genau sind diese 11.000 Gerechten, sind vielleicht die 11.000 Kölner Jungfrauen gemeint? Schließlich gilt die Jungfrau als äußerst gerecht – zumindest als Sternzeichen. Und die 11.000 Jungfrauen haben im 4. Jh. nach Christus schließlich durch ihren Märtyrertod Köln von den Hunnen befreit und damit ganz schön was für den Zusammenhalt der Stadt, die ja bekanntlich allen möglichen Eroberern getrotzt hat, getan. Und außerdem kündigt der Kölner Lokalsender seine Nachrichten mit dem Slogan „Köln, Deutschland und die Welt" an. Es spricht also einiges dafür, dass es tatsächlich die (Jung-)Frauen sind, die nicht nur Köln und Deutschland, sondern auch die Welt zusammenhalten. Bei dieser Erkenntnis ist es fast unwichtig, dass Mutter Erde (und damit wohl eine Frau?) mit ihren Kräften Rotation, Revolution, Fliehkraft und Erdanziehung den Menschen, sein Verhalten und Erleben intensiv beeinflusst.

An der Frage, was die Welt im Innersten zusammenhält, war Goethes Faust gescheitert.

In der Morgendämmerung erwartet Faust den Aufgang der Sonne. Als sie endlich über einem Berggipfel erscheint, trifft ihr *Flammenübermaß* seine Augen so schmerzhaft, dass er sich abkehren muss. Doch lässt das *Feuermeer* in ihm eine Erkenntnis aufblitzen, die er erschrocken als Frage formuliert:

> Ist's Lieb'? Ist's Hass? Die glühend uns umwinden,
> Mit Schmerz und Freuden wechselnd ungeheuer,
> So daß wir wieder nach der Erde blicken,
> Zu bergen uns im jugendlichsten Schleier.
> „Dass ich erkenne, was die Welt / Im Innersten zusammenhält." (Faust I, Vers 382 f./Faust)

Davon lassen wir uns aber nicht abschrecken. Das Motto heißt: schöner Scheitern! Denn nur Niederlagen führen am Ende zu mehr Motivation und Bildung (Harford 2012). Wir stellen fest: Starke Behauptung schlägt schwaches Argument! Daher behaupten wir einfach mal ganz kühn: *Es sind die Frauen, die die Welt im Innersten zusammenhalten.*

Angst ist eine von zwei Energien im menschlichen Lebensmotor. Lust ist die andere. Das bedeutet nichts anderes, als dass Angst unvermeidlich zu unserem Leben gehört. Die Summe aller Ängste bleibt gleich! Heißt also, dass wir Menschen immer ein Angstniveau haben, egal wie alt wir sind. Was sich ändert, ist lediglich das Angstobjekt oder die sog. Angstrichtung, also die Dinge, vor denen wir Angst haben. Mal haben wir Angst, die Partnerin könnte uns verlassen, mal haben wir Angst um unsere Kinder, mal haben wir Angst, den Job zu verlieren, mal haben wir Angst vor Terror und Gewalt und vielem mehr. Die Angst begleitet uns quasi von der Geburt bis zum Tod. Solange es Menschen gibt, gibt es immer auch die Angst und Versuche, sie zu erkennen, sie zu bewältigen oder zu binden (Riemann 1991, S. 7). Ein Leben ohne Angst gibt es nicht. Es wäre eine Illusion, wenn man glauben würde, ein Leben ohne Angst führen zu können. Die Angst gehört zu unserer Existenz, sie ist eine Spiegelung unserer Abhängigkeiten und des Wissens um unsere Sterblichkeit. Wir können nur versuchen, Gegenkräfte gegen sie zu entwickeln: Mut, Vertrauen, Erkenntnis, Macht, Hoffnung, Demut, Glaube und Liebe. Diese können uns helfen, unsere Angst anzunehmen und uns mit ihr auseinanderzusetzen, sie immer wieder neu zu besiegen. Aber wie der Tod nicht aufhört zu existieren, wenn wir nicht an ihn denken, so auch nicht die Angst (Riemann 1991, S. 7). Was neu zu sein scheint, ist eine Angst, die heute zu unserem Leben dazugehört. Es sind die Ängste, die durch menschliches Handeln verursacht werden, wenn Menschen sich gegen Menschen wenden. Angst ist der wichtigste Teil unseres menschlichen Frühwarnsystems, sie macht uns hellwach und leistungsstark, mobilisiert alle Ressourcen, Kräfte und Stärken. Nur Ängste, die wir nicht verarbeitet haben, binden sich an äußere Objekte. In diesem Augenblick entstehen sog. Phobien.

Angst und Lust sind, so haben wir eingangs erwähnt, die beiden wichtigsten Kräfte im menschlichen Lebensmotor. Sie halten sich mehr oder weniger im Gleichgewicht, damit das Leben funktioniert. Bei der Frage, was die Welt zusammenhält, hat Riemann grundlegende Gesetzmäßigkeiten beschrieben. Nachfolgend möchten wir die tiefenpsychologischen Studien von Riemann zusammenfassen, da wir sie für richtungsweisend und aktueller denn je erachten (Riemann 1991, S. 11 ff.): Wir werden in eine Welt hineingeboren, die vier mächtigen Impulsen gehorcht. Unsere Erde umkreist in einem bestimmten Rhythmus die Sonne, sie bewegt sich also um das Zentralgestirn unseres engeren Weltsystems. Diese Bewegung bezeichnen wir als Revolution, Umwälzung. Gleichzeitig dreht sich die Erde dabei um ihre eigene Achse, führt also die Rotation, eine Eigendrehung, aus. Damit sind dann zwei weitere gegensätzliche und sich ergänzende Impulse gesetzt, die unsere Welt zusammenhalten, in Bewegung halten und in bestimmte Bahnen zwängen: die Schwerkraft und die Fliehkraft. Die Schwerkraft hält unsere Welt gleichsam zusammen, richtet sie zentripetal nach innen, nach der Mitte strebend, aus, und hat etwas von einem festhalten und anziehen wollenden Sog. Die Fliehkraft strebt zentrifugal, die Mitte fliehend, nach außen. Weil sie in die Weite drängt, hat sie etwas von einem Loslassen, sich Ablösen. Nur dadurch, dass sich diese Kräfte im Gleichgewicht halten, ist eine gesetzmäßige und lebendige Ordnung gewährleistet, in der wir leben und die wir Kosmos nennen. Würde eine dieser vier Kräfte ausfallen oder überwiegen, würde es die Welt in große Unordnung oder Chaos stürzen oder könnte sie sogar zerstören. Würde die Erde also zum Beispiel nicht mehr in der ihr vorgeschriebenen Bahn um die Sonne kreisen, würde sie selbst zum Mittelpunkt des Kosmos um den sich dann andere Planeten drehen müssen. Würde die Erde nicht mehr um sich selbst kreisen, wäre sie kein Planet mehr, sondern nur noch ein Trabant. Hätte die Erde keine Schwerkraft, würde sie zerreißen und völlig aus der Bahn kommen und mit anderen Weltkörpern zusammenstoßen. Würde die Welt nur der Schwerkraft gehorchen, würde es sie in die völlige

Erstarrung und Unveränderlichkeit führen. Die eigentlich geniale Überlegung von Riemann besteht darin, dass er diese genannten vier Kräfte auch auf den Menschen überträgt, denn als Bewohner der Erde und als ein winziges Teilchen des Sonnensystems müssen Sie sich zwangsläufig auch den genannten Gesetzmäßigkeiten unterwerfen. Daraus ergeben sich sehr naheliegende Entsprechungen. Um gesund zu sein, glücklich zu leben, brauchen wir Gegensätzlichkeiten, die in einem ausgewogenen und harmonischen Verhältnis zueinander stehen.

3.1 Rotation

Die Rotation, also die Eigendrehung, entspricht im psychologischen Sinne der Forderung zur Individuation, also dazu, ein einmaliges Einzelwesen, ein Individuum zu werden (Riemann 1991, S. 12). Die erste Forderung besteht darin, dass wir als Menschen ein einmaliges und unverwechselbares Individuum werden sollen. Wir sollten uns selbst bejahen und uns gegenüber anderen abgrenzen. Wir sollen kein austauschbarer Massenmensch, sondern eine unverwechselbare Persönlichkeit werden. Unser Daumenabdruck genügt, um uns von jedem anderen Menschen unverwechselbar zu unterscheiden und eindeutig zu identifizieren. Wenn wir uns individualisieren, bedeutet das aber auch, dass wir uns von anderen ablösen und unterscheiden müssen. Wir geben ein ganzes Stück Geborgenheit und Sicherheit auf, können uns manchmal dadurch sogar einsam fühlen, unsicher sein und machen uns dadurch auch angreifbar. Lösen wir uns nicht von der Masse ab, bleiben wir unserer menschlichen Würde etwas Entscheidendes schuldig.

3.2 Revolution

Der Revolution, der Bewegung um die Sonne als unserem Zentralgestirn, entspricht die Forderung, sich einzuordnen in ein größeres Ganzes, unsere Eigengesetzlichkeit, unser eigenes Wollen zu begrenzen zugunsten überpersönlicher Zusammenhänge (Riemann 1991, S. 12). Die zweite Forderung bedeutet, dass wir uns der Welt, dem Leben und den Mitmenschen vertrauend öffnen und uns auf sie einlassen sollen. Es bedeutet im Grunde genommen nichts anderes, als dass wir uns dem Leben hingeben sollten. Diese Hingabe kann mit der Angst verbunden sein, unser eigenes Ich zu verlieren oder abhängig zu werden, ausgeliefert zu sein und die Kontrolle über das eigene Leben zu verlieren. Tun wir es aber nicht, riskieren wir es, ein isoliertes Einzelwesen ohne Bindung und ohne Zugehörigkeit zu sein. So werden wir aber weder uns selbst, noch die Welt kennenlernen.

3.3 Anziehungskraft

Die Schwerkraft entspricht auf der seelischen Ebene unserem Impuls nach Dauer und Beständigkeit (Riemann 1991, S. 12). Diese Forderung bedeutet, dass wir im Leben Dauer anstreben sollen. Wir sollen uns auf dieser Welt häuslich niederlassen und einrichten, wir sollen die Zukunft planen, uns Ziele setzen, als würden wir ewig leben, als ob die Welt stabil und die Zukunft jederzeit voraussehbar wäre. Natürlich wissen wir, dass unser Leben jeden Augenblick zu Ende sein kann. Dennoch sollten wir so tun, als würden wir ewig leben. Das Leben ist Veränderung. Wir sollten uns von dem ewigen Fließen des

Lebens mitreißen lassen. Wir sollten jeden Tag so leben, als ob er ein ganzes Leben sei. Wie man so schön sagt: Der Weg ist das Ziel. Vor allem, wenn das Ziel mal weg ist.

3.4 Fliehkraft

Die Fliehkraft entspricht dem Impuls, der uns immer wieder vorwärts, zur Veränderung und Wandlung treibt (Riemann 1991, S. 12). Die vierte Forderung besteht darin, dass wir immer bereit sein sollen, uns zu wandeln, zu entwickeln, zu verändern. Nur wer sich oft verändert, kann auf Dauer glücklich sein. Wir sollten uns trauen, auch mal Vertrautes aufzugeben, Traditionen und Gewohnheiten hinter uns zu lassen, Abschied vom Alten zu nehmen, alles nur als Durchgang zu erleben. Wir sollten uns lebendig weiterentwickeln, wir sollten uns Neuem öffnen, das Unbekannte wagen, ohne uns durch den Sog der Vergangenheit und der Gewohnheiten festhalten zu lassen. Wir sollten unserem Freiheitsdrang folgen. Das Zusammenfallen von Vergangenheit und Zukunft in einem Menschen nennt man Gegenwart. Sie sollten nur in der Gegenwart leben und jeden Augenblick genießen. Wir werden später näher beschreiben, zu welchen vier Persönlichkeitsstrukturen diese Impulse führen können. Insbesondere wollen wir hier natürlich die Profile von bösen Menschen beschreiben und die Art und Weise, wie sie sich in der Welt sehen. Mit unserer Anleitung wollen wir den Lesern dabei behilflich sein, ein Verständnis zu entwickeln, sich selbst und fremde Menschen besser zu verstehen. *„Nichts ist dir näher als du selbst; doch wenn du dich selbst nicht kennst, wie willst du dann andere kennen?"* (orientalische Weisheit). Es ist uns ein Anliegen, immer wieder darauf zu fokussieren, dass vor allen Dingen die Anfangsjahre eines Menschen für seine spätere Entwicklung entscheidend sind. Die Bindungserfahrung innerhalb der Familie, das Geborgensein, die Beziehung und emotionale Bindung und vieles mehr. Wer ein Verständnis dafür entwickelt, welche Kräfte innerhalb einer Familie wirken und welche Auswirkungen sie auf unsere menschliche Entwicklung und das spätere Leben haben, wird umso leichter einen Blick für die großen Zusammenhänge entwickeln und wesentliche Erkenntnisse erlangen, was unsere Welt zusammenhält.

Halten Frauen die Welt zusammen? Können Frauen die Welt vom Bösen befreien? Hilft uns die Liebe? Oder finden wir die Antwort in Köln? Fragen, auf die bisher noch keine Antworten zu finden sind.

> „Ich bin Kernphysiker geworden, weil ich herausfinden wollte, was die Welt im Innersten zusammenhält. Mein ganzes Forscherleben habe ich damit verbracht, zu untersuchen, was tatsächlich hinter der Materie steckt. Das Endergebnis ist ganz einfach – wenn auch überraschend: Es gibt gar keine Materie!" (Hans-Peter Dürr, zit. nach Hüther und Spannbauer 2018, S. 22 f.)

> Realität ist eine Illusion, die durch einen Mangel an Alkohol entsteht.

Als Albert Schweitzer in Afrika einmal in seinem Boot von Nilpferden gefährlich bedrängt wurde und nicht wusste, ob er aus dieser Situation wieder heile herauskommen würde, gelangte er zu seiner oft zitierten Erkenntnis: „Ich bin Leben, das leben will, inmitten von Leben, was leben will." Es geht darum, die eigene Lebendigkeit in all dem Lebendigen um uns herum zu erkennen (Hüther und Spannbauer 2018, S. 27).

Wir werden häufiger gefragt, ob wir an Gott glauben. Dann sagen wir: Ja! Na ja, zumindest ein Teil von uns. Wir zweifeln nicht daran, dass es einen über unser Verständnis hinausgehenden Zusammenhang und ein Beziehungsgefüge gibt, das viele Namen haben kann. Wir können es Gott nennen, wir können es Geist nennen oder wir nennen es Liebe. Die Liebe hat nicht nur die höchste Heilkraft, sie ist auch das, was wir am ehesten mit Verbundenheit in Verbindung bringen.

Menschliche Wesen zu durchschauen, ist nicht nur für das eigene Heil hilfreich, sondern auch für den Umgang mit der Mitwelt. Wer den Glauben an getrennte Entitäten existenziell als Irrtum durchschaut hat, sieht, dass er nicht wesenhaft vom anderen getrennt ist. Fremdes Leid wird zum eigenen und aus diesem Grund wird niemand mehr danach trachten, einem anderen vorsätzlich Leid und Schmerz zuzufügen. So heißt es dann im *Metta-Suttra,* dem *Suttra* über die Liebe (Hüther und Spannbauer 2018, S. 42 f.):

„Keiner soll den anderen hintergehen;
weshalb auch immer, keinen möge man verachten!
Aus Ärger und aus feindlicher Gesinnung
so Übles man einander nimmer wünschen!

Wie eine Mutter ihren eigenen Sohn,
ihr einziges Kind mit ihrem Leben schützt,
so möge man zu allen Lebewesen
entfalten ohne Schranken seinen Geist!"

Aber selbst dort, wo diese Erfahrung der existenziellen Verbundenheit noch nicht vollzogen ist, kann der Mensch einsehen, dass das Schädigen eines anderen etwas Verwerfliches ist. In der Liebe zum eigenen Ego sind sich alle Menschen gleich, wie es im 129. Vers des Dhamapada heißt:

„Alle Wesen zittern vor der Gewalt,
Alle Wesen fürchten den Tod;
Sieh dich selbst in anderen
Und töte nicht und verletze nicht."

Literatur

Harford, T. (2012). *Trial and Error. Warum nur Niederlagen zum Erfolg führen*. Reinbek bei Hamburg: Rowohlt.

Hüther, G., & Spannbauer, C. (Hrsg.). (2018). *Verbundenheit. Warum wir ein neues Weltbild brauchen*. Bern: Hogrefe.

Riemann, F. (1991). *Grundformen der Angst. Eine tiefenpsychologische Studie*. München: Reinhardt.

4

Das Böse in der Welt

Wer mit Ungeheuern kämpft, mag zusehn, dass er nicht dabei zum Ungeheuer wird. Und wenn du lange in einen Abgrund blickst, blickt der Abgrund auch in dich hinein.
(Nietzsche 2017, S. 86)

Zusammenfassung Das Böse ist in der Welt, das ist unbestreitbar. Es reicht von Alltagskriminalität bis zu globalen Bedrohungsszenarien für die Erde und die Menschen, die auf ihr leben. Wie lange hält die Welt und mit ihr alles, was auf ihr kreucht und fleucht, noch durch? Vielleicht steht am Ende gar ein Umzug von Welt zu Welt an. Ob das überhaupt notwendig und möglich ist, ob uns bei der Bewältigung all dieser Herausforderungen künstliche Intelligenz oder wir selbst hilfreich zur Seite stehen, und ob Roboter Gefühle entwickeln können, all das gehört zu den großen Fragezeichen, die das Leben nicht zuletzt auch menschlich machen. Menschlich ist gut und böse.

4.1 Leben unter dem Einfluss der Welt

„Meine Geburt war so ein Schock, dass ich das erste Jahr lang sprachlos war." Das Zitat eines Patienten des Autors ist bezeichnend für die Welt, in die wir hineingeboren werden. „Die Welt unserer Vorfahren war eine Welt voller Götter, Geister, Dämonen und ihrer schicksalsbestimmenden Macht. Sonne und Mond, Regen, Blitzschlag und Dürre wurden bestimmt von übernatürlichen Kräften, denen der Mensch sich zu fügen hatte. Der Kreislauf des Lebens von der Geburt bis zum Tod war eingebunden in eine Welt, die von anderen Mächten gesteuert wurde. Bäume sprachen, und der Wind wehte durch eine Natur, die manchmal gnädig und an anderen Tagen böse erschien. Reale und spirituelle Welten kannten keine Trennlinie, sondern wirkten als verworrenes Ganzes. Diese frühen Gesellschaften waren davon überzeugt, dass Götter ihr Leben beeinflussten, und anstelle von Entscheidungsfreiheit stand das Schicksal. In der antiken Sagenwelt etwa versucht Odysseus zwar, seiner schicksalshaften Bestimmung zu entgehen, muss am Ende jedoch erkennen, dass er gerade mit seinen vermeintlich freien Handlungen sein vorher bestimmtes Schicksal selbst realisiert hat. Man opferte den Göttern, um sie gnädig zu stimmen, betete und verehrte die Unsichtbaren im Bewusstsein, dass das irdische Leben nur ein Wimpernschlag war in einer unfassbaren Unendlichkeit" (Yogeshwar 2017, S. 153).

„Es gibt nur eine Zivilisation auf der Welt" (Harari 2019, S. 135). Und diese Zivilisation ist eine *Zuvielisation*. Zu viel Information, zu viele Reize, zu viel Stress und viel zu wenig Zeit, um sich auszuruhen und zu entspannen. Alleine

4 Das Böse in der Welt

durch die digitalen Medien werden wir über alle Maßen mit Informationen überschwemmt, dass wir diese gar nicht mehr alle aufnehmen und erst recht nicht verarbeiten können. Um das Phänomen *Digitalisierung* anschaulich zu machen, stellen Sie sich bitte einmal vor, Sie hätten Durst. Sie nehmen jetzt aber nicht einfach nur ein Glas, holen sich etwas Wasser aus dem Wasserhahn, um einen Schluck zu trinken, sondern die Feuerwehr rückt an und rollt den größten Druckschlauch aus, über den sie verfügt. Dann heißt es „Wasser marsch" und ein Wasserstrahl mit 12 bar wird genau auf Sie gerichtet, und das nur, damit Sie einen kleinen Schluck Wasser trinken können. Genau so können Sie sich den Informationsstrahl vorstellen, der tagtäglich auf uns gerichtet ist, und auch wenn wir nur einige wenige Informationen für uns benötigen, sind wir diesem unglaublichen Informationsdruck ausgesetzt. Es ist absolut unmöglich, dass ein einzelner Mensch alle diese Informationen verarbeiten kann. Digitalisierung ist aber nur ein Einfluss, unter dem wir Menschen leben.

Damit wir die Welt ein bisschen besser verstehen können, sollten wir unsere individuelle Perspektive so weit wie möglich überwinden und die Dinge aus globaler, gar kosmischer Perspektive betrachten, so wie wir es probiert haben, um die Kräfte deutlich zu machen, unter denen unsere Welt steht (Riemann 1991). Aber auch der umgekehrte Weg ist möglich, um die Welt zu beschreiben. Wie sich in einem Hologramm ein Ganzes immer auch in dem kleinsten Splitter widerspiegelt, spiegelt sich die Welt auch in jedem einzelnen Menschen wider. Der Einzelne bekommt immer nur Bedeutung in Verbindung mit dem Ganzen. Der einzelne Mensch bekommt nur Bedeutung in Verbindung mit der Welt. Wir sind aber nicht nur Beobachter der Welt, wir sind auch Schöpfer der Welt. So wie ein Weg erst dann entsteht, wenn wir ihn gehen, so entsteht die Welt erst dadurch, dass wir sie beobachten. Und das, was wir bei genauer Beobachtung erkennen können, ist teilweise mehr als erschreckend. Das Böse ist allgegenwärtig. Es könnte alles so einfach sein, wenn es nicht das Böse gäbe. Die Welt ist trotz des nahezu unbeschränkten Zugangs zu annähernd allen Informationen doch so kompliziert geworden, dass ein Einzelner sie überhaupt nicht mehr verstehen kann – außer, er heißt Donald Trump. Gerade durch ihn haben wir vor Augen geführt bekommen, dass es mittlerweile schwer geworden ist, Wahrheit von Lüge zu unterscheiden. Ist die Wahrheit eine Funktion der Zeit, bedeutet das, dass es immer nur eine für den Moment beste Wahrheit gibt. Was gestern wahr war, kann heute schon vollkommen veraltet sein. Je mehr Informationen ausgetauscht werden und je schneller diese Informationen den einzelnen Menschen erreichen, desto kürzer ist etwas, das für wahr gehalten wird. Über Jahrhunderte hinweg glaubten die Menschen, die Welt wäre eine Scheibe. Bis Christoph Kolumbus sie eines Besseren belehrte. Die Welt ist keine Scheibe, sondern annähernd eine Kugel (das hatte, Sie erinnern sich, allerdings schon Pythagoras viele Jahrhunderte vorher im Gefühl gehabt). Durch diese neue Erkenntnis über die Form der Erde wird aber nicht unwahr, was Menschen bis zu diesem Zeitpunkt als die Wahrheit erachtet haben. Wir erinnern uns noch an eine Zeit, in der der große Brockhaus das gesammelte Wissen der Welt enthielt. Brockhaus-Bände wurden teilweise von Generation zu Generation weitervererbt. Aus heutiger Sicht kaum vorstellbar. Wir können uns noch daran erinnern, als mit Weiterentwicklung des Internet vom Radiosender WDR 2 eine Art Wettbewerb durchgeführt wurde: Brockhaus gegen Google. Brockhaus gegen Wikipedia. Das Ergebnis kennen Sie. Wenige Tastenklicks und wir haben, ganz ohne Gang in die Bibliothek, allumfassendes, aktuelles Wissen. Ob es dann tatsächlich wahr ist, bleibt erst mal dahingestellt. Dass es keine absolute Wahrheit gibt, ist vermutlich die einzige Wahrheit. Im Laufe unserer vielen, sehr unterschiedlichen Berufsjahre haben wir, so glauben wir zumindest, eine persönliche Wahrheit entdeckt: Täter sind dumm! *„Die Evolution ist schlauer als sie"* (Harford 2012, S. 223).

Wir leben heute in einer Zeit, in der Terror zum Alltag zu gehören scheint. Die Bedrohung durch Terror wird allerdings überschätzt. Kleines Gedankenspiel: Für wie wahrscheinlich halten Sie die Gefahr, hier in Deutschland von einem Blitz erschlagen zu werden? Vermutlich halten Sie diese Art zu Tode zu kommen für sehr unwahrscheinlich oder sogar für völlig abstrus. Die Gefahr, in Deutschland von einem Blitz getroffen zu werden, ist allerdings mehr als doppelt so hoch wie die, bei einem Terroranschlag ums Leben zu kommen. Unterschätzt hingegen wird die Gefahr technologischer Entwicklungen und der Klimaveränderung. Letztere jedoch wird aktuell und glücklicherweise durch die Fridays-for-Future-Bewegung stark in das Bewusstsein einer breiten Masse der Bevölkerung katapultiert.

Unterschätzt wird aber auch die Bedrohung durch Täter im Alltag. Mit diesen wollen wir uns näher beschäftigen und ihre Profile deutlicher beschreiben. Es geht nicht darum, Ängste zu schüren, sondern vielmehr darum, ein Gespür für die Situation und ein Gespür für Menschen zu bekommen, ganz echt und ganz wahr, um schneller und besser einschätzen zu können, ob der Mensch uns gegenüber vertrauenswürdig ist oder ob er etwas sehr Böses im Schilde führt. Wir wollen mit unserer Anleitung nicht verunsichern, sondern im Gegenteil eine Anleitung geben, das Böse in diesen Menschen schneller zu erkennen, um sich vor ihren Bedrohungen und Gefahrensituationen besser schützen zu können. Unsere Anleitung soll das menschliche Frühwarnsystem, über das jeder Mensch von

Natur aus verfügt, aktivieren und verstärken. Angst ist ein ganz wichtiger Teil in unserem menschlichen Frühwarnsystem. Auf sie können wir uns genauso verlassen wie auf unsere Gefühle. Denn es gibt keine falschen Gefühle und es gibt keine falsche Angst. Angst ist immer wahr. Die Welt wird trotz Digitalisierung immer komplizierter und viele Menschen merken nicht einmal, wie wenig sie über das Bescheid wissen, was aktuell vor sich geht. Viele Menschen haben leider aufgehört zu denken und vertrauen lieber einem gemeinschaftlichen Gruppendenken. Dieses Phänomen ist nicht neu. Die Psychologen nennen es *Groupthink*. Mit diesem Begriff, der auf den Psychologen Irwing Janis (1972) zurückgeht, beschreibt der Psychologe einen „Denkmodus, den Personen verwenden, wenn das Streben nach Einmütigkeit in einer kohäsiven Gruppe derart dominant wird, dass es dahin tendiert, die realistische Abschätzung von Handlungsalternativen außer Kraft zu setzen" (Janis 1972). Kurz gesagt, Groupthink kann beschrieben werden als die Suche nach Einvernehmen in der Gruppe um jeden Preis. Nur zu schnell übernehmen wir dann auch die Meinung einer Gruppe, anstatt bei unseren eigenen Ansichten zu bleiben. Bombardiert man Menschen mit gesicherten Informationen und Fakten, dann kann das dazu führen, dass sie ihr individuelles Nichtwissen spüren. Das ist nicht ganz ungefährlich, denn dieser Schuss kann auch nach hinten losgehen. „Die meisten Menschen mögen nicht zu viele Fakten, und sie mögen es mit Sicherheit nicht, sich dumm zu fühlen" (Harari 2019, S. 292). Nur bei Tätern ist das ein wenig anders. Täter wissen nicht, dass sie dumm sind. Sie halten sich selbst für die Größten, sind überzeugt von ihrer eigenen Grandiosität und glauben, immer den perfekten Plan zu haben. Das macht es nicht einfacher, mit ihnen umzugehen, aber leichter, sie zu durchschauen und sich vor ihnen zu schützen. Wir sollten misstrauisch bleiben. Wir sollten uns auf unser Bauchgefühl verlassen. Es wäre ein immenser Trugschluss, wenn wir glauben würden, die Welt ließe sich in zwei Hälften teilen: Gut und Böse (Rosling 2018, S. 33). Ebenso wäre es ein nicht geringerer Trugschluss, wenn wir glauben würden, dass die Welt immer schlimmer wird. Auch das stimmt nicht. Statistiken können durchaus eine Therapie sein und die Stimmung der Menschen aufhellen, denn es ist viel leichter, all die schlimmen Dinge auf der Welt zur Kenntnis zu nehmen als das Gute zu sehen, das sich durch einfache statistische Daten belegen lässt (Rosling 2018, S. 67). Offensichtlich hat das etwas mit unserer Wahrnehmung zu tun, weil wir Böses aufmerksamer wahrnehmen als Gutes. Wenn Sie einen Menschen fragen, wie oft er sich mit nacktem Gesäß in Brennnesseln setzen würde, so wird die Antwort vermutlich sein: „Einmal". Offensichtlich bleibt das, was wir buchstäblich mit brennendem Interesse aufnehmen, sofort in unserem Körpergedächtnis und damit auch in unserem Langzeitgedächtnis haften. Das, was unser Körper einmal gelernt hat, das vergisst er nicht mehr. Wollten wir uns aber daran erinnern, wie oft wir uns nicht in Brennnesseln, sondern in schöne, weiche, warme Kissen oder Sitzgruppen gesetzt haben, fällt uns vermutlich nicht sofort das konkrete Sitzerlebnis ein.

Der Gehirnforscher Gerald Hüter und der Psychologe Ben Furman sind sich einig: Es ist nie zu spät, um eine glückliche Kindheit zu haben. Das bedeutet offensichtlich nichts anderes, als dass wir unsere Erinnerungen auch verändern können. Das Gehirn ist da sehr flexibel. Es kann in jedem Alter neue Nervenzellen bilden, quasi neue Erinnerungen erschaffen. Aber die Wissenschaft spricht auch die Warnung aus, dass die Dinge in unserer Erinnerung schlimmer erscheinen, als sie tatsächlich waren. Dadurch können wir manchmal den Kontakt zu unserem Körper und damit auch den Kontakt zu unserem Bauchgefühl verlieren. Wir tendieren dann eher dazu, einfach zu sagen, dass die Dinge früher besser waren als heute. Menschen vergessen sehr schnell. Menschen vergessen damit auch das Böse. Aber das Böse ist allgegenwärtig. Das Böse schläft nie. Deshalb wollen wir Sie mit unserer Anleitung wieder ein wenig wachrütteln, für einen Augenblick genau hinzusehen und wieder mehr zu fühlen. Fühlen ist besser als denken, wenn es um das Erkennen von bösen Profilen geht. Unsere Anleitung soll Ihnen einen Grundschutz geben, eine Art Grundierung, die es Ihnen ermöglicht, sich mit schlechten Nachrichten oder bösen Menschen auseinanderzusetzen, ohne sich ständig dadurch in eine Weltuntergangsstimmung hineintreiben zu lassen. „Wenn Leute in Umfragen danach befragt werden, wovor sie am meisten Angst haben, scheinen vier Antworten immer ganz oben zu rangieren: Schlangen, Spinnen, Höhe und in einem engen Raum eingesperrt sein. Danach folgt eine lange, wenig überraschende Liste: öffentliches Reden, Spritzen, Flugzeuge, Mäuse, Fremde, Hunde, Menschenmengen, Blut, Dunkelheit, Feuer, Ertrinken usw. Diese Ängste sind aus offensichtlich evolutionären Gründen tief und fest in unserem Gehirn verbreitet. Ängste vor körperlichem Schaden, vor Gefangenschaft und Gift halfen unseren Vorfahren dabei, zu überleben. Auch heute löst die Wahrnehmung dieser Gefahren noch unseren Angstinstinkt aus. Geschichten darüber können Sie jeden Tag in den Nachrichten finden:

- Körperverletzungen: Gewalt durch Menschen, Tiere, scharfe Objekte oder Naturgewalten,
- Gefangenschaft: gefangen in einer Falle, Kontrollverlust oder Verlust der Freiheit,
- Kontamination: durch unsichtbare Substanzen, die Infektionen auslösen oder uns vergiften können …

Doch hier gibt es ein Paradox: Auf der einen Seite wurde das Bild einer gefährlichen Welt noch nie so effektiv verbreitet wie heute, während auf der anderen Seite die Welt tatsächlich noch nie so sicher und weniger gewalttätig war" (Rosling 2018, S. 131 ff.). Durch unsere Anleitung wollen wir Ihre Aufmerksamkeit auf böse Menschen lenken, damit Ihre reale und gefühlte Welt noch ein wenig sicherer wird. Angst vor Spinnen oder Hunden oder öffentlichem Sprechen ist in der heutigen Welt eher weniger wichtig, um zu überleben. Im Gegenteil. Derartige Ängste sind mindestens überflüssig, wahrscheinlich aber sogar, je nach Situation, völlig fehl am Platz. Angst kann ein hilfreicher Begleiter sein, aber nur dann, wenn wir Angst vor den wichtigen Dingen haben. Angst ist ein hinderlicher Begleiter, wenn wir versuchen wollten, die Welt zu verstehen. Die Angst würde uns dann ablenken und wir könnten möglicherweise das Böse in unserer unmittelbaren Nähe übersehen. Von dem Bösen in unserer Nähe geht allerdings ein größeres Risiko aus, als Opfer eines Terroranschlags zu werden, eine Naturkatastrophe oder einen Flugzeugabsturz zu erleben. Angst vor Tätern zu haben, ist gut. Angst vor bösen Menschen zu haben, ist gut. Seien Sie bereit, Ihre Angst auf den neuesten Stand zu bringen. *"Nur wer Angst hat, kann mutig sein"* (Hollywood 2018, S. 31).

Bleiben Sie misstrauisch bei der Digitalisierung. Die Digitalisierung kann wie ein Filter oder eine Sonnenbrille für unsere unmittelbaren körperlichen und emotionalen Sinneseindrücke sein. Es ist etwas anderes, ob Sie einen bösen Menschen im Film sehen oder bei YouTube, oder ob Sie mit einem bösen Menschen unmittelbar in einem Raum sind. Sie werden sich selbst und den anderen viel direkter fühlen. Wenn Sie einen bösen Menschen auf dem Bildschirm Ihres Smartphones sehen, dann ist es so, als würden Sie durch ein Schlüsselloch hindurch sehen,

Ihr Bildschirm wird zum Nadelöhr. Der winzige Ausschnitt auf Ihrem Display reduziert die Realität allerdings und trennt sie von der wirklichen Welt. „Die Analyse, wie Menschenverbindungen zwischen sich und der Welt gestalten, beginnt ganz unwillkürlich auch wieder mit dem Körper. Mit ihm treten wir in Kontakt, erfahren wir die Umwelt und nehmen sie wahr. In diesem Kontext stellt sich die Frage, wie sich die Natur des Menschlichen insgesamt ändert, wenn „Bildschirme zum Leitmedium" nahezu aller Beziehungen mit unserer Umwelt werden. Was passiert, wenn wir die Welt zunehmend mithilfe unserer Smartphones wahrnehmen? Die Aufmerksamkeit, das Bewusstsein und die Körperäußerungen sind auf einen winzigen Ausschnitt, nämlich auf das Display bzw. den Bildschirm reduziert" (Matusiewicz 2018, S. 177). Wenn Sie Ihren Körper aber wieder als Resonanzkörper nutzen, werden Sie viel eher und viel sicherer ein Gespür für böse Menschen entwickeln. Gefühle kann man nicht digitalisieren. Nutzen Sie Ihre Gefühle und verlieren Sie nicht Ihre Körperlichkeit. Vertrauen Sie Ihren Sinnen, sie können eine sichere Quelle sein, um böse Menschen zuverlässig zu erkennen. Die Welt scheint sich immer mehr zu vernetzen und die digitale Welt wird immer komplexer. Unsere körperlichen und emotionalen Erfahrungen werden allerdings kleiner. Aber gerade unser körperliches und emotionales Erleben und Erfahren kann die Antwort liefern, mit dem Bösen richtig umzugehen.

Unsere unterschiedlichen Berufserfahrungen bestehen vor allen Dingen darin, dass wir es mit sehr vielen (bösen) Menschen zu tun hatten und zwar ganz real, weil wir mit ihnen in einem Raum waren, weil wir sie gesehen, gehört und erlebt haben. Mit allen unseren Sinnen. Das meiste, was wir über böse Menschen gelernt haben, haben wir nicht dadurch gelernt, dass wir vor dem Computer gesessen haben. Wir haben vor allen Dingen viel Zeit mit Menschen verbracht. Viele von ihnen waren sehr böse. Diese Erfahrungen bilden die Grundlage unserer Anleitung: Profile des Bösen und wie man sie erkennt.

4.2 Alle Täter sind dumm

Alle Täter sind dumm. Und zwar immer! Täter sind Idioten. *Böse Menschen haben sich selbst vergessen.* Gewalt ist immer Ausdruck von mangelhafter Intelligenz.

Intelligenz (lat. Einsichtsvermögen) ist die Fähigkeit, Probleme zu lösen und neue Probleme zu schaffen in einem positiven Sinne. Intelligenz ist Problemlösungsverhalten. Täter lösen ihre Probleme immer primitiv, so primitiv, wie sie selbst sind. Gewaltausübung ist eine primitive Form der Konfliktbewältigung. Es liegt nicht in der Natur des Menschen, andere Menschen zu töten. Nicht bei gesunden Menschen, wohlgemerkt. Versucht oder tötet ein Mensch einen anderen, liegt in der Regel eine psychische Störung vor. Psychische Störungen sind im Grunde immer Beziehungsstörungen! Lange Zeit hat man sich die Frage gestellt, ob Menschen als Täter geboren oder dazu gemacht werden („natural or born killer"). Diese Frage ist mittlerweile seit langem beantwortet. Kein Mensch wird als Mörder geboren, sie werden dazu gemacht. Ursache sind psychische Störungen und gestörte Beziehungen über einen langen Zeitraum. Wer Gewalt ausübt, fühlt sich innerlich ohnmächtig. Die Gewaltausübung verwandelt dann das Gefühl der Ohnmacht in ein kurzzeitiges Erleben von Allmacht (Omnipotenz). Wer einen Menschen schlägt, erniedrigt, demütigt, vergewaltigt, hat für kurze Zeit das Gefühl von Macht und Kontrolle. In schlimmsten Fällen entwickeln die Täter einen Wahn: „Ich bin Herr über Leben und Tod." Gewalt kann körperlich oder auch schon allein durch Sprache zum Ausdruck gebracht werden: Ironie, Zynismus und Sarkasmus sind gebrochene Formen der Aggression. Menschen, die zynisch, ironisch oder sarkastisch werden, sind unterschwellig aggressiv. Soziologische und psychologische Studien zeigen, dass die Ursachen für die Entstehung von Gewalt bis in die Ursprungs- und Kernfamilien hinein reichen. Oft liegen dort sog. Bindungsstörungen vor. Bindungsstörung bedeutet, dass eine Mutter teilweise bereits während der Schwangerschaft keine liebevolle und emotionale Bindung zu dem Leben entwickelt, das in ihr heranwächst. In diesen Fällen erleben die Mütter das Kind in ihrem Körper als eine Art Störfaktor, eine Last, die bestenfalls ignoriert wird. Diese Kinder werden, wenn sie auf der Welt sind, von der Mutter bzw. in der Familie missachtet. In schlimmsten (Ausnahme-)Fällen werden sie direkt nach der Geburt von den Müttern getötet oder innerhalb der Familie so vernachlässigt oder misshandelt, dass sie an den Folgen versterben. Es ist für derartige Mütter eine primitive Form der Konfliktbewältigung. „Warum soll ich mich um dieses schreiende Etwas kümmern? Warum soll ich für dieses Wesen etwas tun, was ich selbst nie bekommen habe?", lautet dann die innere Haltung dieser Mütter, die mit sich und ihrem Leben völlig überfordert sind. Nach der Kindstötung ist die Missachtung des geborenen Kindes die Höchststrafe, die ein Kind von seinen Eltern bekommen kann. Missachtung führt bei den Kindern zu Identitätslosigkeit. Manchmal entwickeln diese Kinder schon früh das oben erwähnte innere Drehbuch für ihre kriminellen Karrieren: „Wenn ich schon nicht geliebt werde, will ich wenigstens gehasst werden und zwar mit der gleichen Intensität." Es gibt ein untrügliches und sicheres Zeichen, an dem eine Mutter oder ein Vater erkennen kann, ob sie oder er eine intensive emotionale Bindung zum eigenen Kind hat: Es sind Eltern, die gern an ihrem Kind riechen! Das Gleiche gilt im Übrigen auch für Paare und erwachsene Menschen. Einen Menschen „gut riechen können", heißt, ihn gut leiden können, was bedeutet, eine tragfähige emotionale Bindung zu diesem Menschen zu haben.

Weitere Ursachen in der Gewaltentstehung können in dem Fehlen von gesellschaftlich akzeptierten Vorbildern gesehen werden. Vorbilder sind für die kindliche Entwicklung von unschätzbarer Bedeutung. Neben den Eltern brauchen Kinder die Gruppe der Gleichaltrigen und von außen kommende Vorbilder, die von großen Teilen der Gesellschaft als solche identifiziert werden. Leider gibt es immer weniger dieser äußeren, gesellschaftlich akzeptierten Vorbilder. Dies beruht nicht selten darauf, dass trotz oder gerade wegen der hohen (digitalen) Informationsflut, die unseren Kindern entgegenschwappt, das Erkennen derartiger Vorbilder massiv erschwert wird. Es werden so viele „Vorbildangebote" über soziale Medien, Videoplattformen etc. gemacht, dass es schwerfällt, hier ein wirkliches, aus entwicklungspsychologischer Sicht geeignetes Vorbild herauszufinden. So sind Kinder und Jugendliche gezwungen, sich eigene Vorbilder und Idole zu schaffen, um ihre Identität auszuprägen und zu entwickeln. Gelingt es den Kindern nicht, passende, „gute" Vorbilder zu finden, mit denen sie sich identifizieren können, sind diese selbstgestalteten Vorbilder dann am Ende manchmal keine Menschen mehr, sondern materielle Identifikationsobjekte, wie bestimmte Markensachen, Alkohol, Nikotin und Drogen oder auch abweichende Verhaltensweisen. Wenn dann die Eltern als Vorbilder schwach sind oder gänzlich ausfallen, und die Gruppe der Gleichaltrigen in eine ähnliche Richtung tendiert, wie es das gefährdete Kind oder der gefährdete Jugendliche tut, dann übernehmen die „materiellen

Identifikationsobjekte" quasi als Ersatzvorbilder diese Rolle in einem ungesunden Maß. Durch das Fehlen von Vorbildern in der Erziehung und Entwicklung der Kinder und Jugendlichen kommt es dann häufig begleitend zum Verlust von Werten.

Untersuchungen zeigen immer wieder, dass die Qualität der Beziehung der Eltern von elementarer Bedeutung für die lebenslange Entwicklung eines Kindes ist. Gibt es Eltern, die einen liebevollen und respektvollen, wertegestützten Umgang pflegen? Oder sind es Eltern, die sich gegenseitig vor den Kindern zerfleischen? Viele Familien verlieren seit Jahrzehnten mehr und mehr ihre traditionelle Funktion. Im Mittelpunkt einer Familie stehen die Kinder. Kommt es zum Funktionsverlust von Familien, werden Kinder an den Rand gedrängt, missachtet und fühlen sich hilflos, und was noch schlimmer ist: Sie fühlen sich wertlos. Und zwar im wahrsten Sinne des Wortes. Und wenn ein Mensch sich wertlos fühlt, erzeugt das Angst und Aggressionen und die Gewaltspirale kann schon früh beginnen sich, wenn auch zunächst langsam, zu drehen. Werden Kinder missachtet, beginnen sie früher oder später auf sich aufmerksam zu machen, z. B. durch Verhaltensänderungen: Die Kinder verstummen, ziehen sich zurück und isolieren sich oder sie werden aggressiv, deutlich aggressiver, als es z. B. für eine bestimmte Entwicklungsphase normal wäre. In beiden Fällen ist es „Alarmstufe rot" und Eltern, Erziehungsberechtigte und mit der Erziehung betraute Personen des sozialen Umfelds (Kindergarten, Schule etc.) sollten hellwach werden. Neben den genannten Verhaltensänderungen gibt es zahlreiche Möglichkeiten, wie Kinder und Jugendliche versuchen, auf sich und ihre Beziehungslosigkeit hinzuweisen: Sie laufen von zu Hause weg, sie lügen und sie stehlen, sie protestieren und sie rebellieren. Fast immer ist es ein Wunsch nach Nähe, das macht diese Verhaltensweisen zu paradoxen Beziehungsangeboten. Verhaltensauffälligkeiten von Kindern sind oft nichts anderes, als ein Beziehungstest zu den Eltern oder anderen Vertrauenspersonen. Und manchmal stopfen sich Kinder einfach auch nur mit Lebensmitteln voll. Wenn sie dann riesenfett sind, müssen sie doch irgendwann einmal wahrgenommen werden.

Kommt es neben den Bindungsstörungen zu einem Abbruch von Beziehungen, bleibt für manche Kinder und Jugendliche nur der Rückzug in Fantasiewelten. Dort geschieht vieles so, wie sie es sich in der Realität wünschen würden. Dauerhafter Rückzug in Fantasiewelten führt am Ende aber zu psychischen Störungen mit teilweise katastrophalen Folgen. Verbinden sich in den kindlichen Fantasiewelten der Wunsch nach Macht und Kontrolle mit sexueller Erregung, kommt es zu einer hochexplosiven Mischung, die in der Folge in kriminelle Energie umgewandelt werden kann. Diese bleibt dann oft nicht auf der Fantasieebene, sondern wird in einem langsamen Prozess in die reale Welt übertragen. Kein Mensch wird über Nacht zum Täter! Vor der Tat wird diese in der Fantasie schon hunderte Male durchgespielt. Es ist fast wie eine Sucht, die der Dosissteigerung bedarf. Irgendwann reicht die Fantasie zur Befriedigung nicht mehr aus und die Symptome brechen durch. Der Wunsch nach Macht und Kontrolle wird unbändig. Die Lebensgeschichten vieler Gewaltverbrecher und Serientäter zeigen immer wieder drei Symptome, die etwa um das 11. Lebensjahr herum auftreten: Quälen von Tieren, Bettnässen und Zündeln (mit Feuer spielen). Manchmal kommt noch als viertes Symptom das zwanghafte Onanieren hinzu, wobei sich der junge Mensch bei der Selbstbefriedigung keine sexualisierten, erotischen Bilder vorstellt, sondern Gewaltszenarien, in denen er einen Menschen würgt oder vergewaltigt. In fast 86,2 % der Fälle von Gewaltkriminalität sind die Täter Männer (BKA 2017, S. 162). Hierzu später mehr.

Bindungsstörungen, Missachtung und Ohnmacht führen zur Entwicklung von Macht- und Kontrollfantasien. Der Angst-Aggressions-Komplex beschreibt in der Psychologie den Umstand, dass bei uns Menschen Angst und Aggression häufig eng miteinander verflochten sind. Man kann es einfach übersetzen: Menschen, die äußerlich aggressiv sind (über Sprache oder Handlungen), sind innerlich häufig sehr ängstliche, unsichere Menschen. Und umgekehrt. Menschen, die äußerlich sehr ängstlich und unsicher sind, sind im Inneren oft gehemmt aggressiv und wütend. Sie sind wie ein Pulverfass, das irgendwann explodiert. Täterfantasien werden in verschiedenen Stufen umgesetzt: Gewalt gegen Sachen, Gewalt gegen Tiere, Annäherung an den Menschen, Gewalt gegen Kinder und Frauen, sexuelle Perversionen. Viele dieser Täter sind selbstsichere Persönlichkeiten, tragen auffällig oft eine Suchtpersönlichkeit in sich und weisen nicht selten eine hohe soziale Anpassungsfähigkeit auf (s. unten). Die Tat gibt dem Täter schließlich die (häufig einzige) Möglichkeit, seine (krankhaften) Fantasien auszuleben. Wer sich mit der Psychologie von Täterverhalten beschäftigt und sich der Täterpersönlichkeit nähern will, kommt nicht umhin, eine zentrale Frage zu beantworten: Was hat ein Täter getan, was er nicht hätte tun müssen? Über die Beantwortung dieser Frage kommt man dem kranken Seelenleben des Täters näher.

Täter sind sexuell und sozial Idioten (Goldberg 1988)! Kein Wunder, die meisten Täter sind Männer! Täter sind Versager. Sie haben Angst vor Beziehungen und Nähe. Oft sind sie im Leben gescheitert. Ihre Taten sind oft Abschluss oder Ausdruck gestörter Beziehungen über einen langen Zeitraum. Haben Sie sich schon mal die Frage gestellt, warum die meisten Opfer Frauen und Kinder sind? Die Antwort kennen Sie schon: weil die meisten Täter Männer sind. Und die suchen nicht gleichstarke Männer und schon gar keine Gegner. Täter suchen

Opfer, also Menschen, die schwächer sind als sie selbst, die sie erniedrigen, demütigen, missbrauchen und töten können mit dem Ziel, ihre eigenen Fantasien nach Allmacht (Omnipotenz) zu befriedigen, um für kurze Zeit ein Gefühl von Überlegenheit und Kontrolle zu haben, die ihnen im wahren Leben fehlt.

Aber warum gelingt es so vielen Alltagstätern, unentdeckt zu bleiben? Die Vermutung liegt nahe, dass sie ihre Taten tarnen und verbergen durch nach außen scheinbar liebevolle Handlungen oder soziale Leistungen. Täter maskieren sich, spielen Doppelrollen und müssen unerkannt bleiben.

Täter sind immer auf der Flucht. Zumindest innerlich. Daher kommen sie nicht zur Ruhe. Sie sind durchtrieben und berechnend und sie sind sich immer einer gewissen Schuld bewusst, dass das, was sie tun, Unrecht ist. Daher müssen sie ständig damit rechnen, erwischt zu werden. Das ist unser Vorteil. Denn wer unsicher ist, ist leicht aus dem Gleichgewicht zu bringen.

Mit unserem Buch wollen wir aufklären und Hinweise geben, wie man Täter früher erkennt und sie effektiver entlarven und enttarnen kann. Dabei ist jedoch Vorsicht geboten! Täter haben fast immer Komplizen oder Menschen, vor denen sie mit ihren Taten angeben und prahlen. Sie streben eben nach Macht und Überlegenheit. Mit aller Gewalt! Zwei Besonderheiten seien noch erwähnt: Täter sind dumm! Und zwar so dumm, dass sie früher oder später gefangen werden. Und Täter sind felsenfest überzeugt von der eigenen Grandiosität. Täter sind somit nur begrenzt lernfähig.

„Schnöde Taten,
Birgt sie die Erd' auch,
Müssen sich verraten."
(William Shakespeare, Hamlet)

4.3 Jeden Tag eine böse Tat

Das Böse ist banal. Das Böse ist alltäglich. „Fürchterliche Erlebnisse geben zu raten, ob der, welcher sie erlebt, nicht etwas Fürchterliches ist" (Nietzsche 2017, S. 77).

Ist die *Büchse der Pandora* vielleicht verantwortlich für die Entstehung des Bösen? Gab es vielleicht sogar eine Göttin der Erde? Und was, wenn die Welt nicht von einem Gott, sondern von einer Göttin erschaffen wurde? Wissen Sie, was passiert, wenn Sie eine Frau kränken? Sie kann extrem böse werden! Auch hässliche Frauen können böse werden! Jetzt stellen Sie sich einmal vor, die Welt wurde von einer Göttin erschaffen und sie wurde danach gekränkt, so nach dem Motto: *„Wenn die Welt eine Scheibe wäre, dann würde ich mit dir sogar Fenster putzen?"* Wenn wir nur mal so tun, als ob es so gewesen wäre, könnte es dann nicht auch vorstellbar sein, dass die Quelle des Bösen eine gekränkte Frau ist? Mit Rücksicht auf seine Gesundheit geht der Autor an dieser Stelle nicht weiter auf die weibliche Bosheit ein. Bekanntlich leben Frauen mit etwas Übergewicht deutlich länger als Männer, die es ihnen sagen. Zurück zu Pandora. Auf Geheiß des Göttervaters Zeus wird Pandora aus Lehm geschaffen, um Rache für den Diebstahl des Feuers durch Prometheus zu nehmen. Pandora erhält zu diesem Zweck eine Büchse, die alle Übel der Welt sowie die Hoffnung enthält. „Schillernd ist der Mythos der Büchse der Pandora, diffus der Charakter der Pandora. Ist sie ursprünglich die Göttin der Erde, die die Gaben, die Lebewesen auf der Erde benötigen, großzügig verteilt? Pandora, die allen Lebenden großzügig zum Nutzen und lustvollen Genuss austeilt, was sie brauchen? Oder ist sie das zwiespältige Geschöpf, das Rache übt? Ist sie nicht die verführerische, anmutige junge Frau mit dem intensiv strahlenden Blick, nach der sich jedermann sehnt?

4 Das Böse in der Welt

Als sicher gilt jedoch: ‚Büchse' ist ein Übersetzungsfehler. Es handelt sich nicht um eine Art Schmuckkästchen, wie es manche bildliche Darstellungen nahelegen. Was Pandora bei sich trägt oder mit sich führt, ist ein Fass mit einem ‚gewaltigen Deckel'. Diesen hebt sie ab und alles, was den Menschen Leiden, Traurigkeit und Kummer bereitet, ergießt oder verstreut sich über die Erde. Noch bevor auch die Hoffnung entweichen kann, schließt die Debatte wieder. Damit ist ihre Straf- und Unheilsmission beendet. Sie taucht in der Mythologie nicht mehr auf" (Riess 2019, S. 174 f.). Aber dafür tauchen jeden Tag immer wieder neue unheilvolle, schicksalhafte, schmerzhafte und böse Nachrichten auf.

> In der Rache und der Liebe ist das Weib barbarischer als der Mann. (Friedrich Nietzsche)

Jeder Tag, wenn wir in die Zeitung blicken, den Fernseher oder das Radio einschalten, ist voll von leidvollen Ereignissen: Jeden Tag ereignen sich bundesweit zahllose Unfälle, Überfälle, Schicksalsschläge, leidvolle Erfahrungen, Krisen und Unglücke sowie außergewöhnliche Lebensereignisse. Früher oder später erleiden alle Menschen in mindestens einem der vier Bereiche Kränkungen, Demütigungen oder Verletzungen: in Partnerschaft, Schule/Beruf, Freizeit/sozialem Umfeld oder Familie. Manche dieser Ereignisse hinterlassen bleibende Eindrücke und unangenehme Körpergefühle, selbst wenn das Geschehene schon Jahre oder sogar Jahrzehnte zurückliegt. Besonders schlimm werden Ereignisse erlebt, bei denen ein Mensch plötzlich und unvorhergesehen in Situationen gerät, in denen er hilflos ist und manchmal sogar lebensbedrohliche Ereignisse erlebt. Hier können neben körperlichen Verletzungen auch schwere seelische Belastungsreaktionen die Folge sein, die sich sehr negativ auf die Gesundheit des betroffenen Menschen und auch auf die seiner Angehörigen auswirken. Gewalterfahrungen werden besonders schlimm erlebt, weil neben der Gewalteinwirkung von außen auch das Vertrauen und Sicherheitsgefühl des Menschen erschüttert wird. Angst und Unsicherheit verbinden sich mit der Sinnlosigkeit der Tat. Warum passiert mir das? Gewalt hat viele Gesichter oder besser gesagt als einschub viele Fratzen: „Auschwitz, Hiroshima, 11. September, Hungersnöte, Alzheimer, Terroranschläge, Klimawandel, Steueroasen, Fremdenhass, Atombombe, Mafia, Artensterben, Lügen, Drogenkartelle, Gier, Flüchtlingsströme, Dürre, Völkermord, Kindersoldaten, Syrien, Rassismus, Armut, Bürgerkriege, Korruption, Regenwälder, Bankenkrise, Giftgas, Schleuserbanden, Päderasten, Fake News, Antisemitismus, Folter, Kinderarbeit, Mittelmeer …" (Riess 2019, S. 17 f.). Das Böse ist innerweltlich, wird zur dunklen Seite der Welt. Das Böse im Guten. Wir sehen dem Entsetzen täglich in die Fratze (Riess 2019, S. 71).

Gesichter können schön und interessant sein. Gewalt aber ist immer hässlich, in Sprache und in Handlungen. Die Fratzen der Gewalt und ihre kriminellen Erscheinungsformen sind vielfältig, z. B. Sexualdelikte, sexuelle Perversionen, sexuelle Nötigung und Vergewaltigung, Kinderpornografie, häusliche Gewalt, Stalking, Mobbing, Banküberfälle und Geiselnahmen, Brandstiftung, Gewalt in Schulen, erweiterte Suizide und Familiendramen, Tierquälerei, Babymorde und Kindstötungen, Vandalismus, Amok und Schoolshooting, Gewalt in der Familie, sexuelle Belästigung.

Das Gewaltspektrum reicht von gewaltiger Liebe bis zum hemmungslosen Bürohengst. Opfer stehen den Tätern oft hilflos entgegen. Hier würde so manches Mal ein beherztes Eingreifen von außen den Tätern das Handwerk legen. Es mag für manchen paradox klingen, aber man muss sich auch intensiv mit der Psychologie von Täterverhalten beschäftigen, um Opfern besser helfen zu können.

4 Das Böse in der Welt   93

In der Öffentlichkeit wird oft mehr und ausführlicher über Täter berichtet als über die Opfer. Von den Tätern geht die Faszination des Abscheulichen aus. Das verspricht Spannung und Aufmerksamkeit.

Wird in den Medien den Opfern eine Stimme gegeben, wird es für viele Menschen unerträglich, sie schalten kurzerhand um oder ab. In manchen Fällen, in denen über Opfer nach ihren teilweise jahrelangen Martyrien berichtet wird, erfolgt dies nicht vorrangig im Sinne eines Opferschutzes. Zweifelhafte Beraterteams zerren die Opfer vor Kameras und es wird ein regelrechter Opfermissbrauch betrieben. Rund um diese Opfer, die so in den Medien präsentiert werden, entsteht nicht selten eine regelrechte Verwertungsmaschinerie mit ausschließlich monetären Interessen.

Und darin liegt das Problem!

In unserer Auseinandersetzung mit den Tätern beschäftigen wir uns zwar sehr intensiv mit dem Täterverhalten, haben dabei jedoch stets die Opfer im Blick: die Frauen und Kinder und schwächere Männer (als die Täter). Aber da liegt genau ein weiteres Problem: Schwache Männer, denn die wollen oft stark sein, träumen von Macht, Kontrolle, Überlegenheit und wollen ihre Stärke demonstrieren. Dabei haben sie oft Angst, ihr Gesicht zu verlieren. Täterverhalten ist in den meisten Fällen Männerverhalten! Die Analyse von Täterverhalten kann man sehr gut vergleichen mit dem Erlernen von Selbstverteidigungstechniken in den Budo-Sportarten. Das japanische Wort „Budo", im Deutschen übersetzt in „Kampfkunst", bedeutet aber von den Schriftzeichen her gesehen einen Weg (Do), um eine Waffe (Schwert oder Lanze, Hände und Füße) aufzuhalten, zu stoppen (Bu). Bu-Do ist also kein Weg, um die Anwendung von Waffen zu erlernen, wie aus dem Wort „Kampfkunst" abgeleitet werden könnte, sondern man lernt deren Gebrauch zu verhindern (durch Veränderung der Wahrnehmung, Kommunikation, Taktik und Techniken). Um also das Entstehen von Täterverhalten zu verhindern, muss man wissen, wie diese Menschen ticken, wo die Ursachen und Wurzeln ihres Verhaltens und ihrer Taten liegen. Und dort muss mit der Prävention begonnen werden. Viele Bücher, die sich mit der Seele der Mörder oder Täter beschäftigen, dem Profiling und der Analyse von Täterverhalten, konzentrieren sich darauf, nach einer Tat das Tatverhalten und das Nachtatverhalten des Täters zu analysieren, um Prognosen zu ermöglichen. Dabei wird immer wieder die zentrale Frage gestellt: „Was hat ein Täter getan, was er nicht hätte tun müssen?" War es eine sexuell motivierte Tat? War es ein Serientäter? Was für eine Persönlichkeit ist der Täter? usw. Für uns ergibt sich eine ganz andere Antwort auf die Frage „Was hat ein Täter getan, was er nicht hätte tun müssen?" Der Täter hätte die Tat nicht begehen dürfen! Das ist die einzig schlüssige Antwort, um Opfer besser schützen zu können. Daher wollen wir mit unserem Buch auf der einen Seite das Verhalten von Tätern genau beschreiben. Wir wollen auf der anderen Seite aber auch Möglichkeiten aufzeigen, wie Taten besser verhindert werden können. Hierbei setzen wir schon sehr früh an. Es geht darum, die menschlichen Frühwarnsysteme jedes Menschen besser zu entwickeln, um rechtzeitig sich und andere vor Tätern schützen zu können. Auch wollen wir die Ursachen beschreiben, warum Menschen zu Tätern werden. Denn Täter werden nicht geboren. Sie entwickeln sich allmählich dazu. Hierzu sind bestimmte familiäre und soziale Rahmenbedingungen verantwortlich. Wenn man Störungen in diesen Rahmenbedingungen frühzeitiger erkennt und behebt, kann dies ein wertvoller Schutz vor der Entwicklung einer kriminellen Karriere sein. Schließlich wollen wir auch die Folgen für die Opfer beschreiben und Möglichkeiten aufzeigen, ihnen effektiver zu helfen. Schließlich stellen wir dann noch eine Checkliste zur „Täteridentifizierung" vor. Mit ihrer Hilfe kann jedermann einen potenziellen Täter mit einer deutlich erhöhten kriminellen Energie erkennen. Letztlich sei gesagt, dass wir uns in diesem Buch ausschließlich mit Tätern aus dem Bereich der Alltagskriminalität beschäftigen. Hierzu gehören verschiedene Formen der häuslichen Gewalt, Gewalt gegen Frauen und Kinder, verdeckte Taten, Stalking, Mobbing, Gewalt an Schulen usw. Die Beschreibung von Tätern in Fällen extrem schwerer Gewaltkriminalität, wie z. B. bei Serienmorden, religiös oder politisch motivierten Taten, Terroranschlägen usw. haben wir bewusst außen vor gelassen. Hierzu gibt es bereits einschlägige Literatur. Gewalttätige Angriffe gegen Kinder und Jugendliche, Mädchen, Frauen, Ältere und Schwächere sind mittlerweile leider zum Bestandteil des sozialen Alltags geworden. Mit unserem Buch wollen wir deutlich machen, dass eine Gewaltprävention die sinnvollste Maßnahme ist, um gar nicht erst in Situationen zu gelangen, in denen man zum Opfer werden könnte. Unsere Stärke ist die Prävention! Psychologie ist die Beschreibung, Erklärung und Vorhersage menschlicher Verhaltensweisen. Daher wollen wir unseren Blick auf die Vorhersage und Früherkennung von möglichen Täterkarrieren werfen. Am besten ist es, es gibt erst gar keine oder weniger Täter. Dann braucht man auch keine Angst zu haben oder sich vor ihnen zu fürchten und zu schützen.

4.4 Zehn Bedrohungsszenarien für die Menschheit

Die Natur ist gut. Die menschliche Natur ist böse. „Es gibt gar keine moralischen Phänomene, sondern nur eine moralische Ausdeutung von Phänomenen" (Nietzsche 2017, S. 80).

„All das, was der Natur gemäß ist, entsteht aus einer fest umgrenzten Ursache. Wenn das Böse ohne Ursache und ohne Abgrenzung besteht, so besteht es nicht der Natur gemäß, denn in der Natur gibt es nicht das der Natur Entgegengesetzte, und in der Kunst findet sich nicht das Gesetz der Kunstlosigkeit. Ist etwa die Seele Ursache des Bösen ganz so wie das Feuer die Ursache des Erwärmens und alles, dem sie nahekommt, mit Bosheit? Oder ist die Natur der Seele zwar gut, aber verhält sich in ihren Vorgehensweisen bald so, bald aber anders? Ist nun ihr Sein von Natur aus böse, woher kommt ihr dann das Sein zu? Etwa aus der guten Ursache, die alles Seienden erschuf? Wenn aber aus dieser, wieso ist sie dann ihrem Wesen zufolge böse? Das böse ist eine Schwäche und ein defekt des Guten (Schäfer 2014, S. 98 f.). Kein Ding kann durch das, was es mit unserer Natur gemeinsam hat, schlecht sein; sondern insofern es für uns schlecht ist, ist es uns entgegengesetzt" (Schäfer 2014, S. 130).

Der englische Schriftsteller H. G. Wells galt neben Jules Verne als einer der Pioniere der Science-Fiction-Literatur. Schon vor mehr als 100 Jahren hat Wells in einer Vorlesung an der Royal Institution in London mit enorm großer Weitsicht brisante Themen des Weltzeitalters dargelegt: die Zukunft der Menschheit, die Schaffung künstlicher Wesen, den Kontakt mit Außerirdischen, den Atomkrieg. Der Pessimismus von Wells nahm mit zunehmendem Alter immer weiter zu und er lebte lange genug, um aus Hiroshima und Nagasaki zu lernen. Wells starb im Jahre 1946. Immer wieder betonte er die Bedrohung der Erde und ihrer Bewohner. Wells galt als großer Pessimist und seine Beschreibungen haben bis heute nichts an Aktualität eingebüßt (Wells 2019).

Internationale Forscherteams haben Jahrzehnte später erneut das globale Böse analysiert und 10 Szenarien aufgelistet, die die Menschheit bedrohen. Sie haben teilweise apokalyptische Szenarien beschrieben, die die Menschheit nicht nur bedrohen, sondern sie auch vollständig auslöschen können (Bostrom und Ćirković 2008, S. X). Demnach steht eine Sache bereits jetzt schon unumstößlich fest: Unsere Welt wird untergehen. Und wir mit ihr. Bis es aber soweit ist, wird allerdings noch ein wenig Zeit vergehen, denn der Untergang der Welt wird von heute an gerechnet etwa in 3 Mrd. Jahren stattfinden.

Stephen Hawking ist dahingegen deutlich pessimistischer, weil er der Menschheit nur noch 100 Jahre auf der Erde gibt, denn dann wird die Erde unbewohnbar sein (Hawking 2019, S. 169 ff.). Wir müssen also vielleicht schon sehr bald fremde Himmelskörper besiedeln, um unserer Zukunft ein Zuhause zu geben, meinte zumindest Hawking, der einer der bekanntesten Forscher und Astrophysiker weltweit war. Hawking warnt aber auch bei der Suche nach bewohnbaren Himmelskörpern davor, Nachrichten ins All hinauszusenden. Diese Radio-, Funk- und Fernsehsignale und die noch viel stärkeren militärischen Radarstrahlen verbreiten sich seit Jahrzehnten mit Lichtgeschwindigkeit im Weltraum. Damit haben sie mehr als 5000 benachbarte Sterne erreicht (Vaas 2016, S. 113). Das macht nicht nur Hawking große Sorgen. Wenn es extraterrestrische Intelligenzen draußen im Weltall gibt, könnte das sehr bösartige Invasoren anlocken, denn die außerirdischen Bewohner sind nicht zwingend friedfertig, altruistisch und weise – also alles, was Menschen zwar gerne wären, aber auch nicht sind. Vielmehr könnten in den unbekannten Tiefen des Weltraums große Gefahren lauern. Aufgrund des riesigen Aufwands interstellarer Flüge und der mutmaßlichen Hochtechnologie der Außerirdischen ist es zwar extrem unwahrscheinlich, dass sie Sklaven brauchen oder Fleisch zur Ernährung, zumal überlegene Intelligenzen sicherlich auf exzellente Roboter und Biotechnik setzen können. Auch gibt es unzählige Planeten mit Rohstoffen in jeder Galaxie – vermutlich mehrere Millionen erdähnliche

Trabanten allein in der Milchstraße. Ethisch hochstehende Zivilisationen müssen daher im Gegensatz zu Hawkings Befürchtung keine belebte Welt ausbeuten. Doch vielleicht wollen sie etwas ganz anderes: gläubige Seelen und blinde Verehrung (Vaas 2016, S. 115). Eine Hoffnung bleibt uns aber, wenn Außerirdische unseren Planeten betreten, dann werden sie die Menschen in leicht gebückter Haltung sehen, wie sie permanent auf die Bildschirme ihrer Smartphones starren, und sie werden dann sagen: *„Mist, wir kommen zu spät! Die Menschen wurden bereits von kleinen Maschinen erobert, denen sie gehorchen"* (Franzen 2019).

Im Januar 2018 stellte *The Bulletin of the Atomic Scientists,* eine Zeitschrift der Astrophysiker, die *Atomkriegsuhr* oder auch *Doomsday Clock* auf 2 min vor 12. Mit der Atomkriegsuhr, die auch als „Uhr des Jüngsten Gerichts" bekannt ist, wird der Abstand zu der Katastrophe – sei sie militärischer oder ökologischer Art – gemessen, die unserem Planeten bevorsteht. Diese Uhr hat übrigens eine sehr interessante Geschichte, denn sie wurde bereits im Jahre 1947 in Betrieb genommen, also zu einem Zeitpunkt, als das Atomzeitalter gerade erst begonnen hatte. Robert Oppenheimer, wissenschaftlicher Leiter des *Manhattan-Projekts,* sagte später über die erste Explosion einer Atombombe, die 2 Jahre zuvor, am 16. Juli 1945, stattgefunden hatte: „Wir wussten, dass die Welt nicht mehr dieselbe sein würde. Einige wenige Menschen lachten, einige wenige weinten, die meisten waren still. Ich musste an eine Zeile aus der Bhagavadgita denken, der Heiligen Schrift der Hindus: ‚Jetzt bin ich der Tod geworden, zertrümmerter der Welten'" (Hawking 2019, S. 169 ff.). Wir sollten die Warnungen all dieser berühmten Wissenschaftler sehr ernst nehmen. Durch die Wahl von Politikern wie Donald Trump wird der Zeiger der Atomkriegsuhr jetzt noch ein wenig näher an die zwölf herangedrückt. Diese tickt so laut in unseren Ohren, als könnten wir den Urknall darin noch hören. Es ist sicherlich keine Panikmache, wenn wir behaupten, dass die Uhr tickt oder die Zeit für die Menschen sogar abläuft, wenn wir jetzt weiter wertvolle Zeit verschwenden. Nicht nur wir Autoren haben ein enorm hohes Interesse an der Zeit, sondern allgemein ist die Zeit eines der wertvollsten Güter, über das wir verfügen. Wir sind sicherlich keine Zeitexperten, haben aber immer wieder leidvoll erfahren müssen, wie schnell sich die Dinge im Leben ändern können und dass man manchmal dem Tod näher ist als dem Leben. Eltern und Großeltern sagen ihren Kinder und Enkel, dass man an den Kindern sehen könne, wie schnell die Zeit vergeht. Das ist richtig. Der Umkehrschluss bedeutet aber, dass auch für jeden von uns die Zeit vergeht und dass wir sie richtig nutzen müssen. Als Kinder kannten wir alle das Gefühl der Zeitewigkeit. Zeit hörte niemals auf. Es gab ein Meer an Zeit. Aber was ist heute eine Stunde, ein Tag, ein Jahr?! Unsere Welt ist politisch und sicherheitstechnisch offensichtlich instabiler als jemals zuvor, zumindest in der Erinnerung. Lange Zeit haben wir geglaubt, das Internet und die Digitalisierung seien wie eine Grippe, die vorübergeht. Dann mussten wir aber erkennen, dass man bei der Digitalisierung nicht einfach weggucken kann, sondern dass man sich am digitalen Zeitalter beteiligen muss. Das hat aber auch zur Folge, dass böse Menschen genau dieses Medium nutzen, um das Böse zu twittern. In der Medizin sagt man, alles was wirkt, hat auch Nebenwirkungen. Je besser ein Medikament wirkt, desto größer sind auch seine Risiken und Nebenwirkungen. Dies kann man eins zu eins auf ganz viele Bereiche des menschlichen Lebens übertragen. Hierzu zählen natürlich und ganz besonders auch das Internet und alle sozialen Medien. Sie sind sicherlich eine der größten und besten Erfindungen der Neuzeit, aber sie bergen auch erhebliche Gefahren und Risiken.

Aus dem Krisenmanagement können wir lernen, dass es ganz besonders in Krisensituationen enorm wichtig ist, einen kühlen Kopf zu bewahren. Daher drehen wir zumindest im Kopf den Zeiger der Atomkriegsuhr wieder um einige Minuten zurück auf viertel vor 12, weil es wichtig ist, einen kühlen und klaren Kopf zu bewahren. Es ist aber überhaupt nicht ausgeschlossen, dass leichtfertige oder böswillige Kräfte eine weltweite Katastrophe auslösen können. Warum müssen wir bei diesem Thema immer wieder nur an Trump, Putin, Erdogan, Assad, Kim Jong Un denken? Wir glauben, die Antwort liegt nahe. Sie sind Menschen, die mächtig sind und sehr gewaltig, und sie sind viele. Bei allem Pessimismus überwiegen bei uns jedoch der Glaube und die Hoffnung auf das Gute. Mögen die Bösen auch viele sein, die Guten sind in der absoluten Überzahl!

Anders war es bei Hawking. Ihm fiel es schwer, optimistisch zu sein. Er wusste einfach zu viel. Er hat immer wieder darauf hingewiesen, dass die Erde für uns zu klein wird. Dass unsere Ressourcen und Bodenschätze bald erschöpft sein werden- und das mit einer rasanten Geschwindigkeit. Er betonte immer wieder, dass wir unserem Planeten das katastrophale Geschenk des Klimawandels beschert haben. Steigende Temperaturen, Rückgang der Polkappen, Waldsterben, Überbevölkerung, Krankheiten, Krieg, Hungersnot, Wassermangel und die Dezimierung der Tierarten (Hawking 2019, S. 171). Eigentlich sind das alles lösbare Probleme. Aber eigentlich gibt es eigentlich nicht! Wir haben diese Probleme bis heute nicht in den Griff bekommen. Und wir sind alle daran beteiligt. Wir alle wollen mobil sein, Autos haben, reisen, einen immer höheren Lebensstandard erreichen. Das Problem ist nur, dass der überwiegende Teil der Menschen immer noch nicht gemerkt hat, was die Probleme anrichten, und dass es fast schon zu spät ist.

4 Das Böse in der Welt

Aber es ist nicht zu spät. Wie gesagt, es ist 11.55 Uhr! Wir stehen an der Schwelle eines immer noch nicht absehbaren Wandels in der Welt. Und wenn wir jetzt nicht langsam aufwachen, war es das. Und zwar für immer. In unseren Berufen haben wir seit vielen Jahren immer wieder mit sehr vielen Menschen und auch mit Extremsituation zu tun. Daher glauben wir eine besondere Verantwortung zu haben, unsere Mitmenschen und auch die Öffentlichkeit zu informieren, dabei ganz ehrlich zu sein und zu beraten. In unserer täglichen Arbeit schauen wir keinesfalls durch die rosarote Brille, sondern sehen Tagein Tagaus Gewalt, Bedrohung, Zerstörung und das Böse in ganz unterschiedlicher Gestalt. Menschen, die mit Menschen arbeiten, die sie teilweise sehr nahe an ihrem Leben teilhaben lassen, und die umfangreiche Erfahrungen sammeln, dürfen ihr Wissen nicht für sich behalten. Sicherlich darf man nicht allen alles sagen, weil sie nicht gewohnt sind, mit so viel Wahrheit umzugehen. Die Devise lautet: Sagt die Wahrheit, nichts als die Wahrheit, aber niemals die ganze Wahrheit. Sehr ungeschickt ist es dann und zudem ein riesengroßer Fettnapf, in den er hineingesprungen ist, als Innenminister de Maizière 2015 ein Fußballländerspiel im letzten Moment absagen ließ. Auf einer denkwürdigen Pressekonferenz erklärte er seine Nicht-Informations-Linie mit dem Satz: *„Ein Teil meiner Antworten würde die Bevölkerung verunsichern."* Das ist alles andere als hilfreich. Die Bevölkerung braucht gesicherte Informationen, denn nur die geben Sicherheit. Andeutungen, Vermutungen oder solche Äußerungen, wie gerade genannt, lösen unbrauchbare Katastrophenfantasien aus, schüren Angst, Panik und Verunsicherung.

Häusliche Gewalt, psychisch kranke Täter, Clan-Kriminalität u. a. sind nur einige wenige Dinge, mit denen wir in unserem Berufsalltag konfrontiert sind. Umso beängstigender ist die Vermutung, was die Mächtigen in

Politik und Staat vielleicht wissen, von dem wir noch nicht einmal eine blasse Vorstellung haben. Aber das müssen wir auch nicht immer, denn dafür gibt es ja innerhalb einer demokratischen Gesellschaft unterschiedliche Aufgaben, Positionen und Verantwortungsbereiche. Einer kann nicht alles wissen, und einer kann nicht alles regeln. Wir müssen unser Wissen austauschen, stärken, zusammenlegen. Das Böse sucht immer Opfer. Keine Gegner. Wir müssen aber durch unser gesamtes Verhalten und Auftreten deutlich machen, dass das mit uns kein leichtes Spiel wird und wir nicht nur ein sehr ernst zu nehmender Gegner, sondern der überlegene Gegner sind. Dann haben wir eine Chance, aus allem Schlechten noch das Gute zu finden.

> „Die Welt wird nicht bedroht von den Menschen, die böse sind, sondern von denen, die das Böse zulassen." (Albert Einstein)

Menschen können ein sehr ignoranter, gedankenloser Haufen sein. Der Nationalsozialismus und das damit verbundene, unvorstellbare Böse, das von vielen Menschen ignoriert und teilweise geleugnet wurde, ist nur ein erschreckendes Beispiel dafür. Die früheren Seefahrer wie Columbus haben immer wieder neue Welten entdeckt, aber heute gibt es keine neue Welt mehr. Deshalb glaubt Hawking, dass uns keine andere Wahl bleibt, als auf andere Welten auszuweichen (Hawking 2019, S. 173). Grundsätzlich finden wir diese Vorstellung gar nicht so verkehrt, irritierend dabei ist nur der Gedanke, zu Lebzeiten auf andere Welten auszuweichen. Gläubige Christen sind sowieso der festen Überzeugung, dass wir Menschen nur *in dieser Welt sind, aber nicht von dieser Welt* (Johannes 17). Ohne vom Thema abzuschweifen könnte man hier natürlich auch wieder die philosophischen Grundfragen stellen: Woher kommen wir? Wohin gehen wir? Wie viel

4 Das Böse in der Welt

Proviant benötigen wir? Zugegebenermaßen ist die letzte Frage nicht ganz korrekt wiedergegeben, aber sie geht auch nicht vollkommen am Thema vorbei. Woher kommen wir? Wer sind wir? Wohin gehen wir? Ist ein Gemälde des französischen Malers Paul Gauguin. Die Philosophie hat sich über Jahrhunderte immer mit den drei großen Daseinsfragen der Menschheit beschäftigt: Woher? Wohin? Wozu? Stark reduziert könnte man es mit zwei Fragen auf den Punkt bringen: Was ist der Mensch? Was ist der Sinn des Lebens? Zumindest bei der Beantwortung der ersten Frage können wir nicht nur Gutes berichten, denn wir wissen bereits, dass der Mensch nicht nur gut, sondern oftmals sehr böse ist. Und bei der Beantwortung der Frage nach dem Sinn des Lebens blicken wir unweigerlich wieder auf alle Menschen und die Erde, auf der wir leben.

Und damit wären wir wieder bei dem laut tickenden Zeiger der Uhr des Jüngsten Gerichts. Sekundenschläge, die sich anfühlen wie Peitschenhiebe. Es fühlt sich manchmal an, als würden wir auf einer tickenden Zeitbombe leben. Daher ist der Gedanke, auf entfernte Himmelskörper auszuwandern, gar nicht so unsympathisch. Wäre da nicht wieder der Pessimismus von Hawking:

„Das Universum ist ein Weltraum voller Gewalt: Sterne verschlingen Planeten, Supernovas feuern tödliche Strahlen ab, schwarze Löcher prallen aufeinander und Asteroiden rasen mit einer Geschwindigkeit von hunderten von Meilen pro Sekunde durchs All. Natürlich lassen diese Phänomene den Weltraum nicht sonderlich einladend erscheinen, aber sie sind genau die Gründe, warum wir uns ins All hinauswagen sollten, statt auf der Erde stillzuhalten. Dem Zusammenstoß mit einem Asteroiden hätten wir nichts entgegenzusetzen. Der letzte Zusammenstoß fand vor 70 Millionen Jahren statt, er vernichtete die Dinosaurier, und es wird wieder dazu kommen. Science-Fiction ist das keineswegs, sondern es ist durch die Naturgesetze und die Gesetzmäßigkeiten der Wahrscheinlichkeit vorgegeben" (Hawking 2019, S. 174).

Vermutlich bedeutet ein Atomkrieg für die meisten Menschen immer noch die größte Bedrohung für die Menschheit. Es drängt sich aber auch der Eindruck auf, dass viele Menschen diese Bedrohung schon fast verdrängt haben. Russland und die USA haben so viele atomare Sprengköpfe, dass sie alles, was auf unserem Planeten lebt, mehrfach vernichten könnten. Und das sind nur zwei Riesenmächte. Stellt man sich vor, dass Terroristen anderer Länder über Atomwaffen verfügen und diese wie bei einem Selbstmordattentat in die Luft jagen könnten, wird vermutlich jedem, außer besagten Terroristen, angst und bange. Wir dürfen nicht so gleichgültig mit unserer Welt umgehen, jeder muss Verantwortung übernehmen. Wenn sich nichts ändert, ändert sich nichts. Man könnte auch sagen, *wer sich nicht ändert, ändert nichts.* Wie sieht die schlimmste Bedrohung für die Zukunft unserer Welt und die Menschheit aus? Für Hawking wäre es der Zusammenstoß mit einem Asteroiden. Für das oben genannte Forscherteam gibt es allerdings noch eine Reihe weiterer Bedrohungsszenarien, die wir nachfolgend aufzählen möchten:

Globale Katastrophenrisiken und Bedrohungsszenarien sind das *große Böse* unserer Zeit. Sie lassen sich nicht ganz einwandfrei und scharf definieren. Sie sind nicht klar voneinander abzugrenzen. Teilweise sind die Übergänge fließend oder greifen ineinander. Es sollen im Folgenden vielmehr Szenarien benannt werden, die das Potenzial haben, wirklich sehr ernsthafte Zerstörungen in der Menschheit zu bewirken (Global Challenges Foundation 2019).

1. ***Digitalisierung, künstliche Intelligenz,*** *Robotik.* Zu den neu entstehenden Risiken und Bedrohungen der Menschheit gehören vor allen Dingen auch die zunehmende Digitalisierung, künstliche Intelligenz und Robotik.
Das Thema Digitalisierung wird besonders dann interessant, wenn sie auf die menschliche Gesundheit trifft. Die dynamisch fortschreitende Digitalisierung wird zu gravierenden und manchmal auch zerstörerischen Veränderungen führen. Die Furcht vor einer neuen, großen, technologisch bedingten Arbeitslosigkeit steht dabei unter anderem im Fokus (Matusiewicz 2018, S. V). Dass Roboter eines Tages die Macht auf der Erde übernehmen, war bisher v. a. bei vielen Science-Fiction-Autoren ein beliebtes Thema. Einer der wohl interessantesten Science-Fiction-Filme erschien bereits 1969: „2001: Odyssee im Weltraum" von Stanley Kubrick. Der Film erhielt nicht nur einen Oskar, sondern enthielt auch eines der bekanntesten Zitate: „Computer mit Gefühlen: Ich habe Angst, Dave. Dave, ich verliere den Verstand. Ich kann es fühlen" (Kubrick 1969). Doch inzwischen bekommen auch immer mehr Wissenschaftler Angst vor immer schlaueren, kaum noch durchschaubaren Maschinen.

„Bei Anbruch des dritten Jahrtausends erwacht die Menschheit, streckt ihre Glieder und reibt sich die Augen: Mal sehen, was heute auf der Agenda steht. Hunger, Krankheit und Krieg, die Plagen der Vergangenheit, sind beherrschbar geworden. Wonach sollen wir als nächstes streben? Wie wird es dem Homo Sapiens ergehen, wenn er einen technikverstärkten Homo Deus erschafft, der sich vom heutigen Menschen deutlicher unterscheidet als dieser vom Neandertaler. Was bleibt von uns und der modernen Religion des Humanismus, wenn wir Maschinen konstruieren, die alles besser können als wir? In unserer Gier nach Gesundheit, Glück und Macht könnten wir uns ganz allmählich so weit verändern, bis wir schließlich keine Menschen mehr sind" (Harari 2017, S. 9).

Künstliche Intelligenz kann gleichzeitig Fluch und Segen der Menschheit sein. Nick Bostrom befürchtet sogar, dass die Machtübernahme der Maschinen schon bald erfolgen könnte. Das Ende ist nah, wenn wir nichts tun. Irgendwann zwischen 2040 und 2075 könnte es mit unserer Spezies vorbei sein, Verlierer wäre der derzeit noch amtierende Evolutionsgewinner Mensch (Bostrom und Ćirković 2008, S. 308). Roboteraugen, die alles sehen und kontrollieren können und die innerhalb kürzester Zeit mehr über uns wissen als wir selbst. Wem die Daten gehören, dem gehört die Zukunft. Was für eine düstere Zukunftsvision. Kühlschränke, die automatisch frische Nahrungsmittel nachbestellen, selbstfahrende Autos, 3D-Drucker und Operationsroboter wie Da Vinci (der im übrigen weniger Alkoholprobleme hat als viele Operateure) sind heute schon Realität. Ebenso Kampfdrohnen, die bei kriegerischen Auseinandersetzungen eingesetzt werden. Dabei geht es weniger um die moralische Frage, ob Roboter töten dürfen, als vielmehr um die Frage, ob künstliche Intelligenz dazu führen kann, dass die Roboter irgendwann intelligent genug sind, um sich aus ihrer Knechtschaft zu befreien und die Macht über die Menschheit zu übernehmen.
Dabei hatte alles so harmlos angefangen. Ende der 1970er-Jahre hat zum ersten Mal ein Computer einen Menschen in einem Intelligenzwettbewerb geschlagen. Mittlerweile sind die Computerspiele so weit, dass die

künstliche Intelligenz es ihnen ermöglicht, auf Spielen gegen sich selbst dazuzulernen und mittlerweile die besten menschlichen Spieler weit hinter sich lassen. Bei Dame, Schach, Scrabble, Jeopardy und Go haben die Computer mittlerweile ein übermenschliches Niveau erreicht, Bostrom nennt das *Superintelligenz* (Bostrom und Ćirković 2008, S. 17). Beim Pokern schwächeln sie noch ein wenig. Superintelligenz nimmt immer mehr das Wesen Gottes an. Gott wäre nicht Gott, wäre er uns Menschen nicht unerreichbar überlegen. Künstliche Intelligenz darf uns aber niemals unerreichbar überlegen sein.
„Ich fürchte mich vor dem Tag, an dem die Technologie unsere Menschlichkeit übertrifft. Auf der Welt wird es nur noch eine Generation aus Idioten geben" (Albert Einstein).

„Die erfreuliche Nachricht ist, dass wir uns zumindest in den nächsten Jahrzehnten nicht mit dem ausgewachsenen Science-Fiction-Albtraum einer künstlichen Intelligenz auseinandersetzen müssen, die Bewusstsein erlangt und beschließt, die Menschheit zu versklaven oder auszulöschen. Wir werden zunehmend auf Algorithmen bauen, damit sie Entscheidungen für uns treffen, aber es ist eher unwahrscheinlich, dass die Algorithmen uns bewusst manipulieren werden. Sie werden über keinerlei Bewusstsein verfügen" (Harari 2019, S. 107).

Harari stellt weiterhin fest, dass Science Fiction gerne Intelligenz mit Bewusstsein verwechselt und davon ausgeht, dass Computer Bewusstsein entwickeln müssen, um an menschliche Intelligenz heranzureichen oder sie zu übertreffen. Er führt weiter aus, dass es in fast allen Filmen und Romanen über künstliche Intelligenz im Kern um den magischen Moment geht, in dem ein Computer oder ein Roboter Bewusstsein erlangt. „Sobald das geschieht, verliebt sich entweder der menschliche Protagonist in den Roboter, oder der Roboter versucht, alle Menschen zu töten, oder beides geschieht gleichzeitig" (Harari 2019, S. 107).

Soweit wir es aus unseren Berufsfeldern beurteilen können, gibt es aber in Wirklichkeit keinerlei Grund zu der Annahme, dass künstliche Intelligenz jemals Bewusstsein erlangen wird. Wir sind uns so sicher, weil Intelligenz und Bewusstsein zwei völlig unterschiedliche Dinge sind. Intelligenz heißt Einsichtsvermögen, und es ist die Fähigkeit, Probleme zu lösen und neue Probleme zu schaffen. Intelligenz ist ein Problemlösungsverhalten. Bewusstsein ist jedoch die Fähigkeit, Dinge wie Schmerz, Liebe, Freude, Wut, Ärger, Trauer, Orgasmus zu empfinden und zu staunen. Computer können keine Gefühle bewusst empfinden. Bei allen Diskussionen um künstliche Intelligenz wird oft vergessen, diese von Bewusstsein zu unterscheiden und sie nicht miteinander zu vermischen. Menschen sind Problemlöser, indem sie Gefühle empfinden. Computer aber lösen Probleme auf eine völlig andere Art und Weise. Dennoch: Computer und Roboter dringen immer weiter in den Alltag unserer Gesellschaft ein. Diese extreme Intelligenz ist nicht leicht unter Kontrolle zu halten. Daher gilt künstliche Intelligenz als großes Risiko.

Vor knapp 30 Jahren war der Autor zu einem Kongress in New York. Über dem Kongresssaal prangte ein Banner: Warum Frauen? Schöne Roboter tun's doch auch. Aber Vorsicht Männer: Männer sind leichter zu ersetzen als Frauen

2. **Terror.** Terrorismus, Al-Qaida, Kalifat und der Islamische Staat, kurz IS, stellen eine weitere große

Gefahr für die Menschheit dar (Bostrom und Ćirković 2008, S. 402). Seit dem Terroranschlag vom 11. September 2001 in New York wurde den meisten Menschen klar, dass das nicht nur ein Angriff auf eine Stadt war, sondern ein Angriff auf die Seele der Menschheit. Der Autor war selbst in der akuten Betreuung von Terroropfern in New York tätig. Sehr berührend waren die Worte von dem kleinen *Eddie* aus der Bronx, 9 Jahre alt, der live miterlebt hatte, wie die beiden Türme des World Trade Center in sich zusammengebrochen sind. Im persönlichen Gespräch mit dem Autor malte er ein Bild von der Skyline von New York und schrieb darunter: *„Es ist, als ob die Stadt zwei Zähne verloren hat und nie wieder richtig lachen kann."* Was für ein beeindruckendes Bild! Seit diesem Anschlag wurde Menschen auf der ganzen Welt schlagartig bewusst, dass Terrorismus nicht mehr nur etwas ist, was im Nahen Osten stattfindet, sondern dass jeder Mensch jederzeit an jedem Ort Opfer eines Terroranschlags werden kann. Es folgten Terroranschläge in Bali, Djerba, London, Madrid, Paris, Berlin, Nizza, Istanbul, Brüssel, Berlin und an vielen anderen Orten. Überall blutüberströmte Menschen auf den Straßen. Dutzende von Toten. Als nächstes ein Konzert. Die Redaktion eines Nachrichtenmagazin. Veranstaltungen jenseits großer Menschenansammlungen. Im Privathaus, im Vorgarten, in der Kirche, im Café oder im Klub. Die Abstände zwischen den Terroranschlägen schockieren, werden kürzer. Und wer weiß, wo morgen die nächste Bombe hochgehen wird?
„Trotzdem können wir aufatmen, denn rein statistisch betrachtet, ist es in unserem Land wahrscheinlicher, an einer Grippe zu sterben oder von einem Blitz erschlagen zu werden, als Opfer eines Terroranschlags zu werden. Die Angst, diesem Irrationalen ausgeliefert

zu sein, ist jedoch weit mächtiger als das Wissen, davor sicher zu sein. Je weniger wir über die Gefahr wissen, desto mächtiger ist die Angst" (Kizilihan et al. 2016, S. 11). Terroristen sind Meister der Gedankenkontrolle. Sie töten nur sehr wenige Menschen, schaffen es aber gleichzeitig, Milliarden in Angst und Schrecken zu versetzen und riesige politische Gebilde wie die Europäische Union oder die Vereinigten Staaten von Amerika zu erschüttern. Seit dem 11. September 2001 haben Terroristen in der Europäischen Union jedes Jahr rund 50 Menschen getötet, in den USA etwa 10, in China etwa 7 und weltweit bis zu 25.000 Menschen (überwiegend im Irak, in Afghanistan, Pakistan, Nigeria und Syrien) (Harari 2019, S. 215). Bei Verkehrsunfällen sterben demgegenüber jedes Jahr weitaus mehr Menschen. Diabetes und Herz-Kreislauf-Erkrankungen töten noch mehr Menschen. Eigentlich haben die meisten Menschen mehr Angst vor Terror als vor verstecktem Zucker. Terror bedeutet wörtlich genommen eine Militärstrategie, die, die politische Situation zu verändern hofft, indem sie Angst und Schrecken verbreitet, und weniger, indem sie materiellen Schaden verursacht (Harari 2019, S. 215). Harari macht das an einem sehr anschaulichen Bild deutlich, indem er Terroristen mit einer Fliege vergleicht, die versucht einen Porzellanladen zu zerstören. Aber wie schafft es die Fliege, genau das zu erreichen? Sie sucht sich, einen Stier, setzt sich in sein Ohr und beginnt zu summen. Der Stier wird vor lauter Angst und Wut ganz rasend und zerlegt den Porzellanladen. Genau das geschah nach dem 11. September 2001, als islamische Fundamentalisten den amerikanischen Stier dazu reizten, den der östlichen Porzellanladen Zutat trampeln, in dessen Trümmern gedeihen die

Islamisten jetzt ganz prächtig. Und an leicht reizbaren Stieren mangelt es nicht auf dieser Welt (Harari 2019, S. 217).

Da, wo früher eine Staatsmacht agierte, herrschen heute in einigen Teilen der Welt der IS, Separatisten, Warlords, religiöse Extremisten und andere Terroristen. Auf Pfählen aufgespießte Schädel, gekreuzigte Menschen am Straßenrand, in Säurebottiche geworfene Männer. Mit welcher Grausamkeit die IS-Terroristen vorgehen, das sprengt die Grenzen unseres Verstandes. Männer werden zu Tausenden ermordet, Frauen und Mädchen vergewaltigt und versklavt, Kinder gefoltert, zwangskonvertiert und zu Soldaten ausgebildet. Noch immer sind unzählige Menschen in IS-Gefangenschaft (Kizilihan et al. 2016, S. 11).

Der Wahn und der Wahnsinn von Terror und IS sind eine tödliche Geschwulst für die Menschheit. Der IS, das sind Irre der Finsternis, sexueller Sadismus und Paranoia, Schwerverbrecher, Selbstmordattentäter, Tötungsmaschinen, keine Personen, Falschheit und Lüge, grausame Psychopathen und das personifizierte Böse. Der IS ist eine neue Dimension der Grausamkeit und Entmenschlichung. Der IS ist eine kulturelle und religiöse Regression: Es geht mit riesengroßen Schritten zurück ins Mittelalter. Wir müssen uns jetzt einmischen, denn die Gewalt von Terror und IS wird noch einige Generationen anhalten (Kizilihan et al. 2016, S. 11). Terroristen sind wie Pokerspieler, die ein ganz schlechtes Blatt in der Hand halten und ihre Gegner davon zu überzeugen versuchen, die Karten neu zu mischen. Die Pokerspieler des Terrors haben nichts zu verlieren und können alles gewinnen (Harari 2019, S. 221). „Gott würfelt nicht" ist ein Zitat von Albert Einstein und das sollten wir analog übertragen:

Menschen, Gesellschaften und der Staat dürfen nicht mit Terroristen pokern!
3. **Atombomben.** Ein Atomkrieg ist nicht ausgeschlossen.

Zwar ist das Risiko nach dem Zusammenbruch des Ostblocks gesunken, aber die Gefahr besteht weiterhin. Wie schnell sich die Sicherheitslage ändern kann, haben die Konflikte verschiedener Supermächte immer wieder gezeigt. Wenn eine US-amerikanische Regierung die genetische Manipulation menschlicher Embryonen verbietet, heißt das noch lange nicht, dass sich chinesische Wissenschaftler auch daran halten und es nicht trotzdem tun. Auch wenn ein UN-Sicherheitsrat unter deutschem Vorsitz die Forderung gestellt hat, atomar weiter abzurüsten, um den Frieden zu sichern, heißt das noch lange nicht, dass sich einzelne Despoten auch daran halten. Ein Atomkrieg bedroht wie der Klimawandel lediglich das körperliche Überleben der Menschheit. Andere der genannten Bedrohungsszenarien können darüber hinaus aber auch das Wesen der Menschen verändern und sie selbst böse machen.

„Wenn Terroristen jedoch in den Besitz von Massenvernichtungswaffen gelangen, wird sich nicht nur der Charakter des Terrors, sondern auch der des Staates und der Weltpolitik dramatisch verändern. Wenn winzige Organisationen, die lediglich eine Handvoll Fanatiker repräsentieren, ganze Städte zerstören und Millionen töten könnten, wird es keine öffentliche Sphäre frei von politischer Gewalt mehr geben. Während also der heutige Terror überwiegend Theater ist, würde ein künftiger nuklearer Terror, Cyberterror oder Bioterror eine deutlich ernsthaftere Bedrohung darstellen und weitaus drastischere staatliche Reaktionen erfordern.

4 Das Böse in der Welt

Gerade deshalb sollten wir sehr darauf achten, solche hypothetischen Zukunftsszenarien von den tatsächlichen Terroranschlägen, wie wir sie bislang erlebt haben, zu unterscheiden. Die Befürchtung, Terroristen könnten eines Tages eine Atombombe in die Hände bekommen und New York oder London zerstören, rechtfertigt keine histrionische Überreaktion auf einen Terroristen, der ein Dutzend Unbeteiligte mit einem Schnellfeuergewehr oder einem Lkw tötet" (Harari 2019, S. 225).

Die vergangenen Jahrzehnte waren die friedliche Epoche in der Menschheitsgeschichte. Seit der Weltfinanzkrise von 2008 ist aber zu beobachten, dass sich die internationale Sicherheitslage rasant verschlechtert. Kriegstreiberei kommt wieder in Mode und die Rüstungsausgaben explodieren. Harari befürchtet, dass ähnlich wie 1914, als die Ermordung eines österreichischen ErzherzogS den 1. Weltkrieg auslöste, auch 2020 irgendein Zwischenfall in der syrischen Wüste oder ein unüberlegter Schritt auf der koreanischen Halbinsel einen globalen Konflikt entfachen könnte (Harari 2019, S. 230). Die Geschichte lehrt, dass erfolgreich geführte Kriege auch zu wirtschaftlichem Wohlstand und politischer Macht beitragen konnten. Erfolgreiche Kriege sind aber so gut wie ausgestorben. „Wie die USA, China, Deutschland, Japan und Iran scheint auch Israel verstanden zu haben, dass die erfolgreichste Strategie des 21. Jahrhunderts darin besteht, am Kriegsring zu sitzen und andere für einen kämpfen zu lassen" (Harari 2019, S. 233).
Die Atombombenabwürfe auf Hiroshima und Nagasaki 1945 waren, Gott sei Dank, die bislang einzigen Einsätze von Atomwaffen in einem Krieg. Danach wurden jedoch zahlreiche Atombomben getestet. Weltweit werden bis heute ca. 2100 Kern-

waffentests gezählt. Kim Jong Un ist und bleibt unberechenbar. Ebenso Donald Trump. Nordkorea testet Atomwaffen und droht der Welt mit einer Atombombe. Trump erwidert diese Drohungen. Das Stockholmer Friedensforschungsinstitut Sipri (Sipri 2019) dokumentiert, dass Anfang 2019 rund 14.000 Atomwaffen in der Hand von neun Ländern waren. Fünf dieser Staaten sind amtlich anerkannte Atommächte: USA, Russland, England, Frankreich und China. Dazu kommen die sog. faktischen Atomstaaten Indien, Pakistan, Nordkorea und Israel. Sie verfügen ebenfalls über Kernwaffen, sind aber dem Atomwaffensperrvertrag nicht beigetreten. Der Vertrag verpflichtet übrigens zur Abrüstung. Wie viele Atombomben aber in den Arsenalen der Länder gebunkert sind, kann Sipri nur schätzen und die Zahlen sind erschreckend. Auf dem Höhepunkt des kalten Krieges Mitte der 1980er-Jahre gab es einst etwa 70.000 Atomsprengköpfe auf unserem Planeten. Eine atomwaffenfreie Welt ist auch in der Zukunft nicht in Sicht.

4. **Politik, Zusammenbruch von Staaten (Trump, Putin, Erdogan, Kim Jong Un u. a.), Autokraten und globaler Totalitarismus, globaler Systemzusammenbruch (Finanzkrisen).** Man darf nie die menschliche Dummheit unterschätzen! Besonders gefährlich wird es, wenn künstliche Intelligenz auf natürliche Dummheit trifft.

Wie instabil Finanzmärkte sind, wissen wir nicht erst seit dem Crash der US-amerikanischen Investmentbank Lehman Brothers im Jahr 2008. Der 20. Oktober 1987 an der Aktienbörse in Frankfurt ist unter der Bezeichnung „Schwarzer Montag" in die Finanzgeschichte eingegangen. Weil Unternehmen, Banken, Staaten immer enger miteinander verflochten sind, ist das Risiko eines weltweiten Kollapses nach Einschätzung der Wissenschaftler rund um Bostrom größer geworden (Bostrom und Ćirković 2008, S. 363). Das Problem sind ja nicht nur die fürchterlichen direkten Effekte solcher Katastrophen, sondern die damit verbundenen und ausgelösten Kettenreaktionen im gesamten sozialen und (welt-) wirtschaftlichen System.

Das Bedrohungsszenario besteht also nicht nur in einem möglichen Kollaps des sozialen Systems, sondern es gibt durchaus das Risiko, dass ein gesamter Staat zusammenbrechen kann, insbesondere dann, wenn er von Autokraten, Despoten oder sogar Tyrannen beherrscht wird. Jeder globale Totalitarismus wäre das Ende der menschlichen Freiheit und es gäbe nur noch herzlose, eiskalte Reaktionsmaschinen, die keinerlei Merkmale mehr eines liebevollen Menschen und eines verantwortungsvollen Miteinanders aufweisen würden.

Das Gegenteil von Kollaps ist Wachstum. Menschen sind zu 100 % Gefühlswesen und sie sind lernende Organismen, die sich im besten Fall ein Leben lang immer weiterentwickeln und dazulernen, getreu dem Motto: *Man wird alt wie eine Kuh und lernt immer noch was dazu.* Weil jede Gruppe, jede Gemeinschaft, jede Organisation und somit auch jede Gesellschaft aus Menschen besteht, ist auch der Staat ein lernender Organismus. Oder sollte es zumindest sein. Wenn eben nicht die Freiheit des Einzelnen massiv eingeschränkt wird, die Pressefreiheit abgeschafft wird und stattdessen Fake News verbreitet werden. Menschliches Wachstum ist zugleich auch immer soziales Wachstum. Bessere Technologien, sind zudem ein guter Dünger für soziales Wachstum.

Nach dem Bertelsmann Transformation Index (BTI) gelten als gescheiterte Staaten diejenigen, „in denen das staatliche Gewaltmonopol und grundlegende Verwaltungsstrukturen so stark eingeschränkt sind, dass die Regierung kaum handlungsfähig ist" (BTI 2019). Im Jahresbericht 2016 wurden die Demokratische Republik Kongo, Haiti, Somalia und die Zentralafrikanische Republik als solche zerfallenden Staaten ausgewiesen. Zu den defekten und stark defekten Demokratien gehören zum Beispiel: Afghanistan, Benin, Burkina Faso, Burundi, Elfenbeinküste, Ghana, Guinea, Kamerun, Liberia, Mali, Mauretanien, Niger, Nigeria, Senegal, Sierra Leone, Togo und Tschad (BTI 2019).

Nicht nur die politische Instabilität in einigen dieser Länder bereitet Probleme, sondern auch die damit in mancher Hinsicht verbundene organisierte Gewalt und teilweise ein sehr aggressiver Islamismus. Extremistische Islamisten sind auf dem Vormarsch und stellen eine Bedrohung dar. Eine der bekanntesten islamistischen Terrorgruppierungen im Norden Nigerias, dem Tschad, Niger und Kamerun ist Boko Haram. Sie setzt sich sowohl für eine Einführung der Scharia ein als auch für ein Verbot westlicher Bildung. Armut und soziale Explosion sind weit verbreitet, soziale Sicherheitssysteme und zukunftssichernde Bildungseinrichtungen existieren allenfalls auf einem rudimentären Niveau. Die Gesundheitsversorgung der Bevölkerung ist unzureichend gesichert und wird zudem von Seuchen wie Ebola oder auf Dauer durch Malaria bedroht. Boko Haram ist bekannt für die Ermordung von Christen und von Muslimen, die sie nicht unterstützen. Formell hat sich Boko Haram 2015 der Terrormiliz Islamischer Staat angeschlossen (BTI 2019).

Aus der Geschichte wissen wir, dass es fast immer Männer sind, die Gewalttaten begehen, Blutbäder anrichten und versuchen, die Welt zu zerstören. Zum Nachdenken angeregt haben die Theorien der Gewalt von Volker Elis Pilgrim schon in den 1980er-Jahren. Pilgrim sagt, dass Männer die Welt kaputt machen. Aber es sind nicht alle Männer. Seine Theorie von Gewalt reduziert er auf eine besondere Spezies von Männern: Muttersöhne (Pilgrim 1989, S. 2). Hitler, Stalin, Napoleon, Mussolini, Nero und viele mehr, sie alle waren Muttersöhne. Sie alle haben versucht die Welt zu zerstören. Und sie alle sind verbunden in einer Migränekultur (Pilgrim 1989, S. 93). Pilgrim stellt sieben Bedingungen auf, die zusammenkommen müssen, um einen Mann gewaltanfällig und zerstörerisch tätig werden zu lassen:

- eine Mutter, als Frau ohne Identität,
- eine Mutter, als Frau ohne Liebesbeziehung,
- ein Mangel-Vater,
- Identifikation mit der Überfluss-Mutter,
- gesellschaftlicher Zwang zur Männlichkeit,
- Verschiebung der Ablösungsproblematik,
- Beschädigung der männlichen Sexualität (Pilgrim 1989, S. 409 ff.).

Interessant wäre es, der Frage nachzugehen, ob auch Trump, Putin, Erdogan, Kim Jong Un Muttersöhne sind. Charakteristische Merkmale zeigen sich jedenfalls und sie alle scheinen gestört. Sie alle teilen die Welt in Gut und Böse auf. Sie alle sind wohl Narzissten wie aus dem Lehrbuch. Das Verhalten der genannten Staatsoberhäupter kann man auf die simple Frage zurückführen: Ist jemand nett zu mir oder nicht? Sehr viel komplexer wird es nicht. Der Schlüssel zum Verständnis dieser Staatsoberhäupter ist weniger in ihren politischen Aussagen zu suchen oder den Motiven ihrer Anhänger, als vielmehr in ihrer Persönlichkeitsstruktur. Gestörte Menschen mit viel Macht sind unberechenbar und stellen eine massive Bedrohung für die Menschheit dar.

5. **Plastikmüll in den Weltmeeren.** Die Verschmutzung der Meere durch Mikroplastikpartikel wirkt wie ein Magnet auf Giftstoffe und stellt daher eine enorme Bedrohung für die Menschheit dar. In den vergangenen 60 Jahren ist die Kunststoffproduktion stark angestiegen. Dadurch hat auch die Menge des Kunststoffmülls in den Weltmeeren kontinuierlich zugenommen. Kunststoffabfälle, die ins Meer gelangen, können kaum biologisch abgebaut werden und bleiben der Umwelt mehrere 100 Jahre erhalten. Die chemischen und physikalischen Alterungsprozesse führen dazu, dass die Kunststoffteile während ihrer Lebensdauer in immer kleinere Bruchstücke, sog. Mikroplastik, zerfallen. Diese werden von verschiedenen Meerestieren aufgenommen und können so in die Nahrungskette gelangen (Deutscher Bundestag 2016, S. 4).

Auch Dusch- und Spülmittel enthalten meist Zusatzstoffe, die nicht abbaubar sind und mit ins Abwasser gelangen. Unter den Begriff Mikroplastik fallen auch deren kleine Kunststoffpartikel, die beim Duschen oder Abwaschen ins Abwasser gelangen, von den Kläranlagen nicht abgebaut oder herausgefiltert werden und über die Fließgewässer in die Meere gelangen können (Deutscher Bundestag 2016, S. 6). Ebenso enthalten Kosmetik- und Reinigungsprodukte eine Vielzahl von Kunststoffen wie Polyethylen und Polypropylen. Fleecestoffe, wie sie beispielsweise für Outdoorbekleidung verwendet werden, bestehen meist aus Polyester und Polyacryl.

4 Das Böse in der Welt **119**

Diese Kunststoffe haben sich zum Teil in Tierversuchen als fortpflanzungsgefährdent erwiesen. Die Übertragbarkeit der Ergebnisse auf den Menschen ist unumstritten.

Wissenschaftlich werden knapp 1000 verschiedene Kunststoffe unterschieden und verschiedene Studien zeigen mittlerweile, dass wir Menschen einige dieser Stoffe mit dem Trinkwasser in unseren Organismus aufnehmen. Die Menge Mikroplastik, die wir durchschnittlich jede Woche in unseren Organismus aufnehmen, entspricht etwa einer EC-Scheckkarte. Auch bei jedem Waschgang von Kleidungsstücken mit Kunstfasern gelangen kleinste Plastikteilchen ins Abwasser und später dann ins Meer. Eine Filterung in Klärwerken ist derzeit noch nicht möglich. Die Wissenschaftler des Alfred-Wegener-Instituts (AWI) haben in internationaler Zusammenarbeit mit chilenischen und britischen Kollegen 70 Studien durchgeführt und ausgewertet. Das Ziel ist, weltweit möglichst vergleichbare Werte von Mikroplastik in den Meeren zu erhalten. Nach aktuellem wissenschaftlichen Kenntnisstand ist es derzeit unmöglich, die Plastikteile wieder vollständig aus den Meeren zu entfernen.

Der Einfluss der Mikroplastikteile auf die Umwelt und die gesundheitlichen Risiken für den Menschen sind derzeit noch nicht absehbar. Einigkeit jedoch besteht wissenschaftlich darin, dass Kunststoffe weltweit die Hauptquelle für die Meeresverschmutzung sind (Deutscher Bundestag 2016, S. 10). Weil der Kunststoffmüll über alle Grenzen hinweg getragen wird, ist eine weltweite Zusammenarbeit unbedingt notwendig, um dieser Bedrohung zu begegnen. Die Strategie und das Ziel müssen es daher zukünftig sein, Abfall im Meer unbedingt zu vermeiden und zu reduzieren. Das

Bewusstsein und die Mitverantwortung jedes einzelnen Menschen muss unbedingt verbessert werden, damit diese Ziele erreicht werden können. Die Verschmutzung der Meere durch Kunststoffteile rückt, Gott sei Dank, immer mehr in das Bewusstsein einer breiten Öffentlichkeit. Dieses Bewusstsein muss durch fortlaufende Informationen immer weiter gestärkt werden. Dann bleibt eine berechtigte Hoffnung, dass schädliche Auswirkungen für Menschen und Umwelt weitgehend abgewendet werden können.

Die Polargebiete und die Meere spielen eine zentrale Rolle im globalen Klimasystem. Die Erforschung der Arktis, Antarktis sowie der Küsten und Meere muss unbedingt weiter vorangetrieben werden. Von der Atmosphäre bis zur Tiefsee. Klimaforschung geht uns alle an und sichert die Gesundheit für die kommenden Generationen. Wenn wir weiter durch die rosarote Brille am Problem vorbeisehen, dann werden wir zuerst die Ozeane vergiften und am Ende uns selbst. Bevor wir dann endgültig selbst vom Planeten verschwinden, könnten wir vielleicht noch ein paar Tage Urlaub auf Plastikinseln im Meer machen. Wenn die Menschheit sich verantwortungslos zumüllt und weiter im Wegwerfmodus lebt, wird ein gigantischer Wasserwirbel nicht nur Fischernetze, Benzinkanister, Flip-Flops, Flaschen, Tüten, Spielzeug, Möbel und Strohhalme in die Tiefe ziehen, sondern den Menschen am Ende auch selbst. Die Forscherin Melanie Bergmann fragt sich seit 10 Jahren, wohin all das Plastik verschwindet, das in die Meere gelangt. Sie befürchtet, dass im Jahr 2050 mehr Plastik in den Meeren schwimmen wird als Fische (Bergmann 2019).

6. **Klimawandel, Waldsterben, Tiere sterben.** Mit dem Klimawandel werden wir die umgekehrte

Schöpfungsgeschichte erleben: Erst werden die Tiere verschwinden, dann der Mensch. Bei einem Anstieg der Temperaturen um 4 °C oder mehr drohen Dürren, Hunger und dadurch bedingte soziale Unruhen in besonders stark betroffenen Regionen. Der Klimawandel „könnte globale Konflikte verursachen und womöglich die Menschheit kollabieren lassen", heißt es im Bericht der Global Challenges Foundation (Global Challenges Foundation 2019). Die Welt wird immer wärmer: Tödliche Hitzewellen, Küstenstädte, die versinken, Hungersnöte – wenn das so weitergeht mit der globalen Erwärmung, drohen katastrophale Szenarien. Trotz aller Erkenntnisse und eindringlicher Warnungen bläst die Menschheit aber immer mehr Treibhausgase in die Luft. Der Juni 2019 war weltweit der heißeste Monat der Geschichte. Noch nie war es im weltweiten Durchschnitt so warm wie in diesem Monat. Ungewöhnlich hoch sind die Temperaturen in Europa. Glaubt man den Forschern, dann werden wir es zukünftig mit noch mehr Hitzewellen zu tun haben. Die Temperaturen in Europa sind unnormal hoch. In Deutschland, Frankreich, Nordspanien und Italien lagen die Temperaturen rund 10 °C höher als sonst. Seit Beginn der Wetteraufzeichnungen wurde in Frankreich mit 45,9 °C der höchste Wert gemessen. Es ist nicht auszuschließen, dass die jüngsten Hitzewellen in einem direkten Zusammenhang mit der Erderwärmung stehen. Der Klimawandel, mit dem wir es zu tun haben, ist nicht natürlich, sondern er ist von Menschen gemacht. Folglich hätten Menschen auch die Möglichkeit hier Einfluss zu nehmen, sofern sie bereit sind, ihr Verhalten zu ändern.
Der Mensch greift immer stärker in das Ökosystem ein. Artensterben und das Einschleppen fremder Arten in die heimische Flora und Fauna sind die Folge. Wie

gut die Menschheit leben könnte, wenn das Gleichgewicht der Natur stark gestört ist, lässt sich gegenwärtig noch gar nicht einschätzen. Es liegt aber die Befürchtung nahe, dass eine Störung des natürlichen Gleichgewichts unweigerlich auch eine Störung des menschlichen Gleichgewichts zur Folge haben wird.

Das vorsätzliche und großräumige Eingreifen mit technischen Mitteln in geochemische und biogeochemische Kreisläufe der Erde bezeichnen Wissenschaftler als Geoengineering. Wenn die CO_2-Konzentration in der Atmosphäre steigt und die Meere immer saurer und zugemüllt werden, wird unser Planet bald an seine Grenzen stoßen. Geoengineering kann nach unserem Verständnis einen Klimaschutz nicht ersetzen. Was unsere Erde manchmal bräuchte, wäre ein gigantischer Sonnenschirm, der mit der Erde um die Sonne kreist, um so die Sonneneinstrahlung zu vermindern und die Erde ein wenig kühler werden zu lassen. Aber eine solche Art von Schutzschild muss erst noch erfunden werden. Im Pentagon machen sich schon die Physiker Gedanken, wie man weltraumtaugliche kleine Sonnensegel installieren kann, um die Erde zu beschatten. In der Medizin sagt man, alles was wirkt, hat auch Nebenwirkungen. Das dürfte dementsprechend dann aber leider auch für den Klimaschutz gelten. Je besser die Maßnahmen sind, die zum Schutz unseres Klimas ergriffen werden, desto höher sind vermutlich die Risiken und Nebenwirkungen, die damit verbunden sind. Zum Beispiel ist die Herstellung von Akkus für Elektroautos möglicherweise schädlicher, als deren Vorteile für den Klimaschutz sind. Denken wir nur daran, welche Rohstoffe z. B. für die Produktion von Lithium-Akkus benötigt werden. Stichwort: seltene Erden. Die negativen Auswirkungen auf

Flora und Fauna können noch gar nicht eingeschätzt werden. Wenn wir noch ein paar solche heißen Sommer und trockene Jahre wie im Jahr 2019 erleben, dann wird der Schwarzwald bald nicht mehr wiederzuerkennen sein.
Waldsterben ist die eine Seite, Vernichtung der Regenwälder eine andere. Die globale Waldvernichtung hat mit fast 30 Mio. ha pro Jahr einen dramatischen Spitzenwert erreicht. Das ist eine Fläche so groß wie Großbritannien und Irland zusammen (Bund 2019).
Es ist zudem Eile geboten, denn die Bienen sterben. Sterben die Bienen, stirbt der Mensch! Das Insektensterben muss unbedingt gestoppt werden. Wenn nicht schnell etwas passiert, wenn wir keinen durchdachten und zukunftsweisenden Insektenschutz bekommen, wird das Insektensterben schnell voranschreiten. Der Verlust der biologischen Vielfalt wird sich dann noch schneller weiterentwickeln. Dieses Szenario wird insbesondere die Leistungsfähigkeit unserer Landwirtschaft bedrohen (Bund 2019). „Time is honey!" Warum gehen Ameisen nicht in die Kirche? Antwort: weil sie in Sekten sind. Spaß beiseite. Insekten sind extrem wichtig, weil keine Tiergruppe so viele Arten umfasst wie sie. Insekten bilden nicht nur das Fundament eines gesunden Ökosystems, sondern dienen zahlreichen anderen Tieren als Futter. Wenn die Insekten sterben, bedeutet das für die Zukunft, dass wir auch weniger Fische, Frösche, Eidechsen, Vögel und Säugetiere haben werden. Auch der Mensch braucht Insekten, sie sind für ihn unverzichtbar, denn sie bestäuben die Pflanzen, die wir essen. Die Honigbiene ist ein ausgesprochen toller Sympathieträger. Neben den Bienen dürfen wir aber alle anderen Insekten nicht vergessen. Ob es ein nachweisbares Bienensterben tatsächlich gibt, ist wissenschaftlich

umstritten. Fragt man Bienenforscher, so sagen sie, dass Honigbienen nicht aussterben können, solange es Imker gäbe. Unumstritten ist jedoch der Rückgang von Insekten insgesamt. 40 % der Insektenarten weltweit zeigen einen Rückgang und ein Drittel der Arten sind vom Aussterben bedroht (Sánchez-Bayo 2019, S. 1).

7. **Pandemie (Ebola), synthetische Biologie.** Nach Einschätzung der Forscher (Bostrom und Ćirković 2008, S. 287) ist eine Pandemie eine nicht zu unterschätzende Gefahr für die Menschheit. Viren beispielsweise verändern sich sehr schnell und könnten sich zu einem globalen Killer entwickeln. Wegen der hohen Mobilität von Menschen in der heutigen Zeit könnten sich gefährliche Erreger binnen kurzer Zeit über die gesamte Erde ausbreiten. Das Wort Pandemie stammt übrigens aus dem Griechischen von „pan demos" ab und bedeutet wörtlich übersetzt: „das gesamte Volk/alle Menschen". Fachlich bezeichnet man damit die Ausbreitung einer Krankheit beim Menschen, im engeren Sinne die Ausbreitung einer Infektionskrankheit. Eine Epidemie ist örtlich beschränkt. Eine Pandemie kann alle Menschen auf der gesamten Welt betreffen. Ein paar Beispiele der bekanntesten Pandemien aus der Geschichte sind (Bostrom und Ćirković 2008, S. 290):

- Antoninische Pest (165–180) 5 Mio. Tote,
- Justinianische Pest (541–542) 100 Mio. Tote,
- Schwarzer Tod (1347–1357) 75 Mio. Tote,
- Pocken (1520–1527) 200.000 Tote,
- Große Pest von London (1665–1666) über 100.000 Tote,
- Cholera (1829–1851) 650.000 Tote,
- Gelbfieber (1853) über 12.000 Tote,
- HIV/AIDS (1981–2006) 65 Mio. Tote.

Influenza-Pandemien:

- Spanische Grippe (1918–1919) 50 Mio. Tote,
- Asiatische Grippe (1957) 1 Mio. Tote,
- Hongkong-Grippe (1968) 1 Mio. Tote,
- Russische Grippe (1977–1978) 700.000 Tote,
- Schweinegrippe (2009) 18.000 Tote.

Bei einer gewöhnlichen Grippewelle (Influenza) erkranken in Deutschland jedes Jahr knapp 350.000 Menschen. Davon sterben jedes Jahr in Deutschland etwas weniger als 2000 Menschen. Eine der Hauptursachen für die Entstehung einer Influenza-Pandemie sehen Wissenschaftler in einer fehlenden Grundimmunität in der Bevölkerung.

Eine andere Zeitbombe liegt im Labor. Der Killer aus dem Labor ist eine weitere Bedrohung, die Wissenschaftler schon länger ängstigt. Deshalb gilt die synthetische Biologie auch als große Gefahr für die Erde. Genetisch veränderte Bakterien oder Viren, die durch einen Unfall oder absichtlich freigesetzt werden, wären nicht nur ein Risiko für den Menschen, sondern auch für Tiere und Pflanzen.

An dieser Stelle wird deutlich, wie die zuvor und folgend genannten Bedrohungsszenarien in einer gegenseitigen Wechselwirkung stehen. Ganz einfach und allgemein ausgedrückt führt jede Form von emotionalem Stress am Ende immer dazu, dass das menschliche Immunsystem geschwächt wird. Gerät das Immunsystem aus dem Gleichgewicht, erhöht sich das Risiko, sich zu infizieren. Wenn man sich vorstellt, dass bei einer Pandemie mehrere 10.000 Menschen innerhalb kürzester Zeit betroffen sein können, kann das schnell die Funktionstüchtigkeit des Wirtschaftslebens und der öffentlichen Ordnung gefährden. Die Strukturen der Gesundheitsversorgung werden akut überlastet, und die Kapazität von Krankenhäusern wird schnell ausgeschöpft sein. Ambulant tätige Ärzte werden rund um die Uhr arbeiten. Weil eine Pandemie erfahrungsgemäß innerhalb kurzer Zeit sehr viele Menschen betreffen kann, ist es eine gesamtgesellschaftliche Aufgabe, sich umfassend und gemeinsam auf eine drohende Pandemie vorzubereiten.

Die Zahl der Ebola-Fälle in der Demokratischen Republik Kongo ist im Jahr 2019 höher als vor 10 Jahren. Das Ebola-Virus breitet sich bis nach Uganda aus. Pandemien werden von Mensch zu Mensch übertragen. Das Tückische daran ist, dass Viren genetisch mutieren. Deshalb können der Erreger und die Schwere der nächsten Pandemie überhaupt nicht vorhergesagt werden. Die Frage ist also nicht, ob es eine nächste Pandemie geben wird, sondern nur, wann es diese Pandemie geben wird. Es ist lediglich eine Frage der Zeit und damit eine reale Bedrohung für alle Menschen. Daher sollten wir lieber heute anfangen und vorbereiten als morgen. Leider ist es zu befürchten, dass es durch die synthetische Biologie in der Zukunft zu einer Pandemie eines nicht bekannten Ausmaßes kommen wird.

Die synthetische Biologie ist ein Fachgebiet im Grenzbereich von Molekularbiologie, organischer Chemie und Nanobiotechnologie. Außerdem beschäftigen sich die Ingenieurwissenschaften und Informationstechnik mit der synthetischen Biologie. Man kann sich das so vorstellen, dass Biologen, Chemiker und Ingenieure zusammenarbeiten, um biologische Systeme zu erzeugen, wie sie in der Natur nicht vorkommen. Wissenschaftler warnen allerdings immer wieder davor, dass mit der Nanotechnologie vieles möglich sei. Ein Szenario sind sog. Nanobots, kleine

Maschinen, die Jagd auf alles machen, was lebt. Denkbar sei auch, dass Nanotechnologie die Produktion konventioneller oder neuartiger Waffen erleichtert und dafür benutzt werde (Bostrom und Ćirković 2008, S. 481). Was für eine Horrorvorstellung! Es klingt fast ein wenig so, als würde der Mensch Gott spielen. Eine DNA wird konstruiert, ein genetischer Code wird verändert, Enzyme werden hergestellt, Stoffwechselwege werden programmiert und vieles mehr. Der Mensch erschafft Menschen. Kaum vorstellbar, wenn man sich Gedanken über potenziell negative Auswirkungen und Missbrauch macht. Kaum vorstellbar, was es für die Menschheit bedeuten würde, wenn das Wissen der synthetischen Biologie in die Hände von Bioterroristen fallen würde. Es könnte das Ende der Menschheit bedeuten. Bis sich das Bewusstsein dafür in der Gesellschaft erst entwickeln wird, werden die meisten öffentlichen Debatten vermutlich weiterhin über genetisch verändertes Saatgut erfolgen.

8. **Krankheit, Krebs, Krankheit X.** Seit 2015 veröffentlicht die WHO jedes Jahr eine Liste mit potenziell gefährlichen Erregern und Krankheiten (WHO 2019). Jetzt gibt es eine Besonderheit. Die WHO hat für eine noch nicht existente Krankheit bereits schon eine Bezeichnung festgelegt „Krankheit X".

Das X steht für potenzielle Gefahren. Krankheit X steht stellvertretend für einen noch nicht gefundenen Krankheitserreger mit potenziell verheerendem Verlauf. Dieser könnte eine Bedrohung bisher nicht gekannten Ausmaßes bedeuten. Besonders tückisch ist die Annahme der Wissenschaftler, dass der Krankheitsverlauf umso schlimmer sein könnte, je stärker das eigene Immunsystem ist. Ein Paradoxon, das aber nicht ausgeschlossen werden kann. Wenn es so käme, könnte die Krankheit X die gesamte Menschheit auslöschen.

Man stelle sich einmal die gefährlichste Variante eines hochansteckenden Virus vor und wenn dieser dann plötzlich noch mutieren würde, wäre es wie ein Armageddon.

Realität ist allerdings seit Jahrzehnten die bekannte Krankheit der Gene: Krebs (Krebshilfe 2019). Krebszellen entstehen, wenn sich bestimmte Abschnitte der Erbsubstanz (Gene) verändern. Diese Veränderungen können dann nicht mehr repariert werden, wodurch Informationen verfälscht werden. Je älter der Mensch wird, desto unzuverlässiger arbeitet das Reparatursystem der Gene. Die Folge ist, dass immer mehr Menschen an Krebs erkranken. 500.000 Menschen erkranken jedes Jahr neu. Das mittlere Erkrankungsalter liegt für Männer und Frauen bei 69 Jahren (Krebshilfe 2019). Das ist die schlechte Nachricht. Die gute Nachricht ist, dass etwa 50 % aller erwachsenen Krebspatienten heute geheilt werden können. Bei Kindern sieht es noch besser aus, 4 von 5 Kindern können heute geheilt werden (Krebshilfe 2019). Was die Tumorzellen so gefährlich macht, ist, dass sie sich unendlich aufteilen können und somit potenziell unsterblich sind. Die gefährlichste aller Eigenschaften von Krebszellen besteht darin, in benachbartes Gewebe einzudringen, sich im Körper auszubreiten und an entfernten Stellen Tochtergeschwülste zu bilden. Insbesondere diese Metastasen machen einen bösartigen Tumor zur lebensbedrohlichen Gefahr. Mittlerweile sind 300 unterschiedliche Krebsarten bekannt. Zu den häufigsten Faktoren, die Gene verändern und so die Krebsentstehung fördern können, gehören UV-Strahlen, Tabakrauch, Chemikalien, chronische Infektionen, ein erhöhter Alkoholgenuss und eine ungesunde Lebensweise mit wenig Obst, Gemüse und Bewegung. Eine gute Möglichkeit, um der Bedrohung Krebs aktiv vorzubeugen, ist eine gesunde Lebensweise. Das ist im Angesicht der übrigen Bedrohungsszenarien manchmal leichter gesagt als getan.

Daher hier noch mal dieser Erinnerungsanker für Sie: Leben Sie gesund! Vermeiden Sie unbedingt Nikotin! Schützen Sie Ihre Haut vor UV-Strahlung! Bringen Sie Ihren Körper in Schwung und bewegen Sie sich! Ernähren Sie sich gesund und ausgewogen! Entspannen Sie sich! Damit schaffen Sie schon eine wichtige Grundlage für eine stabile Gesundheit und ein abwehrstarkes Immunsystem. Und noch eine Bitte: Gehen Sie regelmäßig zum Arzt und lassen sich altersgemäß untersuchen. Etwa die Hälfte aller Krebserkrankungen, so die Deutsche Krebshilfe, ließe sich vermeiden, wenn die Menschen gesünder leben würden. Je früher eine Krebskrankheit entdeckt und behandelt wird, desto größer sind die Heilungschancen (Krebshilfe 2019).

Das Statistische Bundesamt hat darüber hinaus im Jahr 2019 die zehn Erkrankungen aufgelistet, unter denen Menschen in Deutschland am meisten leiden. Bei der Entstehung vieler dieser Krankheiten spielen Rauchen und Sitzen eine Rolle. Grundsätzlich hat man Glück, wenn man in Deutschland geboren wird. Mädchen haben eine durchschnittliche Lebenserwartung von 83 Lebensjahren, die der Jungs liegt immerhin bei 79 Jahren. Das ist deutlich mehr als in den meisten anderen Ländern der Erde.

Folgende zehn Krankheiten haben in Deutschland die stärksten Auswirkungen:

- koronare Herzkrankheit,
- Nacken- und Rückenschmerzen,
- Krankheiten der Sinnesorgane, z. B. Kurzsichtigkeit,

- Lungenkrebs,
- Schlaganfall,
- Depression,
- Alzheimer-Demenz,
- Diabetes mellitus,
- chronisch obstruktive Lungenerkrankung (COPD),
- Darmkrebs.

Übergewicht, Tabakkonsum, Bewegungsmangel und eine ballaststoffarme Ernährung erhöhen das Risiko für die Entstehung von Krankheiten.

9. **Asteroide und Supervulkane.** *Unbekannte Gefahren in der Zukunft.* „Das Gute an der Zukunft ist, dass sie immer nur einen Tag nach dem anderen kommt und nicht alles auf einmal" (Abraham Lincoln).
Gott-sei-Dank! Stellen Sie sich das einmal vor, die Zukunft käme mit einem Schlag! Bumm! Zack! Ende, aus, Mickey Maus und Schluss im Bus, Ende im Gelände, Klappe zu, Affe tot, Tschüsschen mit Küsschen und aus die Maus, dann ist Sabbat, das Ende der Fahnenstange! In einem Augenblick ist alles vorbei, Karl May! Aber genau das könnte geschehen, wenn ein Asteroid gigantischen Ausmaßes auf der Erde einschlagen würde. Dann würden buchstäblich mit einem Schlag alle Lichter ausgehen, und zwar nicht nur in den Häusern, sondern auch bei uns Menschen. Ein Gesteinsbrocken aus dem All gilt als Klassiker des Weltuntergangs. Er fehlt auch nicht im Bericht der Global Challenges Foundation (Global Challenges Foundation 2019).
Die gefürchtete Bombe aus dem All hat es vor 65 Mio. Jahren schon einmal gegeben. Sie löschte damals zwei Drittel allen Lebens auf der Erde aus und beendete die Ära der Dinosaurier. Der Asteroid hatte einen Durchmesser von ungefähr 10 km und schlug

im heutigen Mexiko ein. Große Asteroiden existieren im Orbit ganz in der Nähe der Erde und der Einschlag eines Asteroiden, der eine Größe von ungefähr 1 km hat, würde ausreichen, um so viele Partikel in die Atmosphäre zu schleudern, dass sich die Sonne für Monate verdunkeln würde. Das Resultat wäre verheerend, die Atmosphäre würde sich abkühlen und das komplette Ökosystem würde zusammenbrechen. Nebenbei würden auch noch mehrere Millionen Menschen sterben.

Technisch ist es heute möglich, Asteroiden lange Zeit im Voraus zu identifizieren und der Menschheit Gelegenheit zu geben, zu reagieren. Aber nicht alle Asteroiden sind identifiziert und je kürzer die Reaktionszeit ist, desto höher ist das Risiko für die Menschheit. Zu den größten Asteroideneinschlägen zählen folgende (Global Challenges Foundation 2019):

- Vredefort-Krater, Südafrika, Durchmesser 160 km,
- Chicxulub-Krater, Mexiko, Durchmesser 150 km,
- Sudbury Basin, Kanada, Durchmesser 130 km,
- Manicouagan-Krater, Kanada, Durchmesser 100 km,
- Siljan-Krater, Schweden, Durchmesser 50 km,
- Popigai-Krater, Nordsibirien, Durchmesser 90 km,
- Acraman-Krater, Australien, Durchmesser 90 km,
- Nördlinger Ries, Deutschland, Durchmesser 24 km,
- Steinheimer Becken, Deutschland, Durchmesser 24 km,
- Barringer-Krater, Arizona, USA, Durchmesser 1,5 km,
- Tswaing-Krater mit See, Südafrika, Durchmesser 1,1 km.

Eine weitere Bedrohung für die Menschheit stellen sog. Supervulkane dar (Bostrom und Ćirković 2008).

Wenn ein Berg mehr als 1000 km³ Material ausstößt, sprechen die Geoforscher von einem Supervulkan (Bostrom und Ćirković 2008, S. 205). Die Asche eines solchen Ausbruchs würde die Atmosphäre verdunkeln und die Temperaturen weltweit drastisch sinken lassen. Den Ausbruch des Toba auf Sumatra vor 70.000 Jahren überlebten nur wenige 1000 unserer Vorfahren. Eine ähnliche Supereruption heute könnte Millionen oder gar Milliarden Menschen bedrohen. Zurück zum Anfang: Die Zukunft kann man nicht vorhersagen und daher ist es auch schwierig, Prognosen über das Ende der Menschheit zu wagen. Denn wer weiß schon, welche neuen, potenziell gefährlichen Technologien künftig noch erfunden werden? Dessen sind sich auch die Wissenschaftler rund um Bostrom bewusst und nennen eine der größten Gefahren für die Menschheit folgerichtig „unbekannte Folgen" (Bostrom und Ćirković 2008, S. 234).

Schließlich ist noch eine Supernova zu nennen, das kurzzeitige helle Aufleuchten eines massereichen Sterns am Ende seiner Lebenszeit durch eine Explosion. Die damit möglicherweise auftretenden Gammastrahlen, Sonneneruptionen und andere kosmische Strahlen stellen darüber hinaus eine weitere Bedrohung für die Menschheit dar. Die Zukunft können wir nicht vorhersagen. Oder vielleicht doch? Stephen Hawking hat sich intensiv mit der Beantwortung dieser Frage auseinandergesetzt (Hawking 2019, S. 113). Er macht deutlich, dass den Menschen früher die Welt ziemlich willkürlich erschienen sein muss. Katastrophen wie Überschwemmungen, Seuchen, Erdbeben oder Vulkanausbrüche sind, so schien es ihnen, ohne Vorwarnung oder erkennbaren Grund über sie hereingebrochen. Lange Zeit glaubten sie daran, die Götter und Göttinnen verhielten sich sehr launisch und unberechenbar. Die einzige Hoffnung der Menschen lag darin, die Gunst der Götter zu gewinnen, indem sie durch Opfergaben oder auch Verhandlungen versuchten, sie gütlich zu stimmen.

Das magische Denken der Menschen und ihre Versprechungen, sich besser zu benehmen oder liebenswürdiger zu sein, können wir auch heute noch immer wieder beobachten, wenn eine Situation für sie gut ausgegangen ist, wenn sie z. B. die Prüfung bestanden haben oder die Ehefrau den Seitensprung verziehen hat. Aber mittlerweile sollte eigentlich jeder Mensch mitbekommen haben, dass es in der Natur gewisse Regelmäßigkeiten gibt. Naturgesetze. Und dennoch, auch Hawking konnte die Zukunft nicht vollständig vorhersagen. „Erlauben uns die Gesetze des Universums, genau vorherzusagen, was in der Zukunft mit uns geschieht? Die kurze Antwort ist sowohl Nein als auch Ja. Im Prinzip erlauben uns die Gesetze, die Zukunft vorauszusagen. Aber in der Praxis sind die Berechnungen oft zu schwierig" (Hawking 2019, S. 123).

10. **Alltagskriminalität/Alltagsgewalt.** Grenzverletzungen beginnen im Kleinen. Respekt auch. Als vorerst letztes Szenario, das die Menschheit bedroht, seien die Alltagskriminalität und die Alltagsgewalt genannt. Die Auseinandersetzung damit ist seit Jahrzehnten ein Schwerpunkt der beruflichen Tätigkeiten der Autoren. Im Detail werden wir später noch näher darauf eingehen, wenn es darum geht, die Psychologie von Täterverhalten zu beschreiben und Täterprofile zu zeichnen. Wenn wir von Alltagskriminalität sprechen, dann meinen wir damit nicht nur die juristische Definition einer Straftat oder den materiellen Verbrechensbegriff, sondern verstehen darunter das Gesamtphänomen aller Straftaten in einer Gesellschaft. Alltagskriminalität ist ein schwerwiegendes gesellschaftliches Problem,

das in allen Altersgruppen, in allen Sozialsystemen, in allen Schichten, an allen Orten, zu jeder Zeit stattfindet. Während sich die Polizei mit der Strafverfolgung und der Gefahrenabwehr beschäftigt, kümmert sich die Psychotherapie sehr oft um die Opfer und deren Traumatisierungen. Im engeren Sinne sind mit Alltagskriminalität auch Delikte gemeint, die von vielen Bürgern nicht einmal als Gesetzesverstoß gewertet werden. Man spricht in diesen Fällen von sog. Bagatelldelikten. Hierzu gehören u. a. Sachbeschädigung oder Diebstahl. Keine Kavaliersdelikte, sondern auch Straftaten, sind beispielsweise das Schwarzfahren, die Steuerhinterziehung oder zu schnelles Fahren. Wenn wir von Schwerstkriminalität sprechen, sind wir im Bereich der organisierten Kriminalität und des Terrorismus. Aber auch Wirtschaftskriminalität und Umweltkriminalität können zu einer zunehmenden Bedrohung für die Menschheit werden. Zur Alltagsgewalt gehören auch ganz viele Grenzverletzungen im Kleinen und im Großen. Demütigungen, Kränkungen, Verletzungen, Mobbing, Cybermobbing, sexuelle Belästigung sind ein oft unterschätztes Phänomen innerhalb unserer Gesellschaft. Alltagsgewalt ist allgegenwärtig. Manchmal scheint es, als hätten wir uns daran gewöhnt, oder schlimmer noch, wir bekommen es mit und sehen nicht mehr hin. Gewalt hat sehr viele Gesichter, jedoch ist keines davon schön (Lüdke 2017). Der Artikel 20 des Grundgesetzes für die Bundesrepublik Deutschland normiert die rechtliche Grundordnung Deutschlands. Inhalt sind Verfassungsgrundsätze und das Widerstandsrecht. Im Wortlaut (GG 2019):

1. Die Bundesrepublik Deutschland ist ein demokratischer und sozialer Bundesstaat.
2. Alle Staatsgewalt geht vom Volke aus. Sie wird vom Volke in Wahlen und Abstimmungen und durch

besondere Organe der Gesetzgebung, der vollziehenden Gewalt und der Rechtsprechung ausgeübt.
3. Die Gesetzgebung ist an die verfassungsmäßige Ordnung, die vollziehende Gewalt und die Rechtsprechung sind an Gesetz und Recht gebunden.
4. Gegen jeden, der es unternimmt, diese Ordnung zu beseitigen, haben alle Deutschen das Recht zum Widerstand, wenn andere Abhilfe nicht möglich ist.

„Alle Staatsgewalt geht vom Volke aus." Das bedeutet: Das Volk selbst ist Träger der staatlichen Gewalt; und es geht dabei nicht um ein Volk, das der Führung durch „die da oben" bedarf. Es handelt sich im Gegenteil um ein Volk von freien Staatsbürgern. An dieses klare Bekenntnis des Grundgesetzes zur Demokratie schließt sich der Grundsatz der Gewaltenteilung an – festgelegt im Artikel 20 Abs. 2 des Grundgesetzes. Es ist das entscheidende Organisationsprinzip unseres freiheitlichen Rechtsstaates.
Freiheit und Sicherheit gehen Hand in Hand. Deutschland gehört nach wie vor zu den sichersten Ländern der Welt, und die jährlich in der Polizeilichen Kriminalstatistik (PKS) erfasste Gesamtdeliktzahl bewegt sich seit vielen Jahren auf einem stabilen Niveau. Trotzdem macht sich bereits seit langem in großen Teilen der Bevölkerung ein stetig steigendes Gefühl der Unsicherheit breit. Woraus aber resultiert dieses zunehmende Auseinanderdriften von subjektivem Sicherheitsempfinden einerseits und objektiver Sicherheitslage andererseits? Ein ganz wesentlicher Faktor liegt in der persönlichen Betroffenheit begründet – also darin, wie jeder Einzelne die tatsächliche oder auch nur vermeintliche Situation in seinem näheren Lebensumfeld wahrnimmt. Gerade deshalb hinterlassen Gewaltattacken

an Bahnhöfen, in Zügen oder an sonstigen öffentlichen Plätzen solch tiefe Spuren im Bewusstsein der Bürger. Auch wenn man diese noch nicht selbst miterleben musste, wächst die Furcht, einmal Opfer solch brutaler Übergriffe zu werden. Mancher sucht daher schon sein Heil im Rückzug ins Private. Doch genau dazu darf es keinesfalls kommen! Denn die Preisgabe öffentlichen Raums spielt Kriminellen jedweder Art erst recht in die Hände, zu deren perfiden Zielen u. a. das Verbreiten von Angst und Verunsicherung zählt. Das Credo muss daher vielmehr darin liegen, gezielt die eigenen Stärken zu stärken.
Alltagskriminalität ist allgegenwärtig. Wir dürfen sie nicht zu einer Bedrohung der Menschen und der Gemeinschaft werden lassen. *„Ein Baum, der fällt, macht mehr Krach als ein Wald, der wächst!"* So lautet eine alte tibetanische Weisheit.
„Unsere Wahrnehmung wird von fallenden Bäumen dominiert – von dem, was gewaltig ist, was schnell passiert, was uns bedroht. Unsere ganze Geschichte ist voller fallender Bäume: Krieg und Zerstörung … Doch dann wundern wir uns, dass es trotz all dieser Zerstörung immer noch Leben und Vielfalt auf dieser Erde gibt. Wir erkennen daraus, dass es der wachsende Wald ist, auf den es letztlich ankommt. Er ist es, der das Leben fortführt – langsam und vielfältig, ganz unauffällig und doch beständig. Lasst uns nicht im Getöse der Zerstörung das langsame Entfalten des Neuen übersehen!" (Hans-Peter Emil Dürr, zit. nach Lenz 2012, S. 5).
„Die Natur braucht uns nicht. Wir brauchen die Natur."
Im Wald fühlen wir uns instinktiv wie zu Hause, auch wenn wir nicht erklären können warum. Unser

Körper reagiert, unser Blutdruck sinkt – kurioserweise aber nur bei intakten Wäldern, nicht bei künstlichen Nadelholzplantagen. „Psychologen glauben ja, dass Natur eine ‚*weiche Faszination*' ausübt, weil es uns gut tut, vertraute Dinge zu sehen, die sich sanft verändern, wie die Blätter im Wald oder die Wellen am Meer. Natur finden wir spannend und entspannend zugleich, weil sie unsere Wahrnehmung nie überfordert: In ihr gibt es keine ständig wechselnden Reize wie auf dem Bildschirm, nicht das Gefühl, etwas zu verpassen. In Japan schicken Ärzte ihre Patienten zum ‚*Shinrin Yoku*'. Das *Waldbaden* ist dort anerkannt als Therapie gegen Stress und Burnout. Bei uns verordnet kein Arzt einen Waldspaziergang, obwohl es für viele Leute sicher die richtige Medizin wäre" (Hirschhausen und Esch 2018, S. 190 ff.).

Bäume sind für mich immer die eindringlichsten Prediger gewesen. Ich verehre sie, wenn sie in Völkern und Familien leben, in Wäldern und Hainen. Und noch mehr verehre ich sie, wenn sie einzeln stehen. Sie sind wie Einsame. Nicht wie Einsiedler, welche aus irgendeiner Schwäche sich davongestohlen haben, sondern wie große, vereinsamte Menschen, wie Beethoven und Nietzsche. In ihren Wipfeln rauscht die Welt, ihre Wurzeln ruhen im Unendlichen; allein sie verlieren sich nicht darin, sondern erstreben mit aller Kraft ihres Lebens nur das Eine: ihr eigenes, in ihnen wohnendes Gesetz zu erfüllen, ihre eigene Gestalt auszubauen, sich selbst darzustellen. Nichts ist heiliger, nichts ist vorbildlicher als ein schöner, starker Baum.

(Hermann Hesse)

Literatur

Bergmann, M. (2019). *High quantities of microplastic in arctic deep-sea sediments from the Hausgarten observatory.* Bremerhaven: Alfred-Wegener-Institut Helmholtz-Zentrum für Polar- und Meeresforschung, Am Handelshafen 12, 27570 Bremerhaven. www.awi.de.

Bertelsmann. (2019). *Bertelsmann Transformations Index BTI.* Gütersloh: Bertelsmann Stiftung. https://www.bti-project.org/de/startseite/.

BKA. (2017). *Bundeskriminalamt: PKS Jahrbuch* (Bd. 4). Version 4.0. Wiesbaden: BKA. www.bka.de.

Bostrom, N., & Ćirković, M. (Hrsg.). (2008). *Global catastrophic risks.* Oxford: Verlag OUP Oxford.

Bund. (2019). *Bund für Umwelt und Naturschutz Deutschland e. V. (BUND). Friends of the Earth Germany.* Berlin: Bund. www.bund.net.

Deutscher Bundestag. (2016). *Verschmutzung der Meere durch Mikroplastikpartikel. Infobrief.* Berlin: Wissenschaftliche Dienste.

Franzen, J. (2019). *Das Ende vom Ende der Welt.* Hamburg: Rowohlt.

Global Challenges Foundation. (2019). *Global catastrophic risks 2018.* Schweden: Stockholm. www.globalchallenges.org.

Goldberg, H. (1988). *Veränderungen. Das neue Verhältnis zwischen Mann und Frau.* Hamburg: Rowohlt Taschenbuch.

Grundgesetz der Bundesrepublik Deutschland. (2019). *Grundgesetz.* München: dtv Verlagsgesellschaft.

Harari, Y. N. (2017). *Homo Deus. Eine Geschichte von Morgen.* München: Beck.

Harari, Y. N. (2019). *21 Lektionen für das 21. Jahrhundert.* München: Beck.

Harford, T. (2012). *Trial and Error. Warum nur Niederlagen zum Erfolg führen.* Reinbek bei Hamburg: Rowohlt.

Hawking, S. (2019). *Kurze Antworten auf grosse Fragen.* Stuttgart: Klett-Cotta.

Hollywood, C. (2018). *Wer will, der kann. Wie du deine Ziele schneller und einfacher erreichst*. Heidelberg: Polarise.
Janis, I. (1972). *Victims of groupthink: A psychological study of foreign-policy decisions and fiascoes*. Boston: Houghton Mifflin.
Kizilihan, J. I., & Cavelius, A. (2016). *Die Psychologie des IS., Die Logik der Massenmörder*. Berlin: Europa Verlag GmbH & Co KG.
Krebshilfe. (2019). *Deutsche Krebshilfe. Helfen. Forschen. Informieren*. Bonn: Stiftung Deutsche Krebshilfe. www.krebshilfe.de.
Kubrick, S. (1969). *2001: Odyssee im Weltraum*. Blu-ray. 2018. DVD. Warner Home Video. Hamburg: Warner Bros. Entertainment GmbH.
Lenz, R. (2012). *Die Fratzen der Gewalt*. Frankfurt a. M.: Vindobona.
Lüdke, C. (2017/2). *Musik der Seele. Tera-Gramm Spezial*. Essen: Good-News-Letter der Terapon Consulting GmbH. www.terapon.de.
Nietzsche, F. (2017). *Jenseits von Gut und Böse*. Hamburg: Nikol.
Pilgrim, V. E. (1989). *Muttersöhne*. Reinbek bei Hamburg: Rowohlt Taschenbuch.
Riemann, F. (1991). *Grundformen der Angst. Eine tiefenpsychologische Studie*. München: Reinhardt.
Riess, R. (Hrsg.). (2019). *Dem Entsetzen täglich in die Fratze sehen. Über die dunkle Seite des Menschen*. Darmstadt: wbg Theiss.
Rosling, H. (2018). *Factfulness. Wie wir lernen, die Welt so zu sehen, wie sie wirklich ist*. Berlin: Ullstein Buchverlage GmbH.
Sánchez-Bayo, F. (2019). *Biologiocal Conservation. Worldwide decline of the entomofauna. A review of its drivers*. ScienceDirect Support Center. Amsterdam: Elsevier. www.elsevier.com.
Schäfer, C. (Hrsg.). (2014). *Was ist das Böse? Philosophische Texte von der Antike bis zur Gegenwart*. Stuttgart: Reclam.

Sipri. (2019). *Stockholm International Peace Research Institute. Yearbook 2019. Armaments, Disarmament and International Security.* Stockholm: Sipri. www.sipri.org.

Vaas, R. (2016). *Einfach Hawking. Geniale Gedanken schwerelos erklärt.* Stuttgart: Franck-Kosmos Verlags-GmbH.

von Hirschhausen, E., & Esch, T. (2018). *Die bessere Hälfte. Worauf wir uns mitten im Leben freuen können.* Reinbek bei Hamburg: Rowohlt.

Wells, H. G. (2019). *Gesammelte Werke (Die Zeitmaschine – Die Insel des Dr. Moreau – Der Krieg der Welten – Befreite Welt).* Köln: Anaconda.

WHO. (2019). *World Health Organization.* Genf: WHO. www.who.int.

Yogeshwar, R. (2017). *Nächste Ausfahrt Zukunft. Geschichten aus einer Welt im Wandel.* Köln: Kiepenheuer & Witsch.

5

Fratzen der Gewalt

Der Teufel hat die weitesten Perspektiven für Gott, deshalb hält er sich von ihm so fern – der Teufel nämlich als der älteste Freund der Erkenntnis.
(Nietzsche 2017, S. 83)

Zusammenfassung *Es ist besser, Böses zu erleiden, als Böses zu tun (Sokrates).* Umgangssprachlich als Psychopathen bezeichnet, sind dissoziale Persönlichkeiten die *Prototypen des Bösen.* Im Folgenden werden Ihnen einige Bausteine des Bösen vorgestellt. Es handelt sich dabei um Charaktereigenschaften oder Verhaltensmerkmale, die böse Menschen kennzeichnen. Das Wissen um diese Eigenschaften und Merkmale erleichtert die Handlung und Reaktion im Umgang mit diesen Personen außerordentlich. Wenn auch nicht nach der simplen Maxime *„Gefahr erkannt – Gefahr gebannt",* so doch durch die Reduktion des Schreckens beim Erkennen der Fratzen der Gewalt. Auf dass die Masken fallen!

Gefahr erkannt – Gefahr gebannt, heißt es im Volksmund. Wenn Täter sowie ihre Verhaltensweisen und Anmachsprüche rechtzeitig erkannt werden, kann man ihnen mit den richtigen Antworten und Interventionen begegnen. Daher halten wir es für wichtig, die vier häufigsten Tätertypen darzustellen und Möglichkeiten aufzuzeigen, wie ihnen begegnet werden kann. Dazu jedoch später.

Täter sind Menschen in besonderen Situationen. Um ihr Verhalten beschreiben, verstehen, vorhersagen und beeinflussen zu können, braucht es eine Persönlichkeitstheorie, von der praktische Methoden abgeleitet werden können. Jeder Mensch hat eine bestimmte Vorstellung über Menschen im Allgemeinen und Täter im Besonderen und ist insofern immer auch „Persönlichkeitspsychologe". Aus seinen Vorstellungen entwickelt der Mensch Begriffe, um Täter zu beschreiben und voneinander zu unterscheiden, Kriterien, um deren Verhalten zu verstehen, und Regeln, um es vorhersagen und beeinflussen zu können. All diese Vorstellungen bilden aber meist nur eine innewohnende Theorie, deren Schwächen in der Subjektivität und Unausgesprochenheit liegen. Sie sind nicht überprüfbar und nicht systematisch lernbar. Ihre Ergebnisse bleiben oft vage und können von anderen nicht nachvollzogen werden. Zur Vagheit gesellen sich schnell unreflektierte Standardmeinungen:

- ein ruhiger Täter sei weniger gewaltbereit als ein unruhiger;
- ein sachlich auftretender Täter sei weniger gewaltbereit als einer mit Geltungsdrang;
- ein müder und erschöpfter Täter sei gewaltbereiter als ein wacher und ausgeruhter.

Solche Meinungen enthalten unbewusst die Annahme, dass, ungeachtet der konkreten Persönlichkeit des Täters, von einer Eigenschaft direkt auf eine andere geschlossen werden kann. In der Psychologie spricht man in diesem Fall auch von einem logischen Fehler in der Wahrnehmung. Eine solcher „Kurzschluss" gehört zu den klassischen Wahrnehmungsfehlern und kann sich als katastrophal erweisen. Das Vorliegen einer Eigenschaft bedingt weder zwangsläufig noch automatisch das Vorliegen einer bestimmten anderen Eigenschaft. Sein Handeln auf einen solchen kurzen Schluss im Positiven wie im Negativen zu stützen, kann geradewegs ins Verderben führen.

Die Psychologie bietet eine Fülle von unterschiedlichen Persönlichkeitstheorien, mit deren Ausarbeitungen ganze Bibliotheken gefüllt sind. Die Unterschiedlichkeit gründet sich in den jeweiligen Erkenntnisinteressen, die deshalb nicht schlicht nach richtig und falsch zu klassifizieren sind. Ob eine Theorie tauglich oder untauglich ist, entscheidet sich nach dem jeweiligen Zweck. Die Auswahl der hier zugrunde liegenden Ansätze erfolgt also rein pragmatisch nach dem Kriterium, welche Forschungsergebnisse einen nützlichen Beitrag zur Tätereinschätzung z. B. in Bedrohungssituationen leisten können. Dabei sind sowohl ältere, bewährte Ergebnisse berücksichtigt als auch neueste Erkenntnisse. Die Verknüpfung und spezifische Weiterentwicklung der Ergebnisse für eine Tätereinschätzung beruhen auf eigener Analyse.

Eine wissenschaftlich fundierte, genaue Theorie bietet den Vorteil klarerer Begriffe und objektiverer Ergebnisse. Da die Tätereinschätzung eine praktische Angelegenheit ist, soll es im Folgenden nicht um eine wissenschaftliche Herleitung der ausgewählten theoretischen Ansätze gehen, sondern um eine verständliche Darstellung des Ablaufs einer Tätereinschätzung. So weit wie möglich wird auf psychologisches Kauderwelsch verzichtet. Allerdings sind einige Fachbegriffe unvermeidbar, um unpräzise Alltagssprache durch klarere Inhalte abzulösen.

Eine psychologisch-kriminalistisch fundierte Tätereinschätzung leistet einen Beitrag zur Festlegung der strategischen Leitlinien, indem sie Aussagen über Verhaltenswahrscheinlichkeiten ermöglicht, insbesondere hinsichtlich:

- Stabilität und Berechenbarkeit,
- Frustrationstoleranz,
- Kurzschlusshandlungen,
- Risiko- und Gewaltbereitschaft,
- Reaktionen auf polizeiliche Präsenz.

Es handelt sich also selbstverständlich nie um eine psychologische/psychiatrische Diagnose, die aufwendiger Interviews und Testverfahren bedarf, um die Gesamtpersönlichkeit zu beurteilen. Es handelt sich aber ebenso selbstverständlich auch nicht um Täterraten nach je subjektiv unterschiedlichen Meinungen und einschließlichen Theorien.

Tätereinschätzung liegt nun allerdings nicht irgendwo zwischen Diagnose und Raten, sondern will nach wissenschaftlich fundierten Kriterien Verhaltenswahrscheinlichkeiten eines bestimmten Täters in einer bestimmten Situation formulieren. Sie will weder prognostizieren, wie der Täter sich in anderen Lebenssituationen verhält, noch ergründen, wie seine Persönlichkeit insgesamt und grundsätzlich strukturiert ist.

Tätereinschätzung stellt in einer konkreten Situation aufgrund von beobachtbarem Verhalten Persönlichkeitstendenzen fest. Ob also diese Tendenzen ausschließlich in dieser Situation zum Tragen kommen oder grundsätzlicher Natur sind, bleibt außer Betracht. In Betracht bleibt dagegen stets, dass sich in einer sich verändernden Situation mit ihren unterschiedlichen Phasen andere Tendenzen in den Vordergrund schieben können. Vorrangig in einer Situation ist die jeweils aktuell richtige Einschätzung, um die nächsten Interventionen optimal zu setzen. Wird die aktuelle Persönlichkeitstendenz richtig erkannt, lässt sich daraus mit hinreichender Wahrscheinlichkeit die Verhaltenstendenz ableiten. Der Begriff der *Tendenz* meint hier also nicht Vagheit und Ungewissheit. Er ist notwendig zur Abgrenzung gegenüber dem Begriff der Diagnose, da die psychologische Tätereinschätzung sich vieler psychologisch-psychiatrischer Begriffe bedient, die sonst in engem Zusammenhang mit einer Diagnose verwendet werden. Wie der Zweck der Tätereinschätzung begrenzt ist, so werden auch die Inhalte der Begriffe pragmatisch auf den Zweck begrenzt. Sie als Leser sollen also nicht zu Hobbypsychiatern ausgebildet werden, sondern ein psychologisches Instrumentarium zweckmäßig anwenden können.

5.1 Die Faszination des Abscheulichen

Durch unsere Berufe werden wir seit vielen Jahren immer wieder mit Menschen konfrontiert, die grausame Verbrechen begehen. Mord und Totschlag, Geiselnahme, Entführung, häusliche Gewalt, Kindesmissbrauch, Vergewaltigung, Gruppenvergewaltigung und vieles mehr. Ein normaler und gesunder Menschenverstand reicht nicht aus, um sich vorzustellen, wie brutal und abartig manche Täter ihre Taten begehen.

Opfer bei Naturkatastrophen können die gleichen Verluste erleben wie Gewaltopfer. Aber Menschen, die eine Naturkatastrophe überlebt haben, entwickeln nur in 2 % aller Fälle posttraumatische Belastungsstörungen. Der Grund liegt darin, dass die Ursache des Ereignisses der Natur zugeschrieben wird. Es fehlt die Sinnlosigkeit der Tat, die so viele Gewaltereignisse zu einem wirklichen Trauma machen.

„Seit es Menschen gibt, gibt es auch das Böse zwischen ihnen (und das Gute) und das Bemühen, dieses Böse in den Griff zu bekommen oder wenigstens einzugrenzen. Sicher nicht ohne Grund steht die Erzählung von Kain und Abel, dem ersten von unzähligen Brudermorden in der Geschichte des Menschen, ziemlich am Anfang der Bibel. Kain erschlägt seinen jüngeren Bruder Abel, weil er sich von Jahwe nicht hinreichend anerkannt und geliebt fühlt und eifersüchtig auf seinen von Gott-Vater bevorzugten Bruder ist. Er tötet also wegen einer narzisstischen Kränkung" (Riess 2019, S. 83).

Und immer wieder wird die Frage gestellt, warum manche Menschen solche grausamen Verbrechen begehen? Eine Frage, die Menschen seit Anbeginn der Menschheit beschäftigt. Viele Verbrechen in Deutschland erregen durch die mediale Berichterstattung sehr viel Aufsehen. Es sind immer wieder Verbrechen, die absolutes Unverständnis, Angst und Entsetzen auslösen. „Von Beginn an besteht im Menschen aber auch die Tendenz, sich dadurch vom Bösen zu befreien, dass man es anderen in die Schuhe schiebt. Auch davon erzählt die Bibel. Von Jahwe angesprochen, weist Adam alle seine Schuld auf Eva: ‚Die hat mir die Paradiesfrucht gegeben'. Eva wiederum verschiebt alle ihre Schuld auf die Schlange: ‚Die hat mich verführt'" (Riess 2019, S. 83). „Das ‚Böse' in Form von Gewalt oder destruktiver Aggression lässt sich definieren als ein Verhalten, das beeinträchtigt, schädigt, verletzt und/oder zerstört" (Riess 2019, S. 84). Gewalt mit Gegengewalt zu beantworten, hat sich im Laufe der menschlichen Geschichte immer wieder als Irrweg erwiesen. *„Das ist eben der Fluch der bösen Tat, dass sie fortzeugend immer Böses muss gebären"* (Friedrich Schiller, Piccolomini).

Schon früh haben wir uns in unseren Berufen für die Psychologie des Täterverhaltens interessiert. Einerseits aus polizeilicher Sicht, andererseits aus der Sicht der Opfer. Viele Opfer, die eine Gewalttat überlebt haben, und auch deren Angehörige lassen uns oft sehr nah an ihrem Leben und ihrem Schicksal in der Aufarbeitung teilnehmen. Diese unbegreiflichen und abscheulichen Verbrechen werfen viele Fragen auf, mit denen wir uns auch in dieser Anleitung beschäftigen. Fragen wie: Werden manche Menschen böse geboren oder werden sie böse gemacht? Entscheiden sich manche Menschen, böse zu sein, und bleiben sie es dann ein Leben lang? Auf diese und ähnliche Fragen hat die Wissenschaft inzwischen Antworten gefunden. Beide Fragen kann man mit einem klaren Nein beantworten. Aber es gibt Eigenschaften, die manche Menschen stärker entwickeln als andere, wegen derer es ihnen leichter fällt, grausam zu handeln (Benecke 2013, S. 11). In unserer Anleitung wollen wir Sie mit den Eigenschaften und Merkmalen solcher Menschen näher vertraut machen. Dabei werden sie vier verschiedene Persönlichkeitstypen kennenlernen und feststellen, dass sehr viele Menschen einen Teil dieser zerstörerischen Charaktermerkmale in sich tragen. Welche Merkmale in der Persönlichkeit eines Menschen dafür verantwortlich sind, grausam zu handeln oder grauenvolle Verbrechen zu begehen, kann man aus wissenschaftlicher Sicht nicht sicher beantworten. Was man aber sagen kann, ist, dass das Verhalten eines bösen Menschen immer durch seine Persönlichkeit und die Situation, in der er sich befindet, bestimmt wird. Man kann mit Sicherheit davon ausgehen, dass es einem Menschen umso leichter fällt, böse und grausam zu handeln, je mehr Bausteine des Bösen er in sich trägt. Eine Weltformel für *DAS BÖSE* gibt es allerdings nicht. „Sie werden überrascht sein, dass einige Menschen, die ungewöhnlich viele potenziell ‚böse' Eigenschaften in sich vereinen, nicht Straftaten begehen. Einige Menschen nutzen sie sogar, um damit etwas Nützliches zu tun" (Benecke 2013, S. 12). Manche von ihnen können außerordentlich erfolgreiche Führungskräfte oder Topmanager sein, weil sie oft eiskalte Entscheidungen treffen, zu denen sie ohne diese *„Täteranteile"* nicht in der Lage wären. In vielen Unternehmen gibt es Psychopathen, Sadisten und Narzissten. Diese als dissoziale Persönlichkeiten zu bezeichnenden Personen können auf der einen Seite unglaublich sympathisch und charmant sein, auf der anderen Seite aber sind sie vollkommen unerschrocken, eiskalt, skrupellos, berechnend und durchtrieben. Aber sie sind nicht gewalttätig und haben in aller Regel niemanden umgebracht. Es scheint so, als könne sie nichts und niemand aus der Ruhe bringen und offensichtlich ticken sie ganz anders als die meisten Menschen. Der britische Psychologe und Autor Kevin Dutton ist Professor der Oxford Universität mit dem Forschungsschwerpunkt Psychopathie. Er hat einmal die Frage gestellt, was man von Heiligen, Anwälten und Serienmördern lernen kann. Seine Antwort: Kaltblütigkeit, Durchsetzungsstärke, Konzentrationsfähigkeit, Furchtlosigkeit, rasche Auffassungsgabe, Energie, Charisma und Offenheit für Erfahrung (Dutton 2014). Offenheit für Erfahrung ist übrigens ein Merkmal, mit dem wir alle geboren werden. Ahnen Sie etwas?

Ein Beispiel einer dissozialen Persönlichkeit und eines Psychopathen, wie er im Lehrbuch steht, spiegelt sich wider in der Kunstfigur des *Hannibal Lecter* in dem Film „Schweigen der Lämmer". Gespielt wird diese fiktive Figur von Anthony Hopkins. Hannibal Lecter ist ein hochintelligenter Serienmörder. Ohne dass sich sein Ruhepuls verändert, beißt der Kannibale einer Krankenschwester die Zunge ab und begeht seine übrigen Taten äußerst skrupellos, gefühllos, hemmungslos und mit fast unmenschlicher Seelenruhe. Sein Spitzname: *Hannibal the Cannibal.* Er ist ein regelrechtes Psychomonster. Ein Psychopath, wie man ihn sich nicht schlimmer vorstellen kann. Psychopathen sind Soziopathen und dissoziale Persönlichkeiten, weil es bisher keinen schlimmeren Begriff gibt, wie man einen solchen Täter nennen könnte. Forschungen an der Florida State University verglichen die Reaktionen von

Psychopathen und ganz normalen Persönlichkeiten, die frei von jedweder Persönlichkeitsstörung waren. Die Testpersonen mussten eine Reihe von brutalen, ekelerregenden und auch erotischen Bildern betrachten. Dabei zeigte sich, dass Psychopathen bei allen physiologischen Messungen wie Blutdruck, Schweißproduktion, Herzfrequenz und Blinzelrate eine bedeutend geringere Erregung zeigten als die normalen Mitglieder der Bevölkerung. Oder im Fachjargon ausgedrückt: Sie hatten eine abgeschwächte *emotionale Schreckreaktion.* Psychopathen müssen nicht meditieren wie buddhistische Mönche, um ihre innere Ruhe zu gewinnen – sie besitzen diese Fähigkeit wohl von Natur aus (Dutton 2014, S. 267). Aus therapeutischer Sicht könnten wir noch hinzufügen, dass Psychopathen nicht schwingungsfähig sind. Sie sind nicht empathisch, kennen kein Mitgefühl und auch keine Anteilnahme. Extrem ausgedrückt könnte man sagen: Sie haben keine Gefühle, aber sie können Gefühle denken. Das macht sie am Ende so eiskalt bei ihren grausamen Handlungen. Stellen Sie sich einmal vor, was das Schlimmste ist, dass ihnen ein anderer Mensch antun könnte? Da, wo jetzt die meisten Menschen mit Abwehr, Gänsehaut und Entsetzen reagieren, beginnen Psychopathen erst so langsam Drehzahl aufzunehmen und am Ende dann genau dieses Grauenvolle in aller Seelenruhe zu tun. Weil Psychopathen keine eigenen Gefühle haben, aber Gefühle denken können, können sie Schwachpunkte bei anderen Menschen genau erkennen. *Psychopathen denken im Kopf der anderen.* Psychopathen können kleinste, kaum wahrnehmbare Hinweise quasi „lesen". Bevor uns eigene Emotionen bewusst werden, haben Psychopathen schon längst begonnen, uns zu kontrollieren und wie Marionetten zu manipulieren und auf unseren Gefühlen zu spielen wie auf einer Klaviatur.

„Bitte, lieber Gott, wenn ich noch lebe, lass mich bald sterben. Und falls ich tot sein sollte, befreie mich schnell von den Qualen der Hölle" (Douglas und Olshaker 1998, S. 14).

Die Auseinandersetzung mit dem Bösen soll Ihnen keine Angst machen oder Sie verunsichern. Im Gegenteil. Je mehr Sie über die Merkmale des Bösen wissen, desto eher wird es Ihnen gelingen, Ihre persönliche *Schreckreaktion* zu unterdrücken. Umgangssprachlich ist das oft nichts anderes als die berühmte *Schrecksekunde*. Aber genau die kann manchmal darüber entscheiden, ob wir Opfer oder Gegner sind. Es kann sogar passieren, dass uns in der Schrecksekunde das Herz buchstäblich stehen bleibt und nicht nur in die Hose rutscht. Je bewusster Sie ihre Schreckreaktion unterdrücken oder kontrollieren können, desto leichter wird es Ihnen fallen, hellwach und bedacht, ganz bewusst auf böse Verhaltensweisen zu reagieren. Sie schlagen böse Menschen im Grunde genommen auf diese Weise mit ihren eigenen Waffen. Je unerschrockener Sie bleiben, wenn Ihnen böse Menschen gegenüberstehen, desto abschreckender wirken Sie auf diese. Unerschrockenheit kann möglicherweise ein gutes Schutzschild sein, um sich gegen das Böse zu wappnen. „Die Quintessenz ist, so seltsam das auch scheinen mag, also die: Sadistische Serienmörder fühlen den Schmerz ihrer Opfer auf dieselbe Weise, wie Sie oder ich ihn fühlen würden. Sie spüren ihn kognitiv und objektiv. Und sie spüren ihn auch emotional und subjektiv. Der Unterschied zwischen ihnen und uns besteht jedoch darin, dass für sie dieser Schmerz zum eigenen, subjektiven *Vergnügen* wird. Je mehr Empathie sie empfinden, desto größer wird ihr Vergnügen, könnte man wohl sagen. Was ziemlich krank ist, wenn man darüber nachdenkt" (Dutton 2014, S. 262).

5 Fratzen der Gewalt

Die Liste der abartigsten Täter in Deutschland und der Welt ist lang (Schneider 2004):

- Armin Meiwes, der Kannibale von Rotenburg,
- Karl Denke, Papa Denke, der Kannibale von Münsterberg,
- Fritz Haarmann, der Schlächter und Vampir von Hannover,
- Peter Kürten, der Vampir von Düsseldorf,
- Adolf Seefeld, der Sandmann und Onkel Tick-Tack,
- Rudolf Pleil, der Totmacher,
- Jürgen Bartsch, der Kindesmörder (Moor 1991),
- Carl Großmann, die Bestie vom Schlesischen Hof,
- Joachim Kroll, der Menschenfresser von Duisburg,
- Paul Ogorzow, der S-Bahn-Mörder,
- Friedrich Schumann, Massenmörder vom Falkenhagener See,
- Fritz Honka, der Frauenmörder,
- Werner Pinzer, der St. Pauli Killer,
- Niels Högel, der Todesengel,
- Volker Eckert, der Fernfahrer und Prostituiertenmörder,
- Stephan Letter, der Todesengel von Sonthofen,
- Frank Gust, der Rhein-Ruhr-Ripper,
- Ehepaar Ruda, die Satansmörder von Witten,
- Dieter Degowski, der Geiselnehmer von Gladbeck,
- Wolfgang Priklopil, der stille Nachbar,
- Josef Fritzl, das Haus der 13 Kinder,
- Robert Steinhäuser, Amoklauf von Erfurt,
- Christa Lehmann, die Giftmörderin von Worms,
- Irene Becker, Schwester Tod, der Todesengel der Charité,
- Marianne Nölle, der Todesengel von Köln,
- Anders Breivik, das Massaker von Norwegen,
- Robert Pickton, der Schweinezüchter,
- Marc Dutroux, die Sexbestie,

- Ted Bundy, Campus Killer und Natural Born Killer,
- Charles Manson, das düstere Symbol des absolut Bösen.

Wir möchten Ihnen noch ein besonderes Beispiel vorstellen, bei dem die *Faszination des Abscheulichen* in einer nach außen eher verstörenden Art und Weise deutlich wird. Es geht um die *„Hybristophilie"* (Lüdke 2012, S. 13). Es geht dabei um das Phänomen: *Wenn Frauen Verbrecher lieben* (Pfister 2013). Serienmörder und Schwerverbrecher bekommen teils tausende Liebesbriefe – Was macht sie so anziehend? Es ist *„die Erotik des Bösen"*. Anders Behring Breivik hat 77 Menschen getötet. Die meisten davon waren Kinder und Jugendliche. Auch über die Miene von Breivik huscht zuweilen ein kurzes Lächeln. Die zahlreichen Briefe, die der norwegische Massenmörder erhält, sind großteils Liebeserklärungen. Abgesehen von einzelnen Hassbriefen häuften sich Hunderte von Liebesgeständnissen, darunter auch Heiratsanträge. Wie kann nur so jemand eine Anziehungskraft auf andere ausüben? Mehrheitlich unreflektiert handelnde junge Menschen, die viel Zeit in Internetforen verbringen, stecken hinter den Schreiben. Breiviks mediale Präsenz förderte dessen Faszination.

Breivik ist kein Einzelfall. In den fünffachen Mörder Dieter Zurwehme verliebten sich gleich 15 Frauen, eine 44-jährige Kellnerin heiratete ihn schließlich. 1997 trat der *„Heidemörder"* Thomas Holst, der drei Frauen vergewaltigt, gequält und zerstückelt hatte, vor das Standesamt. Die Frau, die er ehelichte, war seine ehemalige Therapeutin Tamar Segal, die ihm 1995 sogar zur Flucht verholfen hatte und sich dafür vor Gericht verantworten musste. Besonders prominent ist der Fall des US-amerikanischen Serienkillers Ted Bundy, der zwischen 1974 und 1978 mindestens 28 junge Frauen ermordet hat. Von seinem charismatischen Auftreten ließen sich selbst die Medien täuschen. Dabei war er ein brandgefährlicher Psychopath, der seine Opfer bewusstlos schlug, vergewaltigte, erdrosselte, schließlich zerstückelte und am nächsten Tag an den Tatort zurückkehrte, um in den Mund des vom Rumpf getrennten Haupts der Leichen zu ejakulieren. Noch im Todestrakt erhielt Bundy täglich bis zu 200 Liebesbriefe.

Warum lieben Frauen Verbrecher? Es gibt ein „Bündel an Ursachen". Da gibt es den narzisstischen Glauben an das eigene Heilspotenzial: *Meine Liebe wird ihn heilen!* Diese Selbstzuschreibung erfordert ein gehöriges Maß an Narzissmus. Dann besitzen solche Verbrecher auch ein Faszinosum: Sie eröffnen durch ihr Handeln einen Erfahrungsbereich, der uns im persönlichen Umfeld – hoffentlich – verborgen bleibt. Und da kann man nun hineinschnuppern.

Von Verbrechen geht auch deshalb eine Faszinationskraft aus, weil sie etwas Unbekanntes, Leerstellen für die Fantasie sind, die nun ausgeschmückt und zu Zerrbildern werden. Darüber hinaus flüchten Frauen mit solchen Lebensgemeinschaften auch vor regulären Beziehungen. Die meisten betroffenen Frauen hatten einen strengen, gewalttätigen Vater und eine ohnmächtige Mutter, manche von ihnen haben Missbrauchserfahrungen erlebt (Lüdke 2012, S. 13). Nun haben sie einen Liebhaber hinter Gittern, den sie kontrollieren können, und fühlen sich gleichzeitig als sein Retter.

Die Autoren stellen sich berechtigterweise in diesem Zusammenhang auch die Frage, ob das Phänomen der Hybristophilie nicht auch in vielen Fällen der häuslichen Gewalt als ein Grund angesehen werden kann, warum Frauen es nicht schaffen, sich von gewalttätigen Partnern abzulösen. Auch können bei der häuslichen Gewalt Parallelen zum sog. *Stockholm-Syndrom* gezogen werden (Lüdke, Kerstin. Böse Liebe. Vortrag August 2008).

Hybristophilie ist schon ein paradoxer Vorgang. Indem sich Frauen eingesperrten und sozial ausgegrenzten

Gefangenen zuwenden, erfüllen sie gleichzeitig die herkömmliche Rolle der Frau als helfende und rettende Mutter. Mehr noch: Sie folgen einem christlichen Auftrag, lautet doch eines der sieben Werke der Barmherzigkeit, Gefangene besuchen. Es sind nicht zuletzt die Frauen, die diesem Auftrag nachkommen (Pfister 2013, S. 55). Einige von ihnen sind geprägt von dem sog. Helfersyndrom. Viele aber leiden an dem sog. AMIGA-Syndrom. Das ist eine psychische Störung. AMIGA ist eine Abkürzung und steht für: **A**ber **m**einer **i**st **g**anz **a**nders (Lüdke 2013/2, S. 21). Ein typisches Verhalten von Menschen, die sich in jemanden aus einer Bevölkerungsgruppe verlieben, dem nicht der beste Ruf vorauseilt. Eine Frau, die einen Mörder liebt, denkt, sie sei die einzige, die ihn retten könne, nur bei ihr zeige er sein wahres, nettes, liebes, zärtliches Ich. So versucht sie, ihr eigenes Selbstwertgefühl zu stärken und: Eine Beziehung zu einem Häftling ist kontrollierbar, die Frauen sind sicher vor Schlägen oder evtl. Seitensprüngen. Ob das in einem Zusammenleben auch so wäre, wird ausgeblendet. Interessant: Die Frauen kommen aus allen gesellschaftlichen Schichten, sind sehr oft intelligent und gebildet. Es ist ein Flirt am Abgrund. Es ist die Faszination des Abscheulichen. Chancen haben solche Beziehungen mit Schwerverbrechern keine. Ein Gefängnis ist keine Therapieeinrichtung, viele Gewaltverbrecher fallen deshalb nach ihrer Entlassung in alte Verhaltensmuster zurück. Ein Happy End gibt es nicht. Das Gefängnis ist keine gute Partnerbörse. Tinder auch nicht.

Auch das Fernsehen macht nicht Halt vor den Psychopathen (Ustorf 2019, S. 30 ff.). *House of Cards, Mad Men, Breaking Bad, The Sopranos* – viele Menschen ziehen solche Serien heute Spielfilmen vor. Dabei zeichnen sich diese Produktionen oft durch hochambivalente Charaktere aus. Warum identifizieren sich die Zuschauer so gerne mit diesen Figuren, deren Verhalten wir unter normalen

5 Fratzen der Gewalt

Umständen – wären sie etwa unsere Nachbarn – höchst abstoßend finden würden?

„Diese Charaktere geben uns die Möglichkeit, in der Fantasie Verhaltensweisen durchzuspielen, die wir zwar selbst nicht für angemessen, aber dennoch für erstrebenswert halten. Wenn man sich die Figuren der neuen Serien anschaut, fällt auf, dass sie fast alle der Diagnose des Soziopathen entsprechen. Soziopathen sind Menschen, die zu Impulsivität, der Missachtung sozialer Normen und zu gewalttätigem Verhalten neigen. Zwar sind sie im Gegensatz zu den Psychopathen grundsätzlich zu Empathie fähig, verhalten sich aber dennoch oft aggressiv und antisozial. Uns fasziniert aber nicht ausschließlich die Gewalt, die sie ausüben, sondern vielmehr die Art und Weise, wie sie sich durchsetzen. Die Seriencharaktere sind ‚Fantasiesoziopaten', die nicht viel auf soziale Normen geben und sich durch unmoralisches Verhalten auszeichnen. Zugleich sind sie aber meisterhafte Manipulatoren und können aufgrund dieser Fähigkeiten ihre Umwelt ganz nach ihrem Geschmack prägen. In einer Gesellschaft, die zusammenbricht, wiederholt sich doch immer wieder dieselbe Situation; dass nämlich derjenige, der sich schamlos in der Schlange nach vorne drängelt, erfolgreich ist; dass diejenigen Menschen, die die Weltwirtschaft zerstören, anschließend mit hunderten Millionen Dollar an Boni davonkommen. Und wir denken: Wenn mir die anderen Menschen auch einfach egal sein könnten, dann wäre ich genauso reich und mächtig. Die einzige Erfolgsstrategie bleibt, ein Soziopath zu werden" (Ustorf 2019, S. 32).

Frechheit siegt, sagt man umgangssprachlich. „Die Serienmörder genießen gerade in Amerika eine seltsam anmutende Art von ‚Popularität'. Die Killer genießen in den Medien und der Öffentlichkeit größte Aufmerksamkeit. Sexuelle Sadisten und Serienmörder scheinen genau diese Aufmerksamkeit und eine Art von zweifelhaftem Ruhm anzustreben und zu genießen" (Föhl 2001, S. 4).

Psychopathen sieht man nicht an, zu welchen unmenschlichen Taten oder Handlungen sie fähig sind. Diese Menschen sehen völlig normal aus wie viele andere Menschen, nett und hilfsbereit, freundlich. Oft sind sie wie ein Chamäleon, das sich vollkommen unauffällig an seine Umgebung anpasst. Das sind solche Menschen, von denen später gesagt wird: Das hätte ich niemals von ihm gedacht oder, der war immer so nett (Benecke 2013, S. 13). In gewisser Weise sind sie beängstigend normal. Was man nicht sieht: Sie haben ein Herz aus Eis. Sie sind eiskalt, ohne Gefühle. Unsere Anleitung soll Ihnen Anregungen geben, die Welt und böse Menschen besser zu verstehen. Dabei sollten Sie sich nicht erschrecken, wenn Sie Anteile bei bösen Menschen erkennen, die Sie vielleicht sogar bei sich selbst entdecken können. Eins haben diese ganz bösen Menschen gemeinsam und es ist etwas, worüber wir uns in unseren vielen Berufsjahren immer wieder sehr ärgern: Es ist die Tatsache, dass in den Medien nach Gewalttaten immer mehr über die Täter berichtet wird als über die Opfer. Natürlich haben wir uns auch die Frage gestellt, warum das so ist. Wir haben zwei mögliche Antworten:

- Zum einen ist es die *Faszination des Abscheulichen,* die von diesen Psychopathen ausgeht, das bedeutet, dass das Böse auf viele Menschen in irgendeiner Form faszinierend wirkt, sie neugierig macht und man offensichtlich mehr darüber erfahren möchte. Vielleicht ist es gar nicht so weit hergeholt, wenn wir dieses Böse, Abscheuliche, auch mit schweren Verkehrsunfällen auf der Autobahn vergleichen oder wie mit Pornografie. Man schaut für einen kurzen Augenblick einmal hin, ist aber froh, selber nicht dabei zu sein. Demnach hätte das Abscheuliche möglicherweise sogar so etwas wie einen selbstreinigenden Effekt (Freud nannte das Katharsis).

Vor diesem Hintergrund kann man möglicherweise auch das Phänomen der Gaffer betrachten. Der Impuls bei schrecklichen Dingen einmal hinzusehen, scheint offensichtlich sogar in unserer DNA verankert zu sein, denn in der Savanne haben wir Menschen in Gruppen gelebt und in Verbänden und ohne die Gruppe konnten wir nicht überleben. Jede Form von Bedrohung alarmiert uns und unser menschliches Frühwarnsystem. Ein Beispiel kann vielleicht noch mit Großschanze-Ereignissen herangezogen werden. Immer wenn viele Menschen gleichzeitig sterben, schürt das unsere Ängste, denn wenn ein „Großteil unserer Herde" in einem Augenblick stirbt, fühlen wir uns bedroht, weil wir ohne unsere soziale Herde nicht überleben können.

- Zum anderen werden Täter in der Öffentlichkeit immer wieder als eine Art *„Sieger"* dargestellt. Die haben etwas Unvorstellbares getan, was weit außerhalb der normal gesunden, menschlichen Vorstellungskraft liegt, und daher wird mehr über sie berichtet. Lesern und Zuschauern fällt es möglicherweise leichter, sich mit dem Antihelden zu identifizieren als mit dem Opfer. Opfer gibt es so viele – und niemand möchte wirklich Opfer sein. Wenn man den Opfern in den Medien eine Stimme gibt, geht uns das sehr nahe, fordert uns heraus, aber genau das wollen wir oft nicht. Psychopathen haben sieben Siegermerkmale:

1. Skrupellosigkeit,
2. Scham,
3. Fokussierung,
4. mentale Härte,
5. Furchtlosigkeit,
6. Achtsamkeit,
7. Handeln.

Wenn auch wir diese Fähigkeiten sorgfältig, verantwortungsvoll und aufmerksam nutzen, können Sie uns helfen, genau das zu bekommen, was wir wollen. Sie können uns helfen, den Herausforderungen des modernen Lebens zu begegnen, statt auf sie zu reagieren und vom Opfer zum Sieger werden lassen, ohne uns in einen Schurken zu verwandeln (Dutton 2014, S. 230). Das Geheimnis ist der Kontext! Dutton wollte wissen, in welchen Berufen psychopathische Merkmale am stärksten (+) oder am wenigsten (-) ausgeprägt sind. Seine Ergebnisse sind interessant (Dutton 2014, S. 202):

(+)	(-)
CEO	Pfleger
Anwalt	Krankenschwester
Medien	Therapeut
Verkäufer	Handwerker
Chirurg	Kosmetikerin
Journalist	Mitarbeiter Wohltätigkeitsorganisation
Polizist	Lehrer
Geistlicher	Kulturschaffender
Koch	Arzt
Beamter	Buchhalter

Böse Menschen suchen Opfer und keine Gegner! Bitte verstehen Sie das jetzt nicht als Aufforderung, selbst böse zu werden oder selbst ein Psychopath zu sein. Unsere Anleitung soll Sie dazu befähigen, wenn erforderlich, in diese Rolle zu schlüpfen, wenn eine Situation es verlangt, um danach diese Rolle wieder abzulegen.

> Das Leben sollte keine Reise zum Grab sein mit der Absicht, sicher und in einem hübschen und wohl erhaltenen Körper dort anzukommen; vielmehr sollte man in eine Rauchwolke gehüllt und völlig verbraucht und abgekämpft dort hineinschlittern und laut ausrufen: ‚Wow! Was für eine Fahrt'!
> (Hunter S. Thompson)

5 Fratzen der Gewalt 159

Die nächste Fahrt geht rückwärts: Vorhang auf für *das Böse!*

Eine Straßenbahn donnert unkontrolliert über ein Gleis und droht, fünf Menschen zu überrollen, die sich dort befinden und nicht entkommen können. Glücklicherweise stehen Sie hinter einem sehr großen, fetten Fremden auf einer Fußgängerbrücke über den Gleisen. Die einzige Möglichkeit, die fünf Menschen zu retten, ist die, den Fremden von der Brücke zu stoßen. Er wird in den sicheren Tod fallen, doch mit seinem massigen Körper die Straßenbahn aufhalten und fünf Leben retten. Würden Sie ihn stoßen? (Dutton 2014, S. 34.)

Wenn jetzt Ihr Magen reagiert hat, Sie Herzklopfen bekommen haben oder schwitzige Hände, dann können Sie ganz beruhigt sein. Sie reagieren vollkommen normal auf ein verrücktes Gedankenexperiment. Ein Psychopath hätte mit gleichbleibendem Ruhepuls den fremden Menschen ohne zu zögern von der Brücke gestoßen. Aus reinem Vergnügen.

Wodurch unterscheiden sich normale und bösartige Verhaltensweisen?

Dieser Frage wollen wir jetzt nachgehen. Die Pointe wollen wir kurz spoilern und es bereitet uns sogar ein kleines Vergnügen, Sie zu enttäuschen, wenn wir die Antwort verraten: Der Unterschied zwischen normalen und bösartigen Verhaltensweisen ist der Unterschied zwischen *warmer* und *kalter Empathie*. Es ist der Unterschied zwischen *Mitgefühl* und *Grausamkeit*. Erinnern Sie sich noch? Psychopathen haben ein *Herz aus Eis*. Von dort kommt nur kalte Empathie, Grausamkeit.

Vorsicht an dieser Stelle für alle, die in helfenden Berufen tätig sind: Warme Empathie kann schnell dazu führen, in eine Opferrolle gepresst zu werden, wenn man lange genug auf einem Mitleidsniveau gehalten wird. Empathie hilft nur dem, der sie empfindet, und nicht unbedingt demjenigen, mit dem man Empathie hat. Wenn wir uns gegen das Böse wehren und richtig reagieren wollen, dann dürfen wir uns nicht von unserem Mitleid oder Mitgefühl leiten lassen. Besser ist es, *cool* zu bleiben! Das Böse kennt keine Empathie. Psychopathen leben in einer Welt ohne Empathie. Charmant und eloquent. Und skrupellos. Alle Täter sind dumm. Aber sie sind nicht irre. Eigentlich wäre jetzt der richtige Zeitpunkt, um unser Credo ein wenig zu korrigieren. *Alle Täter sind dumm*, müsste besser heißen: Alle Täter sind *empathiedumm!* Klingt doch schon viel besser!, oder?! Psychopathen würden es genau andersherum formulieren: *Ich bin verrückt, aber nicht dumm.* Es ist ihre *Überzeugung der eigenen Grandiosität*.

Aber wenn es nicht Empathie ist, die das Verhalten eines Täters bestimmt, wodurch wird es dann bestimmt? Also schauen wir dem Bösen direkt in die Augen. Mit der Empathie einer Lawine. Beim Blick in die Abgründe der menschlichen Seele bleibt Ihr Ruhepuls bei 48!

> *Bankräuber* oder *Bankdirektor,* das ist jetzt die Frage!

5.2 Verhaltensbestimmte Faktoren

> Dass es mir egal ist, heißt noch lange nicht, dass ich es nicht verstehe. (Homer Simpson)

Hatten Sie schon einmal Angst, weil es im Flugzeug Turbulenzen gab? Oder waren Sie vielleicht mal beunruhigt, weil ein Zug plötzlich in einem Tunnel anhielt? Oder haben Sie vielleicht einfach manchmal dieses undefinierbare Gefühl, dass *irgendetwas nicht stimmt?* Dann haben Sie möglicherweise nicht nur auf die Signale von außen geachtet, sondern v. a. auch auf die Ängste der Menschen um Sie herum reagiert. Angst können wir uns offensichtlich genauso leicht einfangen wie eine Erkältung. Emotionaler Stress ist ansteckend. Nur Täter scheinen dagegen immun zu sein. Täter pfeifen darauf, was andere Menschen über sie denken. Es ist ihnen total egal und vollkommen gleichgültig, wie die Gesellschaft als Ganzes ihr Handeln betrachten könnte (Dutton 2014, S. 45).

Jeder Täter verhält sich in einer gegebenen Situation in gewisser Hinsicht:

- wie jeder andere,
- wie manch anderer,
- wie kein anderer.

Der gleiche Täter verhält sich in unterschiedlichen Situationen in gewisser Hinsicht:

- wie in jeder anderen,
- wie in manch anderen,
- wie in keiner anderen.

Was sich in einer scheinbaren Beliebigkeit auf den ersten Blick als Kapitulation vor der Komplexität der Täterpersönlichkeit darstellt, formuliert in Wirklichkeit die Aufgabenstellung recht präzise:

Welche Sichtweise muss jeweils eingenommen werden, um die verschiedenen Verhaltensaspekte zu analysieren?

Denn Täterverhalten wird bestimmt durch:

- die konkrete Situation, d. h. die Situation, in der er sich befindet, **und**
- seine Persönlichkeit.

Bei der Analyse von Täterverhalten müssen beide Faktoren berücksichtigt werden. Dabei kommen je unterschiedliche Methoden in Anwendung, damit folgendes Problem gelöst werden kann: Welcher Verhaltensaspekt ist situationsbedingt und welcher persönlichkeitsbedingt?

Situationsbedingtes Verhalten lässt sich sinnlogisch erklären und voraussagen.

Persönlichkeitsbedingtes Verhalten lässt sich psychologisch erklären und voraussagen.

5.3 Situationsbedingtes Verhalten

> Die großen Epochen unseres Lebens liegen dort, wo wir den Muth gewinnen, unser Böses als unser Bestes umzutaufen. (Friedrich Nietzsche)

Bei der Annahme, dass es Verhalten gäbe, welches nur durch die Situation geprägt sei und in keiner Hinsicht auch durch die individuelle Persönlichkeit, handelt es sich natürlich um ein ideales Konstrukt. Ein solch kognitiv-situatives Prozessmodell bietet aber den Vorteil, durch den Vergleich mit dem realen Verhalten Eigenheiten des Täters zu bestimmen. Im Sinne einer gegenseitigen Vorherbestimmung beeinflusst der Täter die Situation, wie gleichzeitig diese ihn beeinflusst. Verhalten wird hier also als Prozess zwischen Täter und Situation verstanden.

Der Täter ist dabei idealtypisch angenommen grundsätzlich fähig:

- die Umwelt und seine eigenen Fähigkeiten zu beurteilen,
- Situationen und Verhaltensweisen auszuwählen,
- die Fremdreaktion auf sein Verhalten zu nutzen.

Mit diesen Fähigkeiten kann der Täter die Effektivität der eigenen Handlungen gewährleisten. Das heißt, er bestimmt die Art seiner Handlungen, den notwendigen Energieeinsatz, den Grad der Ausdauer, den Inhalt seiner Gedanken und plant seine eigenen emotionalen Reaktionen ein. Dabei helfen ihm seine Selbstwahrnehmung, Selbstkontrolle und Selbstbeurteilung. Sein Verhalten ist also immer zielgerichtet, weil die *Selbstbeurteilung der Effektivität der eigenen Handlungen* reibungslos funktioniert.

Im Rahmen der Tätereinschätzung sollten insbesondere folgende Fragen beantwortet werden:

Wie ausgeprägt sind:

- Intelligenz und Kreativität,
- verbale und soziale Kompetenz,
- Organisationsgrad,
- Planungsniveau,
- Frustrationstoleranz,
- Gewaltbereitschaft,
- taktisches Verhalten,
- Selbstkontrolle und Selbstreflexion?

5.4 Persönlichkeitsbedingtes Verhalten

Jede Kindergärtnerin, die einer Mutter über das unterschiedliche Verhalten ihrer Kinder in der gleichen Situation berichtet, kennt spontane Antworten wie: „Das hätte ich Ihnen vorher sagen können, dass Kai-Uwe sich ganz anders verhält als sein Bruder. Das waren schon immer ganz verschiedene Typen." Unabhängig von Situationen verhalten sich Täter nach einem ihnen individuell eigenen Muster.

Für die praktische Tätereinschätzung stehen Fragen im Vordergrund:

- Wie denkt und fühlt der Täter?
- Wie erlebt er sich und die Umwelt?
- Wie reagiert er auf bestimmte Kommunikationsangebote?
- Wie reagiert er auf Handlungen?

Voraussetzung für die Beantwortung ist das systematische Aufdecken des jeweils zugrunde liegenden Musters des inneren Erlebens und Verhaltens. Denn der Mensch ist mehr als die Summe seiner Verhaltensweisen. Statt einfach einer Menge isolierter, unverbundener Reaktionen auf je wechselnde Situationen sind im menschlichen Verhalten integrative Strukturen vorhanden. Was der Laie vielleicht mit „Charakter" bezeichnet, nennt der Psychologe „Persönlichkeitstyp". Jeder Persönlichkeitstyp beinhaltet ein Bündel von Wesenszügen. Der Laie kennt diese Wesenszüge beispielsweise als Offenheit oder Verschlossenheit. Der Psychologe spricht etwa von Extra- und Introvertiertheit.

Jeder Wesenszug wiederum zeigt sich in bestimmten beobachtbaren Verhaltensmerkmalen:

- Persönlichkeit: Gesamtheit der Eigenschaften, die ein beständiges Verhaltensmuster ausmachen;
- Persönlichkeitstyp: Klassifizierung nach charakteristischen Eigenschaften;
- Persönlichkeitswesenszug: Disposition des Verhaltens;
- Verhaltensmerkmal: beobachtbare Verhaltensaspekte.

Da Tätereinschätzung auch psychisch kranke Täter erfassen muss, kommt als letzter Faktor noch hinzu:

- Persönlichkeitsstörungen: Vorhandensein von psychischen Krankheitssymptomen.

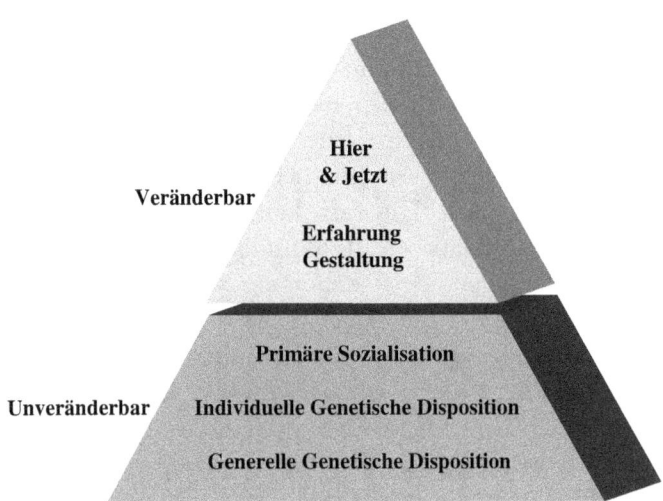

Abb. 5.1 eigene Abbildung

Pyramidal lassen sich im zeitlichen Ablauf die prägenden Einflüsse auf die Persönlichkeitsstruktur so darstellen (s. Abb. 5.1.).

Genetische Disposition

Die grundlegende Verhaltensbestimmung geschieht durch das jedem einzelnen Individuum mitgegebene Programm seiner Gene. Im Unterschied zu den Tieren ist der Mensch durch die Herausbildung des Bewusstseins diesem Programm zwar nicht willenlos ausgeliefert, in Stresssituationen allerdings kann es reflexartig das Verhalten steuern. Um das übergeordnete Ziel der maximalen Verbreitung der eigenen Gene und damit die optimale Befähigung zum Fortpflanzungserfolg zu erreichen, beinhaltet das Programm generell folgende Verhaltensregeln, den in Abschn. 2.4 , Sie erinnern sich, bereits ausführlich dargestellten Egoismus der Gene:

1. Sei nett zu Nahestehenden! Das Vorkommen von Beziehungstaten widerspricht der Regel nur scheinbar, denn es erklärt sich aus dem durch Kränkung verursachten Umschlagen von Nähe in Ferne, von Liebe in Hass.
2. Sei gemein zu Fernstehenden!
3. Betrüge, wo Du nur kannst! Da erfolgreiches soziales Zusammenleben als Grundlage optimalen Fortpflanzungserfolges bei unausgesetztem Betrug (die häufigste Form ist die Lüge) nicht funktionieren kann, wird bei Interaktionen, die auf eine gewisse Dauer angelegt sind, zuerst einmal positiv in Vorleistung getreten, um dann die Reaktion des anderen positiv oder negativ zu sanktionieren. Die Spieltheorie formuliert es so:
4. Wie Du mir, so ich Dir!
Diesen Egoismus der Gene gilt es bei der Tätereinschätzung immer im Blick zu haben, da seine Verhaltensregeln so basal sind, dass sie relativ unabhängig vom Persönlichkeitstyp und sogar von den meisten psychischen Störungen wirken können. Man muss also damit rechnen, dass der Täter in von ihm als chaotisch, unbeherrschbar empfundenen Phasen entsprechend reagiert. Andererseits kann man die Regeln planmäßig nutzen:

- Kommunikation als Beziehungsaufbau gestalten (sich dem Täter vertraut machen),
- Kommunikation zwischen Täter und Opfern fördern (sich vom Fernstehenden zum Nahestehenden machen),
- unwichtig erscheinende Forderungen erfüllen, um Vertrauen zu schaffen.

Neben der beschriebenen generellen genetischen Disposition gibt es natürlich eine ganz individuelle. Welche Teile der Persönlichkeit und welches Verhalten jeweils individuell genetisch oder individuell sozialisiert sind, muss unbeantwortet bleiben. Insgesamt scheinen neueste

Forschungsergebnisse zu belegen, dass je nach Wesenszug zwischen 40 % und knapp 60 % genetisch bedingt sind. Der alte Streit, ob denn nun Anlagen oder Umwelt den Menschen mehr präge, geht also wohl „fifty-fifty" aus.

Primäre Sozialisation
Im Unterschied zu den gegebenen genetischen Anlagen, egal ob generell oder individuell, sind alle folgenden Faktoren durch die jeweiligen Umwelteinflüsse variabel. Die primäre Sozialisation der ersten 5 Lebensjahre ist grundlegend prägend. Je mehr biografisches Material über den Täter bekannt ist, umso präziser können die folgenden Teile der Tätereinschätzung gefasst werden. Das gilt auch für die sich anschließenden 6 Jahre der sekundären Sozialisation über die Pubertät bis hin zur Adoleszenz. So können sich bei identifizierten vorbestraften Tätern entscheidende Hinweise auf bestimmte psychische Strukturen ergeben, die Aussagen über Gewaltbereitschaft ermöglichen. Nach welchem Muster hat der Täter bestimmte Lebenserfahrungen verarbeitet? Welche Lehren hat er daraus gezogen? Speziell interessant wäre natürlich der Verarbeitungsmodus von Krisen und Konflikten. Also auch die vom Täter früh gelernte, erprobte und dann stereotyp angewandte Art und Weise der Problembewältigung unter psychischem und physischem Stress.

Erfahrung und Gestaltung
Alle nachfolgenden Lebensabschnitte sind geprägt durch die Zweiheit von Erlittenem, nicht zu Beeinflussendem und Gestaltetem sowie aktiv Gehandeltem. Der individuelle Verarbeitungsmodus und die damit verbundenen Bewältigungsstrategien entscheiden hier über die Gewichtung. Im Unterschied zu einem flexiblen Verarbeitungsmodus lässt ein starrer, eindimensionaler Modus – bei dem je unterschiedliche Wirklichkeiten durch die gleiche Brille betrachtet

immer wieder in der gleichen Schublade landen – immer nur die gleichen Erfahrungen zu. Es wiederholt sich dann alles auf der Bühne des Lebens, nur die Mitspieler wechseln. Und jeder Szenenwechsel wird durch die gleiche Bewältigungsstrategie eingeleitet.

Hier und Jetzt
Darunter soll die konkrete Situation des Täters, erweitert um die – soweit bekannt – gegenwärtigen Lebensumstände, verstanden werden. Meist bleibt zur Aufdeckung des Verarbeitungsmodus und seiner Bewältigungsstrategien nichts anderes als ein weiterführender Ansatz. Da die genetische Disposition zusammen mit der primären Sozialisation den Verarbeitungsmodus ausbilden, der wiederum den Bereich von Erfahrung/Gestaltung und Hier/Jetzt prägt, kann im Rückschluss aus dem aktuellen, bisher gezeigten Verhalten auf das zugrunde liegende Muster geschlossen werden, um zutreffende Prognosen zu stellen. Hilfreich kann dabei eine geschickte Kommunikationsführung sein, die dem Täter entlockt, wie er für gewöhnlich Konflikte löst bzw. welche Alternativen ihm gedanklich überhaupt zur Verfügung stehen oder nahegebracht werden können.

Komplexität
Täterverhalten, wie menschliches Verhalten insgesamt, ist komplex. Geschuldet ist dies der Abhängigkeit von Situation u n d Persönlichkeit. Der Täter ist sich – wie jeder Mensch – der Faktoren, die sein Verhalten bestimmen, nicht durchgängig bewusst und hat sie nicht durchgängig unter Kontrolle.

Wie bei allen Menschen ist Täterverhalten nicht linear additiv ($1+1=2$) und nicht monokausal final (wenn A dann B). Ähnlich wie das Gehirn mit seinem neuronalen Netz (die „Hardware") dreidimensional organisiert ist, ist auch die Persönlichkeit (die „Software") mit ihrem Repertoire an Denken, Fühlen und Handeln dreidimensional vernetzt. Die verschiedenen Schichten der Persönlichkeit überlagern und durchdringen sich gleichzeitig, so dass häufig neue Qualitäten entstehen (1 + 1 ≥ 3).

Vielleicht hilft ein bildliches Szenario zum besseren Verständnis: So wie ein Eisberg uns nur einen kleinen Bruchteil seiner Existenz über der Wasserlinie zeigt, so offenbart uns auch der Täter in seinem Verhalten in einer spezifischen Situation nur einen kleinen Teil seiner Persönlichkeit. Um zu einer zügigen und praktikablen Tätereinschätzung zu kommen, bietet sich die Zuordnung zu bestimmten Persönlichkeitstypen an.

Vor diesem ersten „Typ-Eisberg" schwimmt aber nun ein zweiter, etwas kleinerer. Er repräsentiert mögliche psychische Störungen, die auch nur zu einem geringen Teil sichtbar sind. Sind sowohl „Typ-Eisberg" als auch „Störungs-Eisberg" durchsichtig, werden sowohl diffuse Überlagerungen als auch Durchdringungen erkennbar, die neue Formationen bilden. Der dahinter liegende, schwach durchschimmernde Horizont bildet eine weitere Ebene, welche die Formationen zusätzlich verändert. Er repräsentiert den soziologischen Hintergrund des Täters mit seiner Schichtzugehörigkeit, seinen regionalen, nationalen und anderen Besonderheiten. Die unter Wasser liegenden Eisbergteile sind die uns und teilweise auch dem Täter selbst verborgenen Anteile der Persönlichkeit. Dazu gehört an der breiten Basis auch die individuelle genetische Disposition. Setzt nun noch dichtes Schneetreiben ein (als Symbol für die vom Täter inszenierten Täuschungsmanöver) und steht zur Beobachtung nur ein beschlagenes einäugiges Fernrohr zur Verfügung (als Symbol der ja stets subjektiven Wahrnehmung und der objektiv beschränkten Beobachtungsmöglichkeiten), ist das Szenario komplett.

Deutlich ist daran vielleicht geworden, dass ein Auswendiglernen von Merkmalen empirischen Durchschnittverhaltens von Tätern keine individuelle Tätereinschätzung in einer konkreten Situation liefern kann. Der Schlüssel der Erkenntnis liegt im Menschen selbst. Er muss ein Gespür für die psychische Struktur seines Gegenübers entwickeln. So wie der Druck eines Gegenstandes auf der Haut Eindruck macht und gespürt wird, kann auch Kommunikation den Empfänger beeindrucken und damit gespürt werden. Je mehr der Mensch diesen Eindrücken auf die Spur kommt, d. h., in einen Zusammenhang einzuordnen weiß, desto eher wird er zu einer richtigen Tätereinschätzung als Basis erfolgreicher Kommunikation gelangen. Kommunikation kann dann integrierte Einheit von Information, Übermittlung und Verstehen werden und eine Verhaltensänderung des Täters bewirken. Voraussetzung dafür ist Wissen und Erfahrung. Wissen über psychologische und kriminalistische Zusammenhänge und Erfahrung in realen Situationen und mit dem eigenen Selbst. Besonders diese Selbsterfahrung macht einen Menschen zu einem geschulten Resonanzkörper der Tätereinschätzung. Denn je besser ein Mensch sich in der eigenen Psyche auskennt, desto bewusster ist seine Wahrnehmung, und desto besser kann er sich in die Täterpsyche hineindenken. Alle Persönlichkeitstypen und fast alle psychischen Störungen sind in jedem Individuum angelegt – und sei es nur in homöopathischen Dosen.

Literatur

Benecke, L. (2013). *Auf dünnem Eis. Die Psychologie des Bösen*. Köln: Bastei Lübbe.

Douglas, J., & Olshaker, M. (1998). *Die Seele des Mörders. 25 Jahre in der FBI-Spezialeinheit für Serienverbrechen.* München: Wilhelm Goldmann Verlag.
Dutton, K. (2014). *Psychopathen. Was man von Heiligen, Anwälten und Serienmördern lernen kann.* München: Deutscher Taschenbuch Verlag.
Föhl, M. (2001). *Täterprofilerstellung: ein methodenkritischer Vergleich aus rechtspsychologischer Perspektive.* Frankfurt: Verlag für Polizeiwissenschaft.
Lüdke, C. (11./12. August 2012). Die Erotik des Bösen. Hybristophilie. *Wiener Zeitung*, 13. Wien: Feuilleton.
Lüdke, C. (2013/2). *Ich liebe einen Mörder. Was macht das Böse so anziehend?* Reportage 02/13. S. 21. Jolie. Hamburg: OK! Verlag GmbH & Co. KG.
Moor, P. (1991). *Jürgen Bartsch: Opfer und Täter. Das Selbstbildnis eines Kindermörders in Briefen.* Reinbek bei Hamburg: Rowohlt.
Nietzsche, F. (2017). *Jenseits von Gut und Böse.* Hamburg: Nikol.
Pfister, E. (2013). *Wenn Frauen Verbrecher lieben.* Berlin: Christoph Links Verlag.
Riess, R. (Hrsg.). (2019). *Dem Entsetzen täglich in die Fratze sehen. Über die dunkle Seite des Menschen.* Darmstadt: wbg Theiss.
Schneider, M. (2004). *Tödliches Begehren. Kannibalen und Serienmörder. Fälle – Fakten – Hintergründe.* Norderstedt: Books on demand GmbH.
Ustorf, A.-E. (2019). *Soziopathen in Serie. Psychologie heute. Juni 2019.* Weinheim: Verlag Julius Beltz GmbH & Co.

6
Persönlichkeitstypen

Was mich nicht umbringt, macht mich stärker.
(Friedrich Nietzsche)

Zusammenfassung *Vom Irrtum derer, welche die Praxis üben ohne die Wissenschaft. Diejenigen, welche sich in die Praxis ohne die Wissenschaft verlieben, sind wie Schiffer, die ohne Steuerruder und ohne Kompass zu Schiffe gehen, sie sind sich nie sicher, wohin sie gehen. Die Praxis sollte stets auf guter Theorie aufgebaut sein (Leonardo da Vinci)!* Sehr viele, sehr gelehrte Menschen haben immer wieder versucht, die verschiedenen Menschen mit all ihren individuellen Macken und Mucken zu gruppieren, um so eine Ordnung in die Grundunordnung der verschiedenen Persönlichkeitstypen zu bringen. Die Zahl vier scheint dabei eine magische Zahl zu sein. Immer wieder sind es vier Grundtypen von Wesenszügen, die sich finden lassen. Ängste scheinen dabei eine zentrale Rolle zu spielen. Nachdem die Bewegungen des Erdgestirns auf bestimmte Grundformen menschlicher Persönlichkeit schließen lassen, bedingen diese aufgrund ihrer spezifischen Ängste auch eine bestimmte Persönlichkeitsstruktur. Eigentlich liegen die verschiedenen Persönlichkeitseinteilungen, die über die Jahre entstanden sind, allesamt nicht planetenweit auseinander. Und hinsichtlich der Bezeichnungen für die ganz normalen Persönlichkeitstypen, da sind sich alle einig, klingen diese ganz und gar nach gefährlichen Erkrankungen. Sind es aber nicht. Hier ist normal, was krank klingt, und je mehr verschiedene unheimliche Bezeichnungen Sie auf sich vereinigen, desto gesünder. Genau so sicher, wie nach dem Regen der Sonnenschein folgt, genau so sicher sind Ihnen schon jetzt alle Persönlichkeiten persönlich bekannt, Sie werden viele alte Freunde treffen.

Die Psychotherapie geht u. a. davon aus, dass unsere Ängste auch unseren Charakter prägen. Sie lehnt sich dabei u. a. an den Klassiker von Fritz Riemann an (Riemann 1991). Unser Charakter kann damit auch unser Schicksal beeinflussen. Nach Riemann gibt es vier Grundängste: die Angst vor Selbstentfaltung der depressiven Persönlichkeit, die Angst vor der Hingabe der schizoiden Persönlichkeit, die Angst vor der Veränderung der zwanghaften Persönlichkeit sowie die Angst vor dem Notwendigen der histrionischen Persönlichkeit. Die Grundängste der Persönlichkeit sind ein wesentlicher Faktor für die Persönlichkeitsentwicklung. Die Herausforderung besteht darin, die Angst anzunehmen und zu versuchen, sie zu bewältigen. Dabei kann es helfen, jeweils vom Gegentypus der Persönlichkeit zu lernen. Das Gute kann möglicherweise auch vom Bösen lernen, nicht um böse zu werden, sondern um sich besser vor dem Bösen zu schützen.

6 Persönlichkeitstypen

Das Beschreiben der Persönlichkeit hat eine lange Geschichte. Es begann im alten Griechenland mit Hippokrates (460–377 v. Chr.), dem Vater der westlichen Medizin. Hippokrates, der sich auf die Weisheit noch früherer Traditionen stützte, wie zum Beispiel die Himmelsberechnungen der babylonischen Astrologie, unterschied schon vier Temperamente im Kanon der menschlichen Emotionen: sanguinisch, cholerisch, melancholisch und phlegmatisch (Dutton 2014, S. 54).

Nach Hippokrates passierte dann lange Zeit erst mal gar nichts, um genau zu sagen, zweieinhalb Jahrtausende lang nicht viel, bis 1952 der britische Psychologe Hans Eysenck dem Modell von Hippokrates neues Leben einhauchte. Nach umfassenden Fragebogenanalysen und ausführlichen klinischen Interviews identifizierte er zwei grundlegende Dimensionen der Persönlichkeit: Introversion/Extraversion und Neurotizismus/Stabilität. Eine dritte Dimension, Psychotizismus, charakterisiert durch Aggression, Impulsivität und Ich-Bezogenheit, wurde später hinzugefügt. Die beiden Dimensionen schlossen die vier klassischen, von Hippokrates identifizierten Temperamente mit ein. Die politische Persönlichkeit (unruhig und reizbar) entsprach Eysencks neurotischer Extraversion, die melancholische (depressiv und introspektiv) der emotional stabilen Extraversion und die phlegmatische (ruhig und verschlossen) der emotional stabilen Introversion (Dutton 2014, S. 54 f.). Es scheint, als wäre Hippokrates nicht nur der Vater der modernen Medizin, sondern auch der menschlichen Natur. Das Zweitaktmodell von Eysenck war eindeutig magersüchtig im Vergleich zu dem riesengroßen Körper von Merkmalen, die spätere Psychologen ausgegeben hatten.

Persönlich halten Psychologen normalerweise nichts von Konsens (Dutton 2014, S. 58), aber es kristallierte sich immer weiter heraus, dass sich die menschliche

Persönlichkeit in vier grundlegende Typen unterscheiden lässt (s. Überblick in Tab. 6.1). Die Beschreibung der vier Persönlichkeitstypen von Fritz Riemann (1991) ist so grundlegend und klar, dass sie für uns die Grundlage zur Beschreibung der Profile des Bösen bilden. Wenn wir über die Profile des Bösen sprechen, sprechen wir über Persönlichkeitsstörungen. Und da ist natürlich äußerste Vorsicht geboten, weil jeder eine hat, stimmt's? Um es am Anfang ganz einfach zu machen, kann man es in einem Satz ausdrücken, den sogar die immer wieder gern für diese Vergleiche herangezogene Oma verstanden hätte: *Persönlichkeitsstörungen sind Beziehungsstörungen.* Und zwar immer. Ganz allgemein entsteht eine Störung innerhalb

Tab. 6.1 Persönlichkeitstypen und -störungen im Überblick

Typ	Weltsicht	Maxime	Krisenstimulus	Reaktion
Schizoid	Persönliches führt zu Problemen	Ich halte Abstand	Erzwungene Nähe	Ausweichen auf Sachliches, Rückzug, Kontaktabbruch
Depressiv	Das Leben ist schwer	Ich suche Nähe	Misserfolge und Isolation	Resignation und Angst
Zwanghaft	Das Leben ist unsicher	Regeln, Perfektion und Kontrolle schaffen mir Sicherheit	Unvorhergesehenes, Zeitdruck, Kontrollverlust	Zögern, Zweifeln, Entwurf neuer Pläne
Histrionisch	Alles Aufregende, Neue, Interessante ist wertvoll	Ich muss interessant und aufregend wirken	Kommunikations- und Handlungsstillstand	Inszenierung von Aufregendem
Störung	Weltsicht	Maxime	Krisenstimulus	Reaktion
Paranoid	Die Welt ist bedrohlich, weil andere etwas gegen mich im Schild führen	Ich nehme nichts so wie es ist, sondern mache mir Gedanken, was wohl dahintersteckt	Komplexe, unübersichtliche Situationen, viele Stimuli auf einmal	Missverständnisse, Fehldeutungen, Anschuldigungen, Verdächtigungen
Dissozial	Die Welt ist ein Selbstbedienungsladen	Ich nehme mir, was ich will	Widerstand	Situation mit allen Mitteln in den Griff kriegen
Narzisstisch	Ich bin etwas ganz besonders Wertvolles in der Welt	Ich muss den anderen meine besondere Wertigkeit zeigen	Steht nicht im Mittelpunkt, fühlt sich nicht genug hofiert	Angeberei, Abwertung anderer
Depressiv-abhängig	Ich habe versagt in dieser Welt	Ich kann nichts machen	Ein weiterer Misserfolg, eine weitere Niederlagen	Suizid

der Persönlichkeit immer dann, wenn wir etwas anderes bekommen als wir gewollt haben. Stellen Sie sich einmal vor, Sie gehen in den Wald, um Pilze zu pflücken und kommen am Ende mit Erdbeeren nach Hause. Die sind zwar auch lecker, aber es sind eben keine Pilze, und so gibt es innerlich eine Verschiebung, eine Störung eben. Je größer die Abweichung ist von dem, was wir intensiv gewollt, gewünscht, gehofft haben, und dem, was wir am Ende erhalten, desto größer ist die Störung innerhalb der Persönlichkeit. Je größer die Störung wird, desto größer werden auch die Ängste, die unmittelbar damit verbunden sind. Wenn wir von Persönlichkeitsstörungen sprechen, meinen wir nicht die Menschen, die Ihnen tagtäglich auf die Nerven gehen, egal, ob in Ihrem unmittelbaren privaten oder beruflichen Umfeld oder ob es ein Trumpeltier in den Medien ist. Vielmehr orientieren wir uns bei der Beschreibung der Persönlichkeitsstörungen an der *Internationalen statistischen Klassifikation der Krankheiten und verwandter Gesundheitsprobleme,* (International Statistical Classification of Diseases and Related Health Problems, ICD-10) (Dilling et al. 2018). Die ICD-10 wird von der Weltgesundheitsorganisation (WHO) herausgegeben. Sie ist das wichtigste, weltweit anerkannte Klassifikationssystem für medizinische Diagnosen. Im Gesamtwerk der ICD-10 kommt den psychischen Störungen (5. Kapitel der ICD-10, F00-F99) eine Sonderstellung zu. Aufgrund der besonderen Anforderungen bei der Klassifikation psychischer und Verhaltensstörungen gibt die WHO dieses offizielle Instrumentarium heraus mit den für die praktische Arbeit notwendigen klinischen Beschreibungen und diagnostischen Leitlinien. Parallel dazu gibt es das aus den USA stammende Klassifikationssystem DSM-5 (Diagnostical and Statistical Manual of Mental Disorders). Beide sind weitgehend kompatibel und unterscheiden sich teilweise nur durch kürzere oder längere und präzisere Beschreibungen der psychischen Störungsbilder.

Eine Persönlichkeitsstörung geht nicht vorbei wie eine Grippe und man hat sie auch nicht nur an den Weihnachtstagen. Persönlichkeitsstörungen sind v. a. dadurch gekennzeichnet, dass tief greifende, unflexible Muster des Denkens, des Fühlens und des Umgangs mit anderen bestehen oder durch die Unfähigkeit, Impulse zu kontrollieren und zu regulieren, die Leid oder Beeinträchtigungen verursachen (Dutton 2014, S. 64). Die ICD-10 unterteilt Persönlichkeitsstörungen in verschiedene Cluster (Dilling 2015, S. 271):

- paranoide Persönlichkeitsstörung,
- schizoide Persönlichkeitsstörung,
- dissoziale Persönlichkeitsstörung,
- emotional instabile Persönlichkeitsstörung,
- histrionische Persönlichkeitsstörung,
- anankastische (zwanghafte) Persönlichkeitsstörung,
- ängstliche (vermeidende) Persönlichkeitsstörung,
- abhängige Persönlichkeitsstörung,
- narzisstische Persönlichkeitsstörung.

Wir werden später auf die vier wichtigsten Persönlichkeitsstörungen näher eingehen, die für die Profile des Bösen von besonderer Bedeutung sind.

Die Reduktion der großen Bandbreite von möglichen Persönlichkeitsstrukturen auf nur vier Grundtypen bietet bei der Tätereinschätzung den Vorteil der raschen Zuordnung. Wenn dabei die Nachteile einer jeden Typologie, die Unschärfe in den Randbereichen und die Existenz von Mischformen, berücksichtigt werden, erlaubt sie erste grundsätzliche Voraussagen über das weitere Täterverhalten.

Typ in der Form, wie wir es im Folgenden verwenden werden, meint hier eine gleiche oder sehr ähnliche Art und Weise des fundamentalen inneren Erlebens und äußeren Verhaltens. Es handelt sich nicht um pathologische Formen, sondern um Anteile, Teilaspekte einer gesunden Persönlichkeit. Ideale psychische Gesundheit ließe sich in diesem Kontext definieren als ausgewogene Integration aller vier Typen in einer Person. Je einseitiger also eine Persönlichkeit auf einen Typ akzentuiert ist, desto näher rückt die Grenze zu den neurotischen Varianten und anderen psychischen Störungen. Deshalb kann ein in psychologischen Zusammenhängen denkender u n d in qualifizierter Selbsterfahrung geschulter Leser nicht nur relativ schnell die Erlebens- und Handlungsweise von „normalen" Tätern nachvollziehen und hypothetisch prognostizieren, sondern begreift auch psychische Störungen nicht als völlig unzugänglich und wesensfremd.

Selbstverständnis ist Vorbedingung für Fremdverständnis, sonst bleibt alles Wissen um psychologische Zusammenhänge äußerlich, und das für eine schnelle Tätereinschätzung erforderliche Gespür kann sich nicht einstellen. Wer kein Gespür für sich selbst hat, dem wird es schwerer fallen, andere Menschen einzuschätzen.

Die Typenbezeichnungen (Riemann 1991) der vier Grundeinstellungen zur Welt und Verhaltensmöglichkeiten in der Welt haben für den psychologischen Laien zwar eine krankhafte Konnotation (andere Begriffe wie „oraler" oder „analer" Typ wirken nicht unbedingt gesünder), sind aber, wie gesagt, als Bereiche psychischer Gesundheit zu verstehen:

- schizoide Persönlichkeit,
- depressive Persönlichkeit,
- zwanghafte Persönlichkeit,
- histrionische Persönlichkeit.

Diese vier Typen decken die wichtigsten Persönlichkeitswesenszüge ab und bündeln sie zu den am häufigsten anzutreffenden Konstellationen von Verhaltensmustern (s. Tab. 6.1).

Bei der Tätereinschätzung ist vorrangig zu untersuchen, welche Mischung von Haupt- und Nebenschwerpunkten das Täterverhalten aufweist oder um welche deutlich einseitige Ausrichtung es sich handelt.

6.1 Schizoide Persönlichkeit

> „Auf, lass uns anders werden als die vielen, die da wimmeln in den allgemeinen Haufen." (Carl Spitteler)

Die schizoide Persönlichkeit ist äußerst introvertiert und verschlossen. Sie zieht die eigene Gesellschaft der Gesellschaft anderer vor. Man erlebt sie häufig als distanziert oder als einzelgängerisch. Sie neigt dazu in einer Fantasiewelt zu leben, verliert aber nicht den Bezug zur Realität, wie es zum Beispiel Schizophrene tun. Sie hat geringe soziale Fertigkeiten (Dutton 2014, S. 289). Die schizoide Persönlichkeit spaltet die eigenen Gefühle ab, verfällt manchmal in eine regelrechte emotionale Vollnarkose, die durch das Leben geht wie auf Autopilot. In der Ursprungsfamilie durften Gefühle oft nicht gezeigt werden, so nach dem Motto: Ein Indianer kennt keinen Schmerz. Die schizoide Persönlichkeit ist sachlich und sehr kontrolliert. Sie ist kein Menschenfreund und kommt gut mit sich alleine zurecht. Sie traut nur sich selbst und ist misstrauisch anderen gegenüber. Sich von anderen abhängig zu machen bedeutet, sich selbst aufzugeben und unfrei zu sein. Sie wirkt verschlossen und unnahbar, und weil sie sich sehr schlecht in andere hineinversetzen kann, verletzt sie diese oft, ohne es gewollt zu haben. Sich von anderen Personen abzugrenzen, ist sehr wichtig. Schizoide Persönlichkeiten können sich in der Liebe schlecht hingeben. Taten sind wichtiger als Worte. Es fällt ihnen schwer zu sagen: Ich liebe dich. Dafür erledigen sie viele praktische Dinge und übernehmen unliebsame Aufgaben zum Beispiel im Haushalt. Sie legen Wert auf ihre Unabhängigkeit, können sich sehr gut mit sich selbst beschäftigen und sind selbstständig. Ihr Blick ist sehr kritisch und unbestechlich. Das Verhalten ist sachlich, nicht angreifbar. Sie wollen nicht von der ganzen Welt geliebt werden. Veränderungsbereitschaft sollten sie zeigen bei den Themen Bindung eingehen und Empathie für andere zeigen. Der Gegenspieler des schizoiden Persönlichkeitstyps ist die depressive Persönlichkeit (Riemann 1991, S. 20 ff.).

Dem schizoiden, dem gespaltenen Typ gelingt die Integration von Nähe und Distanz, von Hingabe und Selbstbewahrung nicht. Er verwechselt Nähe mit Verschmelzung und Hingabe mit Aufgabe. Um nicht in die Gefahr des Ausgeliefertseins zu kommen, überbetont er seine Selbstständigkeit bis hin zur Autarkie. Seine Botschaft des „Ich brauche Dich nicht!" drückt sich auch in einer gewissen Egozentrik aus. Gefühle des Mögens, der offenen Sympathie oder gar von Liebe wehrt er bei sich und anderen ab, weil sie ihm als Bedrohung seiner Selbstständigkeit erscheinen. Da er den Zusammenhang von Rationalität und Emotionalität durchtrennt hat, vereinsamt er innerlich zusehends. Diese Isolation macht es ihm immer schwerer, sowohl eigene als auch fremde Gefühlsnuancen wahrzunehmen. So wird die Spirale des Fremdseins in der Welt und des Fremderscheinens für andere stetig unterhalten und beschleunigt.

Aus einem schüchternen, kontaktgehemmten Jugendlichen kann so ein Einzelgänger und Eigenbrötler werden, dem Überzeugungen und Projekte wichtiger werden als

Menschen. Seine Bindungslosigkeit wird er als Freiheit und ungebetene Annäherung schnell als bedrohliches Eindringen in seinen Schutzraum verstehen. Das Erregungsniveau des Angst-/Aggressionskomplexes schnellt ohne Übergangsphase in die Höhe und lässt ihm manchmal nur die Wahl zwischen panischer Flucht (Kontaktabbruch bzw. Aufgabe) oder wildem Angriff.

Beispiel: Die schizoide Persönlichkeit im Alltag

Seit fast 5 Jahren arbeite ich mit dem Kollegen Kai-Uwe in einer Abteilung zusammen. Trotzdem weiß ich wenig über ihn. Er spricht lieber über Sachliches als über sich oder seine Familie. Ich finde ihn trotzdem ganz sympathisch, obwohl er das nicht gerne hört („Komm, lass den Schmus!"). Andere finden, seine kühle Distanziertheit grenze an Gefühlskälte und Arroganz. Auf alle Fälle ist er häufig ironisch oder sogar zynisch, was dann andere verletzt. Das scheint ihn aber nicht zu interessieren oder er kriegt es gar nicht richtig mit. Er passt sich mit seiner Meinung nie an. Mit seiner Skepsis hat er auch oft Recht. Er durchschaut halt viele Dinge sehr schnell mit seiner scharfen Beobachtungsgabe. Leider ist bei ihm alles immer nur schwarz oder nur weiß. Mir kommt es dabei vor, als wäre er oft in angespannter Alarmbereitschaft. Er lässt sich von niemandem in die Karten gucken und von niemandem ein X für ein U vormachen. Leider ist er immer etwas berechnend. Bevor der was sagt, ist das wie in einem Computer durch 27 Schaltprozesse gelaufen. Fachlich habe ich viel von ihm lernen können, obwohl ich ihm bis heute keine Arbeit abnehmen darf. Er will niemandem etwas schuldig bleiben, sagt er. Tatsächlich arbeiten wir auch mehr nebeneinander her als zusammen. Bei der letzten Betriebsfeier wurde er nach einigen Bieren etwas zutraulicher. Ich dachte schon, jetzt kriegen wir doch noch ein richtiges Kumpelverhältnis hin. Umso überraschter war ich, als er am nächsten Morgen kein Wort über den schönen Abend verlor und im Gegenteil sich noch unnahbarer und geschäftsmäßiger gab als vorher. Ich hab ihn dann ganz in Ruhe gelassen, weil er sonst seine Wutanfälle kriegen und danach lange nur noch das Nötigste sprechen würde.

Der schizoid geprägte Täter bietet, wenn Sie ihn kennenlernen, zunächst wenig Auffälligkeiten. Präzise und sachlich trägt er vor, was er Ihnen mitzuteilen hat. Da die meisten Täter sich auf das erste Zusammentreffen bzw. die erste fordernde Begegnung relativ gut vorbereitet haben, fällt die durchgehend kühle Sachlichkeit des schizoiden Täters erst bei den nachfolgenden, weniger gut vorbereiteten Kontakten auf. Er wird auch bei spontanen Äußerungen seinen eigenen distanzierten Sprachstil beibehalten und sich nicht auf etwaige Vertraulichkeiten Ihrerseits, die nur sein Misstrauen schüren, einlassen. Abhängig vom Bildungsgrad bevorzugt er häufig Substantivierungen, Generalisierungen und Abstraktionen. Sollte er sich trotz seiner Wortkargheit auf eine längere Kommunikation mit Ihnen einlassen, dann würde sein Hang zum Rationalisieren auffallen. Er lässt sich kaum zu spontanen Entscheidungen verleiten, sondern nimmt lieber eine Bedenkzeit. Auch ist sein Verhalten seinen Opfern gegenüber eher von zweckorientierter Nüchternheit geprägt. Sie sind für ihn Objekte. Sollten sie durch emotionale Ausbrüche oder wiederholte zu persönliche Kontaktaufnahme den Schutzraum des Täters durchbrechen, wird er versuchen, noch weiteren Abstand zu erlangen, bzw. sich dagegen wehren. Ein Kontaktaufbau, der gegensätzliche Manipulationen ermöglicht, kann nur dann gelingen, wenn man sich als sachlich kompetent und effizient darstellt. Vor allem die Scheineffizienz bei vermeintlichem Eingehen auf das vom Täter gewünschte Verhalten muss durchgehalten werden, da das Kontrollbedürfnis des Täters über die Sache geht und alle menschlichen Aspekte, wie angebliche oder tatsächliche Missverständnisse, Fragen nach Befindlichkeiten, Motiven und anderen „privaten" Angelegenheiten ihn über Misstrauen, Hilflosigkeit und Bedrängnis zum Kontaktabbruch bringen oder in aggressive Panik versetzen können.

Stabilisierende Sicherheit kann ihm suggeriert werden durch eine Gesprächskonzentration auf Fakten, Fakten, Fakten. Nur so können sich ein längerer Kontakt und eine gute Beziehung ergeben.

6.2 Depressive Persönlichkeit

„Vergiss dein Ich, dich selbst verliere nie." (Johann Gottfried Herder)

Beim depressiven Persönlichkeitstyp besteht bei Entscheidungen eine übertriebene Abhängigkeit von anderen. Er zeigt sich stark dem Willen anderer. Er zeigt fortwährende Gefühle der Hoffnungslosigkeit und Inkompetenz. In Beziehungen klammert er oft. Depressive Persönlichkeitstypen fühlen sich oft verlassen, wenn Menschen, die ihnen wichtig sind, ihr eigenes Ding durchziehen. Sie suchen ständig nach Anerkennung (Dutton 2014, S. 290). Die depressive Persönlichkeit fürchtet sich vor der eigenen Entfaltung, vor dem eigenständigen Ich, weil sie dann denkt, dass sie von anderen nicht mehr geliebt wird. Deshalb strampelt sie sich von morgens bis abends für andere ab, hilft, wo sie kann. Die anderen sind ihr wichtig, doch sie hält sich selbst nicht für liebenswert. Häufig sind depressiv getönte Menschen in ihrer Kindheit parentifiziert, also vereltert worden, weil sie Aufgaben übernehmen mussten, die normalerweise von den Eltern erledigt werden, wie zum Beispiel auf kleinere Geschwister aufzupassen oder für eines der Elternteile eine Art Ersatzpartner zu sein. Depressive Persönlichkeiten sind Helfertypen, und sie tun alles, nur um geliebt zu werden, v. a. auch vom Partner. Sie machen sich von anderen abhängig, wollen mit dem anderen regelrecht verschmelzen. Ihr Lebensmotto ist oft: „Forever together". Depressiven Persönlichkeiten fällt es schwer, *Nein* zu sagen und ein *Nein* zu leben. Daher können sie sich auch nicht gut abgrenzen. Sie jammern oft, wenn es nicht nach ihren Vorstellungen geht und neigen eher zu Passivität. In der Sexualität sind sie oft sehr hingebungsvoll, einfühlsam – quasi wie eine Wärmflasche unter der Bettdecke. Depressive Persönlichkeiten sind Menschenfreunde voller Zuwendung und Verantwortungsgefühl. Sie sind vorwiegend beziehungs-, wenig sachorientiert. Veränderungsbereitschaft sollten sie zeigen bei den Themen Abgrenzung und Zulassen von Aggressionen, sich auch mehr für die eigenen Belange einsetzen und sich selbst mehr entfalten. Der Gegenspieler ist die schizoide Persönlichkeit (Riemann 1991 S. 59 ff.).

Der depressive Typ ist das Pendant zum Schizoiden, insofern auch er ein Problem mit Nähe und Distanz hat. Nur dass ihm umgekehrt Nähe als Sicherheit und Distanz als Bedrohung erscheint. Er ist der frühen Stufe der symbiotischen Mutter-Kind-Beziehung nie ganz entwachsen und konnte so die Schritte zur reifenden Individuation nicht vollziehen. Seine dominierende Verlustangst führt ihn in Anpassung und Anklammerung und drückt sich in einer Doppelbotschaft aus: „Ich brauche Dich, weil ich Dich liebe" und „Ich liebe Dich, weil ich Dich brauche". Autonomie, gar Autarkie, bedeuten für ihn Alleingelassenwerden, deshalb sucht er Bindung; auch um den Preis der Selbstaufgabe. Je stärker aber die Bindung, desto größer die Verlustangst und so verbietet er sich weitgehend jede offene Aggression. Die Spirale der Selbstaufgabe und Aggressionsvermeidung endet nicht selten in Autoaggression bis hin zum Suizid. Eine larvierte, versteckte depressive Prägung äußert sich vielfach in psychosomatischen Beschwerden und durchaus auch in neidzerfressender Unzufriedenheit und Biestigkeit anderen gegenüber, die aber immer wieder mit Selbstvorwürfen getarnt wird.

> **Beispiel: Die depressive Persönlichkeit im Alltag**
>
> Kai-Uwe ist zwar erst seit einem viertel Jahr in meiner Abteilung, und trotzdem kenne ich schon sein halbes Leben. Leider erzählt er mehr von seinen Niederlagen und Sorgen als von den schönen Erlebnissen, die es ja wohl auch gegeben haben muss. Komisch ist, dass es sich manchmal unterschwellig so anhört, als wären alle anderen Schuld daran, obwohl er immer betont, dass nur er selbst schuld sei. Streit haben wir noch keinen gehabt, weil er sehr hilfsbereit und verständnisvoll ist und nie etwas richtig kritisiert. Deshalb kann ich ihm auch nicht böse sein, obwohl mich sein Jammern und Klagen manchmal nervt. Andere in der Abteilung nennen ihn „die Klette". Er will tatsächlich immer dabei sein. Wenn das nicht geht, wird er entweder ganz aufgeregt und bittet und bettelt, oder er fällt in sich zusammen wie ein Häufchen Elend. Dann tut er mir doch leid, und ich versuche ihn wieder aufzurichten. Unsere Zusammenarbeit ist vielleicht doch etwas einseitig, weil er so wenig selbstständig ist und immer fragt, was er jetzt tun soll, und ob es auch so richtig ist.

Der depressive Persönlichkeitstyp im Spektrum psychischer Gesundheit erscheint als Täter, im Unterschied zu dem an einer affektiven Störung erkrankten, sehr selten. Bei nur schwach depressiv geprägten Tätern steht meist ein anderer Persönlichkeitstyp im Vordergrund. Manchmal verraten sich depressive Tendenzen durch die Vermeidung von „ich will …" bzw. „ich will nicht …" und die Bevorzugung von „ich muss …" bzw. „ich kann nicht …", „ich darf nicht …" oder „es geht nicht …". Als Mittäter kommt der depressiv akzentuierte Typ sehr wohl infrage. Aus einer abhängigen Beziehung zum Haupttäter heraus kann er sogar freiwillig die „Drecksarbeit" übernehmen. Dieses abhängige Verhalten kann extrem aggressive Züge beinhalten.

6.3 Zwanghafte Persönlichkeit

„Einmal zu Stein erstarren! Einmal dauern!" (Hermann Hesse)

Die zwanghafte Persönlichkeit ist äußerst perfektionistisch und pedantisch. Sie beschäftigt sich übermäßig mit Details. Sie ist übermäßig kontrolliert und grübelt oft, v. a. bei Entscheidungen. Sie hat rigide Standards, die Arbeits- und persönliche Beziehungen beeinflussen können. Sie ist oft autoritär (Dutton 2014, S. 290). Die zwanghafte Persönlichkeit ist der Trockenschwimmer des Lebens. Sie geht es ins Wasser, wenn sie schwimmen kann. Alles wird am liebsten beim Alten gelassen. Immer wieder nach Cuxhaven-Döse fahren. Immer wieder Pizza Prosciutto/Funghi bestellen. Anderen immer viel vorschreiben. Zufälle gibt es nicht. Alles ist geplant. Am liebsten soll alles so bleiben, wie es immer war. In der Ursprungsfamilie hieß es oft: Ordnung ist das *ganze* Leben. Zwanghafte Persönlichkeiten engen sich ein und halten unter allen Umständen an vorgegebenen Regeln fest. Sie haben keine Lust auf Neues und die Zwänge vertreiben das Lebendige aus ihrem Leben. Zwanghafte Persönlichkeitstypen stehen permanent unter Hochdruck. Sie mögen keine Experimente. Dafür sind sie ausdauernd, fleißig, konsequent und absolut zuverlässig und verantwortungsbewusst. Auf Zwängler kann man sich zu 100 % verlassen. Veränderungsbereitschaft sollten sie zeigen bei den Themen Leichtigkeit, Lust und Lebensfreude. Der Gegenspieler des Zwänglers ist die histrionische Persönlichkeit (Riemann 1991, S. 105 ff.).

Der zwanghafte Typ fürchtet sich vor chaotischem Wandel und Vergänglichkeit, deshalb strebt er nach Sicherheit und Dauer. Aus Angst vor ungewisser Abhängigkeit und willkürlicher Steuerung tut er alles, um Macht und v. a. Kontrolle zu erlangen. Der gefährdeten Ausgesetztheit des Lebensflusses setzt er die sichere Geborgenheit von Regeln, Prinzipien und anderen ewigen Gesetzen entgegen. Um in den Unwägbarkeiten des Lebens nicht das Nachsehen zu haben, übt er sich in Vor-sicht, Vor-urteilen, Vor-schriften, Vor-macht, Vor-planung usw. Permanente Selbst- und Fremdkontrolle sollen auch mögliche chaotische Impulse, Affekte – *„die Mutter aller Gewalttaten"* (Haller 2002, S. 41) – und Gefühle eindämmen. Doch je enger die Dämme den Fluss zwängen, umso mächtiger seine Energie. Diese Spirale heizt sein Kontroll- und Machtbedürfnis weiter an.

Aus einem ordentlichen, verlässlichen Jugendlichen kann so über einen „harten, aber gerechten" Familienvater ein fanatischer Despot werden, der ungeachtet der Gefühle und Bedürfnisse anderer nach dem Motto verfährt: „Der Zweck heiligt die Mittel."

> **Beispiel: Die zwanghafte Persönlichkeit im Alltag**
>
> Wenn ich meinen Kollegen Kai-Uwe nicht hätte, wäre ich oft aufgeschmissen. Er weiß garantiert, wo sich welche Akte befindet und welche Ausführungsbestimmung gültig ist. Wenn ich mir nur nicht gleichzeitig seine Standardpredigt über Ordnung und Selbstorganisation anhören müsste! Aber auf ihn ist wirklich hundertprozentig Verlass. Manchmal, v. a. wenn Frauen im Raum sind, wirkt er etwas linkisch und steif. Aber immer korrekt. Richtig streiten kann man mit ihm nicht. Er hat seine festen Regeln für alles. Basta. Da ist er schrecklich konsequent. Er meint, er würde aus mir auch noch einmal einen ordentlichen Menschen machen. Einen Menschen mit Verantwortungsgefühl. Immerhin hatte er schon einen zuteilungsreifen Bausparvertrag, als ich gerade in meine erste Mietwohnung zog. Wir arbeiten soweit gut zusammen, nur dass er immer über alles, was ich tue, informiert sein muss. Sonst wird er nervös und bohrt immer weiter. Aufgeben und Nachgeben kann er schlecht. Also erzähle ich ihm haarklein, an welchem Fall ich arbeite, und schon wird er wieder ruhig.

Der zwanghaft geprägte Täter fällt nicht nur beim gut vorbereiteten ersten Kennenlernen, sondern auch in den Folgekontakten durch eine pedantische, manchmal bis ins Absurde gehende Vorgehensweise auf, die ihn sich oft mit „ungelegten Eiern" beschäftigen lässt. Er bemüht sich, selbst auf die unwahrscheinlichsten Eventualitäten vorbereitet zu sein. Wenn trotz seiner ausgefeilten Planung überraschende Entscheidungen auf ihn zukommen, wird er länger zögern. Innerlich spürt er dann Angst, äußerlich reagiert er mit Zorn. Da er weiß, was richtig ist, wird er Mitmenschen solange mit Misstrauen als Risikofaktor betrachten, wie diese ihm nicht das Gefühl der Kontrollhoheit vermitteln. Sein dirigistischer Sprachstil ist dem Wunsch nach Lenkung, Bevormundung und Gängelung geschuldet und amtlichen Anordnungen nicht unähnlich. Wenn Vereinbarungen nicht eingehalten werden, steigt sein Angst-/Aggressionsniveau schlagartig. Selbst auf ihm genehme Vorschläge des Opfers wird er zumindest in einem Detail korrigierend Einfluss nehmen wollen. Aus Prinzip! Sein Handeln hat er für sich ideologisch so abgesichert, dass er sich auf selbstgemachte, höhere Regeln der Gerechtigkeit oder Strafe berufen kann. Deshalb setzt er bei drohendem Kontrollverlust auch die ihm zu Verfügung stehenden Mittel ein. Wobei Verfügung nicht nur die äußerlich vorhandenen Mittel meint, sondern in erster Linie die, die ihm seine Prinzipien erlauben. Er hat also eine „Moral" im Sinne einer Wertehierarchie, die ihn berechenbar macht, so man sie aus ihm herauslocken konnte.

6.4 Histrionische Persönlichkeit

„Und jedem Anfang wohnt ein Zauber inne..." (Hermann Hesse)

Bei der histrionischen Persönlichkeit erfolgt auf Alltagsereignisse häufig eine Überreaktion und Dramatisierung. Sie liebt es, im Rampenlicht zu stehen und die Aufmerksamkeit auf sich zu ziehen. Sie spielt gern den Vamp, ist verführerisch und beschäftigt sich exzessiv mit dem Image und der äußeren Erscheinung. Sie hat ein übertriebenes Selbstwertgefühl (Dutton 2014, S. 289). Man könnte sie auch als die klassische *Dramaqueen* bezeichnen. Die histrionische Persönlichkeit geht allem aus dem Weg, was mit Verantwortung und Verpflichtung zusammenhängt. Regeln und Strukturen bedeuten Elend und Zwang. Sie orientiert sich lieber nach außen, mag den Reiz des Neuen und des Unbekannten, ist risikobereit mit Spaß am Wagnis. Histrionische Persönlichkeiten haben Angst vor dem Vergänglichen, vor dem Endgültigen und vor dem Tod. Histrioniker mögen das Rampenlicht, sie stehen gerne im Mittelpunkt und machen dabei sich selbst gerne etwas vor. Champagner muss her, auch wenn das Konto schon kilometerweit überzogen ist. Sie haben Angst vor dem Älterwerden und die eigene Treue spielt keine große Rolle. Sie brauchen Menschen, die ihnen Beifall klatschen. In der Ursprungsfamilie galt das Prinzip, *etwas Besonderes zu sein*. Auch wenn nur Theater gespielt wurde, war es wichtig nach außen eine Fassade aufrechtzuerhalten. Als Liebespartner einer histrionischen Persönlichkeit hat man das Gefühl, der wunderbarste Mensch der ganzen Welt zu sein. Allerdings nur für einen Abend. Histrionische Persönlichkeiten haben ein Problem mit Nähe und Distanz. Mit ihnen wird es nie langweilig, weil sie risikofreudig und unternehmungslustig sind. Sie sind ständig bereit, sich Neuem zuzuwenden. Hysteriker durchbrechen häufig Traditionen und alte Muster.

Veränderungsbereitschaft zeigen sollte der Histrioniker beim Eingehen von Bindungen und dabei, sich für andere ernsthaft zu interessieren. Auch sollte er daran arbeiten, zuverlässig zu sein. Sein Gegenspieler ist die zwanghafte Persönlichkeit (Riemann 1991, S. 156 ff.).

Der histrionische Typ ist insofern Spiegelbild des Zwanghaften, als er Sicherheit und Dauer nicht als Schutz, sondern als bedrohende Einengung empfindet und deshalb nach unablässigem Wandel strebt, den er als Ausdruck von Freiheit versteht. Hauptsache, es geschieht etwas Neues, Aufregendes. Abwechslung und sofortige Bedürfnisbefriedigung sollen vor der Erkenntnis bewahren, dass das Leben auch Ausgeliefertsein und Beschränkung bedeutet. So wie der Zwanghafte die Zeit anhalten möchte, möchte der Hysteriker sie beschleunigen. Dabei ist er gezwungen, sowohl Vergangenheit als auch Zukunft auszublenden. Als gäbe es keine kausalen Gesetzmäßigkeiten, bleibt er auf einer kindlichen Stufe des „Ich will das aber jetzt!" und schert sich wenig um die Folgen seines Tuns. Weil aber Notwendigkeiten und Konsequenzen ihn unweigerlich einholen, flüchtet er immer mehr in hektische Betriebsamkeit und vergrößert so ständig die Kluft zwischen Wunschwelt und Wirklichkeit. Da so eine kontinuierliche Individuation auf der Strecke bleiben muss, sich zusehends eine Pseudopersönlichkeit ohne Kontinuität entwickelt, weiß der Hysteriker schlussendlich selbst nicht mehr, was in seinen Verführungspraktiken an ihm noch „echt", d. h., authentisch ist.

Aus einem lebhaften, spontanen, neugierigen und kontaktfreudigen Jugendlichen kann so ein geltungsbedürftiger, prestigesüchtiger und materiell verführbarer

Mensch werden, der Gesetz und Ordnung als unzumutbare Einschränkung betrachtet und sie skrupellos bricht.

> **Beispiel: Die histrionische Persönlichkeit im Alltag**
>
> Seit Kai-Uwe in unserer Abteilung ist, weht ein frischer Wind durch unsere Routine. Ständig hat er neue Ideen und findet kreative Lösungen. Nicht jeder seiner Vorschläge bewährt sich in der Praxis, aber das macht ihm nichts aus. „Man muss alles mal versuchen", sagt er dann und geht zum nächsten Thema über. Gerne macht er sich dann über uns „Erbsenzähler" lustig. Wenn es auf Genauigkeit, Ausdauer und Verlässlichkeit ankommt, wird es ihm schnell langweilig. Beim Streiten neigt er ein bisschen zum Dramatisieren und ist leicht gekränkt. Da knallen schon mal die Türen. Wir wissen aber auch, dass er sich schnell wieder beruhigt nach dem Motto „Schwamm drüber!". Unsere Zusammenarbeit ist immer spannend. Man weiß nie, ob er sich an Absprachen hält oder alles wieder über den Haufen wirft. Ansonsten ist er für jeden Spaß und Unfug zu haben. Auf Betriebsfesten läuft er mit seiner Überschwänglichkeit zur Hochform auf. Er scheint wirklich jeden aus der Firma persönlich gut zu kennen und schafft es immer irgendwie im Mittelpunkt zu stehen. Er kann auch wirklich spannende Geschichten von sich erzählen.

Die Planungstiefe des histrionisch geprägten Täters ist gering. Er hat ein Ziel und macht sich außer über den ersten Schritt wenig Gedanken. So kommt es zu auffälligen Gedankensprüngen und unlogischem Verhalten. Darauf angesprochen, wird er es relativieren, bagatellisieren oder schlicht ignorieren. Auch wenn er sich um Prägnanz und Sachlichkeit bemüht, so kann er seine Tendenz zur Redseligkeit nicht völlig unterdrücken. Sie ist der zentralen Grundbotschaft seiner Kommunikation geschuldet: der Selbstkundgabe. Neben den sachlichen Aspekten wird er immer wieder etwas von sich selbst offenbaren. Wegen seines kurzen Spannungsbogens, der

Unfähigkeit, Bedürfnisbefriedigung bzw. Forderungserfüllung zu verschieben, wird er die Zeit durch Aktivitäten auch in Form von Kommunikation mit dem Opfer zu füllen suchen. Wenn seine geringe Frustrationstoleranz erschöpft ist, tritt er hektisch die Flucht nach vorne an nach dem Motto „*Angriff ist die beste Verteidigung*". Auch wenn er dadurch objektiv seine Situation verschlechtert, wird es ihn nicht an einer Dramatisierung hindern. Wenn sich Selbstoffenbarung mit starkem Geltungsdrang paart, kann es zu einer verhängnisvollen Spirale der Aggressionseskalation kommen. Jede Dramatisierung bringt ihm mehr Aufmerksamkeit, die wiederum sein egotrophes Mittelpunktgehabe verstärkt, was ihm neue Aufmerksamkeit sichert. Diese Spirale kann auch in Gang gesetzt werden, wenn das Opfer nicht wenigstens die kommunikativen Bedürfnisse des Täters kontinuierlich befriedigt und immer wieder Handlungselemente in die Taktik einstreut.

> „Wenn jeder alles von dem anderen wüsste, es würde jeder gern und leicht verzeihen, es gäbe keinen Stolz mehr keinen Hochmut." (Hafis)

In seiner Schlussbetrachtung beschreibt Riemann, dass jedem Menschen die vier Persönlichkeitsanteile normalerweise vertraut sind (Riemann 1991, S. 200 ff.). Auch wenn nicht alle Tage in unserer Kindheit heller Sonnenschein waren und es so manchen dunklen und bedrückenden Tag gab, der mehr frustrierend war als wunderbar, so kann es doch eine Hilfe sein, in einem psychotherapeutischen Nachentwicklungsprozess die Vergangenheit zu verarbeiten und sich so weit wie möglich von deren Schädigungen zu befreien.

Das Zusammenfallen von Anlage und Umwelt in einem Menschen kann als Schicksal bezeichnet werden. Zum Teil wird es durch unsere Kindheit vorgeformt. Wir können aber auch maßgeblich auf unser Schicksal einwirken und sind diesem nicht bedingungslos ausgeliefert. Gerade die Psychotherapie gibt uns Möglichkeiten, manches von dem, was wir früher als Schicksal glaubten hinnehmen zu müssen, nachträglich wieder gutzumachen.

Ein Psychotherapeut ist ein Tourguide. Die Therapie macht der Patient, nicht der Therapeut! Aber man kann eine Therapie mit einer Reise vergleichen, bei der das Ziel durch den Patienten festgelegt wird und der Therapeut ihn auf dem Weg dorthin begleitet. Innerhalb des therapeutischen Prozesses macht der Patient neue Bindungserfahrungen. Dabei kann es auch zu einer *Nachbeelterung* kommen. In den frühen Kinderjahren sind die Eltern die Hauptbezugspersonen. Wenn es ein Fehlverhalten der Eltern gibt, so trifft das in aller Regel die Kinder mit der vollen Wucht. Es kommt zu massiven Störungen im kindlichen Sozialverhalten.

Wir Menschen sind aber unvollkommen und unvollständig. Im tiefsten Innern wissen wir, dass wir eine „Ganzheit" nicht erreichen können. Perfektionismus schafft ohnehin nur Aggression. Mittelmäßigkeit reicht vollkommen aus. Es ist besser, eine schlechte Beziehung zu haben als gar keine Beziehung. Wir können versuchen, uns von allem zu befreien, was uns einengt. Wir können in mitmenschlicher Verbundenheit leben, in einfühlender Liebe und Selbstlosigkeit, grenzüberschreitender Hingabe und Selbstaufgabe. Nichts ist im Leben so konstant wie ein immerwährender Wandel. Wenn wir den Wandel des Lebens bejahen, können wir glücklich und zufrieden leben. Bei den beschriebenen Persönlichkeitstypen handelt es sich um vier Formen des In-der-Welt-Seins (Riemann 1991, S. 207).

Dabei gehören alle vier Persönlichkeitstypen grundsätzlich zu unserem Wesen. Bleibt zu hoffen, dass das jahrhundertealte Patriarchat langsam seinem Ende entgegengeht. Wenn

Sie beim Lesen der verschiedenen Persönlichkeiten versucht haben, sich eindeutig einer Struktur zuzuordnen, dann wird das vermutlich nicht gelungen sein. Es ist viel wahrscheinlicher, dass Sie von allen Persönlichkeitstypen etwas in sich entdeckt haben. Je mehr wir in allen vier Bereichen zu Hause sind, desto lebendiger sind wir. Wir sind dann ausgeglichen. Wenn Sie sich an dieser Stelle zurückerinnern, was wir im Abschn. 1.1 zur Gesundheit geschrieben haben, dann haben Sie hier die Entsprechung in einer Persönlichkeitstheorie gefunden. So, wie Sie gesund sind, wenn die Felder Körper, Seele und Soziales sich im Gleichgewicht befinden, so sind Sie eine ausgeglichene Persönlichkeit, wenn Sie die Merkmale aller vier Persönlichkeitstypen in sich tragen. Dass dabei ein oder zwei Persönlichkeiten stärker ausgeprägt sind als die anderen, ist ganz normal – das ist dann der Persönlichkeitstyp, zu dem Sie überwiegend tendieren.

Haben Sie sich schon einmal die Frage gestellt, wie uns der liebe Gott eigentlich auf die Welt schickt? Wir bringen eine „*erste Natur*" mit, wir bringen unseren Körper mit unseren Erbanlagen mit. Innerhalb unserer Ursprungsfamilie und unserer späteren Umwelt erwerben wir dann unsere „*zweite Natur*". Während unsere erste Natur noch ganz rein und klar war, wird unsere zweite Natur durch die Umwelteinwirkungen immer mehr getrübt. Es kann zu immer stärkeren Abweichungen kommen zwischen unseren Anlagen und der später anerzogenen und erworbenen zweiten Natur. Je größer die Diskrepanz, desto größer das Risiko, dass wir krank werden und auch psychische Störungen entwickeln können.

„Ob uns als Eltern ein Kind ‚liegt', ob es für uns leicht liebzuhaben ist, ob unsere Liebesfähigkeit ihm mühelos zufließen kann, ob es uns in seinem Wesen entgegenkommt – noch ganz abgesehen von bestimmten Wünschen, wie wir möchten, dass es sein und sich entwickeln sollte; ob es für uns schwer einfühlbar und verstehbar ist in seiner Eigenart, ob es uns befremdet und wir uns Mühe geben müssen, es so zu lieben, wie wir es vermögen und von uns erwarten; ob es uns Sorgen macht, die uns ihm gegenüber hilflos erleben lassen, ob es uns fühlen lässt, dass es uns als Eltern auch nicht so annehmen kann, wie es möchte und es brauchte – all das wird ihm und uns auch zum Schicksal, und liegt jenseits aller Schuld. Was wir aber tun können, schwere Schädigungen des Kindes zu vermeiden, ist vor allem, mehr Wissen zu erwerben über seine frühen Bedürfnisse und über unsere eigenen möglichen Fehlhaltungen in seiner Frühzeit; ist andererseits die Chance, solche Schädigungen früh zu erkennen und vielleicht zu korrigieren" (Riemann 1991, S. 211). Gott sei Dank stehen uns hier viele kompetente Kinder- und Jugendlichenpsychotherapeuten zur Verfügung, die hilfreich zur Seite stehen können. Außerdem gibt es ganz viele wunderbare Lehrer, die als *„Vaterfiguren"* und *„Mutterfiguren"* einen positiven Einfluss auf die seelische Entwicklung von Kindern haben können.

Eure Kinder
Eure Kinder sind nicht eure Kinder.
Sie sind die Söhne und Töchter der Sehnsucht des Lebens nach sich selber.
Sie kommen durch euch, aber nicht von euch,
Und obwohl sie mit euch sind, gehören sie Euch doch nicht.
Ihr dürft ihnen eure Liebe geben, aber nicht Eure Gedanken,
Denn sie haben ihre eigenen Gedanken.
Ihr dürft ihren Körpern ein Haus geben, aber nicht ihren Seelen,
Denn ihre Seelen wohnen im Haus von morgen, das ihr nicht besuchen könnt, nicht einmal in euren Träumen.

Ihr dürft euch bemühen, wie sie zu sein; aber versucht nicht, sie euch ähnlich zu machen.
Denn das Leben läuft nicht rückwärts, noch verweilt es im Gestern.
Ihr seid die Bogen, von denen eure Kinder als lebende Pfeile ausgeschickt werden.
Der Schütze sieht das Ziel auf dem Pfad der Unendlichkeit, und Er spannt euch mit Seiner Macht, damit Seine Pfeile schnell und weit fliegen.
Lasst euren Bogen von der Hand des Schützen auf Freude gerichtet sein;
Denn so wie Er den Pfeil liebt, der fliegt, so liebt Er auch den Bogen, der fest ist.
(Khalil Gibran: Der Prophet)

Literatur

Dilling, H., Mombour, W., et al. (2018). *Internationale Klassifikation psychischer Störungen: ICD-10 Kapitel V (F) – Klinisch-diagnostische Leitlinien*. Bern: Verlag Hogrefe AG.

Dutton, K. (2014). *Psychopathen. Was man von Heiligen, Anwälten und Serienmördern lernen kann*. München: Deutscher Taschenbuch Verlag.

Haller, R. (2002). *Die Seele des Verbrechers*. Wien: NP Buchverlag.

Riemann, F. (1991). *Grundformen der Angst. Eine tiefenpsychologische Studie*. München: Ernst Reinhardt.

7

Psychische Störungen

Der Panther
Im Jardin des Plantes, Paris
Sein Blick ist vom Vorübergehn der Stäbe
so müd geworden, dass er nichts mehr hält.
Ihm ist, als ob es tausend Stäbe gäbe
und hinter tausend Stäben keine Welt.
Der weiche Gang geschmeidig starker Schritte,
der sich im allerkleinsten Kreise dreht,
ist wie ein Tanz von Kraft um eine Mitte,
in der betäubt ein großer Wille steht.
Nur manchmal schiebt der Vorhang der Pupille
sich lautlos auf –. Dann geht ein Bild hinein,
geht durch der Glieder angespannte Stille –
und hört im Herzen auf zu sein.
(Rainer Maria Rilke, 06.11.1902, zit. nach
Reiners 1995, S. 354).

Zusammenfassung Persönlichkeitsstörungen und Verhaltensstörungen sind Ausdruck des charakteristischen, individuellen Lebensstils, des Verhältnisses zur eigenen Person und zu anderen Menschen. Einige dieser Zustandsbilder und Verhaltensmuster entstehen früh im Verlauf der individuellen Entwicklung als Folge konstitutioneller Faktoren wie auch sozialer Erfahrungen, während andere später im Leben erworben werden. Die in der internationalen statistischen Klassifikation der Krankheiten und verwandter Gesundheitsprobleme (ICD-10) in Kapitel V (psychische Störungen und Verhaltensstörungen) beschriebenen psychischen Störungen umfassen tief verwurzelte, anhaltende Verhaltensmuster, die sich in starren Reaktionen auf unterschiedliche persönliche und soziale Lebenslagen zeigen. Personen mit Persönlichkeitsstörungen zeigen gegenüber der Mehrheit der betreffenden Bevölkerung deutliche Abweichungen im Wahrnehmen, Denken, Fühlen und in Beziehungen zu anderen. Diese Verhaltensmuster sind meistens stabil und beziehen sich auf vielfältige Bereiche von Verhalten und psychischen Funktionen. Häufig gehen sie mit persönlichem Leiden und gestörter sozialer Funktions- und Leistungsfähigkeit einher (Dilling et al., Internationale Klassifikation psychischer Störungen: ICD-10 Kapitel V (F) –Klinisch – diagnostische Leitlinien, S. 274. Verlag Hogrefe AG, Bern, 2018).

Besser als mit dem o. a. Gedicht von Rilke kann man psychische Störungen nicht beschreiben. So fließend wie die Grenzen zwischen Gesundheit und Krankheit sind, so differenziert kann die Ausprägung von psychischen Störungen sein.

Da es bei einer praktikablen Einschätzung nicht um die Erstellung von medizinischen Diagnosen, die ohnehin meist nur der Verständigung von Klinikern untereinander dienen, gehen kann, soll unter psychischer Störung hier eine *Verhaltenstendenz* verstanden werden, *von der eine unangemessene Reaktionsweise abgeleitet werden kann.* In den meisten Fällen setzt die Komplexität von Taten die Alltagstauglichkeit des Täters voraus. Schwerste Beeinträchtigungen im sozialen, beruflichen oder in anderen wichtigen Funktionsbereichen sind also eher selten und dann v. a. in Situationen zu finden, die weit außerhalb des täglichen Lebens und dann in der Regel im Bereich von schweren Straftatbeständen liegen, z. B. Geiselnahmen.

Aus der großen Zahl von Störungen haben wir vier ausgewählt (Dilling et al. 2018, S. 274 ff.):

1. *paranoide Störungen,*
2. *dissoziale Persönlichkeitsstörung,*
3. *narzisstische Persönlichkeitsstörung,*
4. *depressiv-abhängige Störung.*

Sie decken die meisten Verhaltensweisen psychisch gestörter Täter ab und werden gleichzeitig verstanden als extreme Verlängerungen „gesunden" Verhaltens in „krankhafte" Ausprägungen. Im Sinne der Tendenz ist damit eine große Bandbreite möglicher Verhaltensweisen erfasst.

Ähnlich wie bei den Persönlichkeitstypen gibt es natürlich auch im pathologischen Bereich Haupt-, Neben- und Doppelstörungen. Jede Störung ist definiert durch eine Reihe von charakteristischen Symptomen, die mehr oder weniger im Vordergrund stehen. Daher wird im Folgenden eine Abgrenzung zur *kombinierten und inadäquaten Persönlichkeitsstörung* vorgenommen.

Wir haben bei der Darstellung der unterschiedlichen Persönlichkeitsstörungen bewusst auf eine Auflistung medizinischer Klassifizierungskriterien verzichtet, um den

Sinngehalt nachvollziehbar und schlüssig darstellen zu können.

Bei der Beschreibung der nachfolgenden Persönlichkeitsstörungen liegt eine Störung der charakterlichen Konstitution und des Verhaltens vor, die mehrere Bereiche der Persönlichkeit betrifft. Oft geht sie mit persönlichen und sozialen Beeinträchtigungen einher. Dies ist für Außenstehende zwar nicht immer direkt erkennbar, schlägt sich aber im Verhalten der Person nieder und führt zu Reaktionen oder Handlungen, die das soziale Umfeld (z. B. Arbeitsstelle, Familie, Sportverein) massiv stören oder sogar einzelne Personen daraus erheblich beeinträchtigen. Persönlichkeitsstörungen treten häufig erstmals in der Kindheit auf oder treten in der Jugendzeit in Erscheinung und verfestigen sich endgültig im Erwachsenenalter (Dilling et al. 2018, S. 276). Persönlichkeitsstörungen sind also in der Regel nicht auf Hirnschädigungen oder Krankheiten oder auf andere psychiatrische Störungen zurückzuführen.

7.1 Paranoide Störungen

Trau niemandem, dann kann niemand dir wehtun.

Ein Merkmal der paranoiden Persönlichkeitsstörung ist stetes Misstrauen, Feindseligkeit und Rigidität. Der Paranoide fühlt sich grundsätzlich verfolgt und bezieht fast alles negativ auf sich. Der Vorgang der Projektion, in dem Schuldgefühle und eigene aggressive Impulse als fremde, äußere erlebt werden, sorgt für eine durchgängige Lauer- und Abwehrhaltung und erschwert damit die Realitätsprüfung.

In der extremen psychotischen Ausprägung, der paranoiden Schizophrenie kommt es zu Wahnphänomenen und/oder akustischen Halluzinationen mit dem Thema Verfolgung, häufig auch eigener Grandiosität, und ist damit diagnostisch relativ eindeutig. Bei den Verhaltensweisen im Bereich der Persönlichkeitsstörung ist daher besonders zu beachten, inwieweit Misstrauen und Verfolgungsgefühle vorwiegend situationsbedingt und durchaus angemessen sind. Insbesondere aus der Verknüpfung von Verfolgungs- und Größenwahn resultiert nicht selten eine gewisse Gewaltbereitschaft, da daraus das Recht abgeleitet wird, sich quasi als Richter und Vollstrecker aufführen zu dürfen.

Aber auch ohne psychotische Wahnbildung entwickeln paranoid gestörte Personen ein Weltbild voller negativer Stereotypien (z. B. „Alle X sind immer schlecht!"), das sie zum Richter und Vollstrecker mit eigenen Gesetzen erhebt. So wie es gegenüber einem Schizophrenen sinnlos, ja kontraproduktiv ist, seine Wahnphänomene zu bestreiten, so aussichtslos ist bei einer paranoiden Persönlichkeit das Argumentieren gegen Negativstereotypien. Diese Stereotypen sollten verstanden und insofern weitgehend ignoriert werden, als im Mittelpunkt immer die Frage nach dem „… und was machen wir jetzt praktisch?" stehen muss. Ein reines Bestätigen der Stereotypien, also eine Teilhabe dran, ist ebenfalls kontraproduktiv, weil es störungsverstärkend wirkt. Gleiche Wirkung hätte jedes konfrontative, überlegene Verhalten. Um die zugrunde liegenden Ängste und Befürchtungen abzubauen, ist also ein neutraler Gesprächsverlauf anzustreben. Um nicht unbeabsichtigt missverständliche Assoziationen hervorzurufen, sollte nicht unbedingt bildhaft gesprochen werden. Also nicht „Irgendwie müssen wir ja jetzt den Knoten durchschlagen", sondern unmissverständlich „Wie können wir das Problem denn jetzt lösen?". Der Paranoide hat oft ein sehr feines Gespür für unechtes Verhalten (so tun als ob) oder eine abwertende innere Haltung seines

Gegenübers ihm selbst gegenüber (sich insgeheim lustig machen). Durchgängige Authentizität kann man nur übermitteln, wenn man die eigenen Stereotypien (über „Irre" und „Durchgedrehte") beiseite lässt und zu einer wertfreien Haltung des „so kann man die Welt auch sehen" kommt. Diese Akzeptanz der anderen Weltsicht als momentan gegebene Realität bedeutet keine Teilhabe daran, sondern lässt aus wirklichem Verstehen heraus authentische und spontane (nicht impulsive) Gespräche erwachsen, die ein positives Miteinander gestalten kann.

7.2 Dissoziale Persönlichkeitsstörung

Meines ist Meines und Deines ist auch Meines.

Diese Störung, früher auch als Psycho- oder Soziopathie bekannt, ist gekennzeichnet durch eine grundsätzliche Missachtung und Verletzung der Rechte anderer. Der Dissoziale hat schon frühzeitig den gesellschaftlichen Konsens von Ethik verlassen, um rücksichtslos sein Streben nach Macht zu verfolgen. Sein Selbstverständnis lautet:

- *Ich weiß als einziger, wie die Welt funktioniert.*
- *Ich will Macht und Kontrolle (persönlich, materiell, sexuell).*
- *Mir ist jedes Mittel recht.*

Der Dissoziale hat keine Fragen an die Welt. Er hat für und auf alles eine Antwort. Er stellt sich gleichsam außerhalb der Welt und betritt diese wie einen Supermarkt, in dem er sich, ohne zu bezahlen, nimmt, was er jeweils braucht. Deren Mitarbeiter betrachtet er als willenlose Marionetten, die dumm genug sind, sich an Arbeitsverträge und andere Regeln zu halten. Wie ein

Marionettenspieler weiß, an welchen Fäden er zu ziehen hat, um bestimmte Bewegungen auszulösen, so lässt er die Puppen der Welt tanzen. *„Nein, ich mach diese Scheiße nicht länger mit – heute Nacht ist endgültig Schluss. Ich nehme mir einfach, was ich haben will"* (Douglas und Olshaker 1997, S. 15). Die dissoziale Persönlichkeitsstörung beinhaltet also immer auch den Aspekt eigener Grandiosität, ohne diesen allerdings wie bei der narzisstischen Störung immer gleich zu offenbaren. Im Gegenteil versteht es der Dissoziale, seine Verhaltensweisen dem Zweck seiner Bestrebungen unterzuordnen und taktisch anzupassen. Abhängig von Intelligenz und sozialer Erfahrung, kann er Rollen überzeugend spielen und Gefühle täuschend echt simulieren. Seine Störung ist versteckt hinter einer Maske von geistiger Gesundheit und Normalität. Auf den ersten Blick verläuft sein Denken in ganz normalen Bahnen. Erst im längeren Kontakt verfestigt sich der Eindruck, dass es sich weniger um einen intakten Menschen handelt, sondern eher um eine geschickt konstruierte Reaktionsmaschine, die eine oder mehrere Persönlichkeiten perfekt imitieren kann. Da er nicht wirklich spüren, wahrnehmen kann, was einen Menschen zum Menschen macht, wird er subjektiv schuld- und reuelos zum Gewohnheitstäter. Die emotionale Grundausstattung des Menschen und die damit verbundenen Ziele und Verantwortlichkeiten bleiben für ihn ein Buch mit sieben Siegeln. Man könnte sagen: Er fühlt Gefühle nicht, sondern er denkt sie. Oder noch einfacher: Er kann nicht lieben.

Als Imitator des Lebens – wenn auch als böser – geht er seelisch immer leer aus, denn er misst den Formen, mittels derer er das Leben imitiert, ja keinen wirklichen Wert bei. So kommt es, dass er das, was er erreicht hat, immer wieder wegwirft. Wie in einem Akt der Selbstzerstörung wird das Verhalten dieses Nimmersatts immer böser und gewalttätiger. Da sein Erregungsniveau grundsätzlich herabgesetzt ist (das Erregungsniveau ist nur heraufgesetzt bei den Tataspekten, die direkt der Befriedigung seiner Machtbedürfnisse dienen), er also beispielsweise in Krisensituationen wenig mit Angst und anderen Stresssymptomen reagiert, bedient er sich immer gröberer Mittel, um sich einen emotionalen Reiz zu verschaffen. Nicht selten imponieren diese Menschen auch mit einer rücksichtslosen Missachtung der eigenen Sicherheit und mit ausgesprochenen Suiziddrohungen. Oft wird die dissoziale Persönlichkeitsstörung schon vor dem 15. Lebensjahr sichtbar. Der Dissoziale möchte vom Opfer in besonderer Weise als ernstzunehmend erkannt und behandelt werden. Die Bestätigung seiner „Professionalität", verbunden mit Sachlichkeit und konsequenter Anwendung der Regel „Wie Du mir, so ich Dir!", ergeben für sein Gegenüber die Möglichkeit der Einflussnahme, solange keine „ausweglose" Situation entsteht. Bis zu einer gewissen Grenze ist dieser Typus berechnender „Kaufmann" und Rollenspieler, der immer wieder an die Gefühle der anderen appelliert. Er selbst hat kein Mitgefühl für sie, die für ihn ja auch immer selbst Schuld haben. Wenn er Gefühle hat, dann in der narzisstischen Form von Selbstmitleid und Rache. So etwas wie echte Gefühle kann er vielleicht zu e i n e r Person (häufig eine verstorbene und idealisierte) oder zu e i n e m Tier haben. Deshalb ist es meist zwecklos, zu versuchen, über das Appellieren an Gefühle an den Dissozialen heranzukommen. Im Vordergrund sollte immer der Hinweis auf seine Interessen stehen.

7.3 Narzisstische Persönlichkeitsstörung

Die ganze Welt dreht sich um mich.

Der aus der Alltagssprache bekannte „gesunde Narzissmus" mit seiner grundsätzlich positiven Einstellung zu sich selbst ist hier nicht gemeint. Das Bedürfnis der Bestätigung durch andere zur Herausbildung eines stabilen Selbstwertgefühls und entsprechender Selbstsicherheit bedarf kontinuierlicher Befriedigung auch im Erwachsenenalter. Erst wenn das Gleichgewicht zwischen Zuwendung zum Selbst („Selbstliebe") und Zuwendung zum Anderen („Fremdliebe") gestört ist, kommt es zu deutlichen Verhaltensauffälligkeiten.

Der narzisstisch Gestörte ist nicht eigentlich selbstverliebt, denn er weiß gar nicht um sein authentisches Selbst, sondern kennt nur ein angestrebtes Image. Er hat eine Idee, wie er in den Augen der anderen erscheinen will, um durch eine entsprechende Spiegelung sein brüchiges Selbst neu zusammenzusetzen. Die ständige Beschäftigung mit der Verwirklichung des idealisierten Selbst verhindert eine echte Zuwendung zum anderen. Da der andere nur als Spiegel dient, kann dieser weder in seiner Individualität gesehen noch wirklich geliebt werden. Er kann höchstens als gut funktionierender Reflektor geschätzt oder sich verweigernd abgelehnt werden. Ein Dilemma des narzisstisch Gestörten ist die totale Abhängigkeit vom je gespiegelten Fremdbild. Deshalb bildet er ein besonderes Gespür für willige und unwillige „Spiegel" und alle Arten von Manipulation aus. Da aber auch dem geneigtesten Claqueur irgendwann die Hände schmerzen, kommt es selten zu anhaltenden Beziehungen. Der Narzisst weiß in stiller Stunde ja genau, dass der Beifall nicht wirklich ihm, sondern nur dem von ihm entworfenen Bild, seinem Image gilt und neigt von daher selbst zu Entwertungen und Beziehungsabbrüchen. Er hat eine Art von chronischem seelischem Durchfall, an dem er erst zu leiden beginnt, wenn es ihm nicht mehr gelingt – sei es aus Alters-, Gesundheits- oder materiellen Gründen – sein Image aufrechtzuerhalten. Sein Leid ist immer Selbstmitleid und nie wirkliches Mitleid mit anderen. Das Problem der Authentizität teilt er mit dem histrionischen Persönlichkeitstyp. Nur ist er gleichsam eindimensional auf Verleugnung der schmerzlichen Realität mittels ausgefeilter Größenfantasien angewiesen und reagiert deshalb wesentlich unverzeihlicher und nachtragender auf kleinste narzisstische Kränkungen. Der narzisstisch Gestörte bleibt bei seinem blitzartig aufgebauten kalten Erregungspegel, um unnachgiebig Rache zu nehmen durch Nichtbeachtung oder durch offene Aggression. Der Narzisst agiert gezielt auf Wirkung. Das macht die Gefährlichkeit aus, die von solch gestörten Persönlichkeiten ausgeht. Sein Image, Gesichtsverlust, erscheint ihm extrem bedroht. Einerseits ist das „Überleben" seines Image ihm teuer und ausgesprochen wichtig. Andererseits ergibt sich für seine Umgebung daraus die Chance, durch gezielte Fütterung der narzisstischen Strukturen diese Art von Menschen zu beeinflussen.

7.4 Depressiv-abhängige Persönlichkeitsstörung

Ich hasse dich, verlass mich nicht!

Der an einer depressiv-abhängigen Störung leidende Mensch erlebt sich als aus der Welt herausgefallen. So abgeschnitten wie er sich von dieser sieht, so ist auch sein Zugang zu seinen Gefühlen. Wo Trauer wäre, spürt er Leere, wo Wut sein könnte, setzt er Resignation und Selbstvorwurf. Sein ehedem als Schutzmechanismus dienender Rückzug aus der äußeren Welt und der damit verbundene Prozess der inneren Selbstverkleinerung haben ihn auf der Basis einer bestehenden Labilität und Brüchigkeit in ein Gefängnis der Ausweglosigkeit geführt. Längst ist er nicht mehr in der Situation, sich narzisstisch zu stärken und macht sich unangemessene Schuldvorwürfe. Die eigentlich vorhandene Aggression auf Frustrationen jeder Art ist blockiert oder wendet sich gegen ihn selbst. Wenn auch an der Oberfläche benennbare Schicksalsschläge verantwortlich erscheinen, so handelt es sich oft im tiefsten Grund um eine enttäuschte Lebensliebe, verbunden mit existenzieller Schuld: „Ich habe das Leben geliebt, aber es mich offensichtlich nicht. Also muss es an mir liegen." Als unauflösbares Drama erscheint dann, dass es niemanden gibt, der die Absolution von der empfundenen, durchaus nicht immer rational begründbaren Schuld erteilen kann. Ein solches Verständnis von Depression kann Außenstehende davor schützen, den Suizid per se als feige Handlung schwacher Menschen einzuordnen. Im Umgang mit einem solchen Menschen sollte versucht werden, ihm zu vermitteln, dass er gewollt ist und gebraucht wird.

Suizidalität und depressive Störung
Als Täter erscheint der depressiv Gestörte hauptsächlich in engem Zusammenhang mit suizidalen Handlungen. Umgekehrt gilt aber nicht, dass Suizidalität ausschließlich gebunden ist an die depressive Störung. Vielmehr kann sie nicht nur bei anderen Persönlichkeitsstörungen und Psychosen auftreten, sondern auch bei körperlich Kranken und Menschen in anderen Krisensituationen.

Suizidalität
Wenn auch alle suizidalen und parasuizidalen Handlungen einer generellen Hoffnungslosigkeit entspringen, die dem Täter das Leben unerträglich erscheinen lässt, so muss doch in der kriminalistisch-situativen Analyse zur Entwicklung einer angemessenen Reaktionsform die konkrete Situation abgeklärt werden, nach folgenden Kriterien:

Grund/Anlass:

- finanzielle Notlagen,
- Angst vor Krankheit und Leiden,
- Angst vor Entdeckung und Schuld,
- Angst vor Strafe,
- Prestigeverlust.

Motiv:

- Flucht vor unerträglicher Realität,
- Flucht vor einer vermuteten aussichtslosen Zukunft,
- will etwas erreichen, durchsetzen,
- will andere beschämen,
- will sich an anderen rächen.

Suizidverhalten:

- appellativ (wirkt demonstrativ),
- ambivalent (lässt den Ausgang offen),
- verzweifelt (muss nicht kompromisslos sein),
- dranghaft/entschieden (sucht bedingungslos den Tod).

Typen des Suizids:

- Einzelsuizid,
- gemeinsamer Suizid (Verabredung von mehreren Menschen),
- erweiterter Suizid (Tötung anderer, um ihnen Leid, Not oder Schande zu ersparen),
- provozierter Suizid (bedroht andere, um von ihnen getötet zu werden).

7.5 Kombinierte und inadäquate Persönlichkeitsstörung

> Eine Persönlichkeitsstörung ist schlimm, zwei sind schrecklich, drei sind eine Katastrophe.

Bei komplex gestörten Menschen kann es zu andauernden Veränderungen im Wahrnehmen, Denken und Verhalten gegenüber der Umwelt und der eigenen Person kommen. Das gesamte Verhalten ist völlig fehlangepasst und unberechenbar. Eine derartige andauernde Persönlichkeitsänderung wird meist als Folge verheerender traumatischer Erfahrungen gesehen, kann sich aber auch nach einer schweren, wiederholt aufgetretenen oder langdauernden psychischen Störung entwickeln (Dilling et al. 2018, S. 285).

Bei einer dauerhaften Persönlichkeitsstörung ist das Verhalten völlig unflexibel. Dadurch kommt es zu erheblichen Störungen in zwischenmenschlichen, sozialen und beruflichen Beziehungen. Diese Menschen haben häufig eine feindliche oder misstrauische Haltung der Welt gegenüber. Sie ziehen sich sozial zurück und haben ein dauerndes Gefühl der Leere oder Hoffnungslosigkeit. Sie sind ständig nervös und fühlen sich permanent bedroht. Sie entfremden sich von allen und von jedem. Oft haben sie eine hochgradige Abhängigkeit sowie eine Anspruchshaltung gegenüber anderen. Sie fühlen sich permanent stigmatisiert und infolgedessen sind sie unfähig, enge vertrauensvolle und persönliche Beziehungen aufzunehmen und beizubehalten. Ihr Weg führt sie immer weiter in die soziale Isolation. Sie wirken passiv, haben ein vermindertes Interesse und vernachlässigen Freizeitbeschäftigungen. Sie klagen ständig darüber, krank zu sein und haben oft über Wochen frische Beschwerden oder zeigen ein kränkelndes Verhalten. Ihre Stimmung ist labil (Dilling et al. 2018, S. 287 f.). Menschen mit kombinierten Persönlichkeitsstörungen hinterlassen oft im wahrsten Sinne des Wortes eine Spur der Verwüstung. Eine gefährliche Persönlichkeit ist schlimm. Aber wenn sich mehrere gefährliche Persönlichkeiten in einer Person zusammenfinden, wird es eine erhebliche Bedrohung für die Gesellschaft.

Der Begriff der *inadäquaten Persönlichkeitsstörung* wird zwar häufig verwendet, aber so unterschiedlich gefüllt, dass er wenig konsistent erscheint.

Zum einen wird der Begriff in die Nähe der dependenten Persönlichkeitsstörung gerückt. Die Abhängigkeit drückt sich dann in einem starken Versorgungsbedürfnis, verbunden mit unterwürfigem, anklammernden Verhalten und Trennungsängsten, aus. Zum anderen wird er gerne als der ewige Verlierer verstanden, der im familiären, sozialen und beruflichen Bereich laufend Misserfolge erleidet und durch sein Handeln wesentlich Aufmerksamkeit auf sich lenken möchte. Merkmale von Bindungslosigkeit und Geltungsstreben also, die entweder mehr der schizoiden Persönlichkeit oder mehr der narzisstischen Störung eigen sind. Verbindliches Element scheint hauptsächlich die geringe

Intelligenz des „ewigen Verlierers" zu sein, die aber als Merkmal insofern eine nachgeordnete Rolle spielt, als sie die Erscheinungsform, nicht aber das Wesen der inadäquaten Persönlichkeit bestimmt. Salopp gesagt, kann ein intelligenter Narzisst ungeheuer charmant und anregend sein, wohingegen ein dummer Angeber nur peinlich und nervend wirkt. Ein intelligenter Dissozialer kann einen lange an der Nase herumführen und ringt einem ungewollt Respekt ab, ein dummer dagegen beeindruckt nur durch seine Skrupellosigkeit und ruft sofort und einzig Verachtung hervor.

Da im Sinne der Tendenz die wichtigsten Persönlichkeitswesenszüge durch die beschriebenen vier Typen und vier Störungen abgedeckt sind, erübrigt sich die Aufnahme einer „inadäquaten Persönlichkeitsstörung"!

Die menschliche Persönlichkeit lässt sich grundsätzlich in vier verschiedene Charaktertypen mit unterschiedlichen Wesenszügen unterteilen (s. Tab. 6.1). Das Verhalten eines Menschen wird durch zahlreiche Einflussfaktoren während seiner Persönlichkeitsentwicklung bestimmt. Dabei läuft nicht immer alles nach Plan und es kann zu verschiedenen Störungen kommen. Persönlichkeitsstörungen sind immer Beziehungsstörungen. Das gilt auch und insbesondere für Täter. Zusammenfassend kann gesagt werden, dass das Verhalten von Tätern immer durch seine Persönlichkeit sowie durch die konkrete Situation bestimmt wird, in der er sich befindet (s. Abb. 7.1).

In der Einleitung haben wir darauf hingewiesen, wie wichtig es ist, ein Gespür für die Situation zu bekommen (s. Kap. 1). Es geht hierbei um eine emotionale Anmutungsqualität, für die es, ebenso wie beim ersten Eindruck, keine zweite Chance gibt. Im Sinne einer emotionalen Qualität meint Anmutung aber deutlich mehr als nur erster Eindruck. Es geht hier nicht um den sachlichen Inhaltsaspekt einer Verhaltensäußerung,

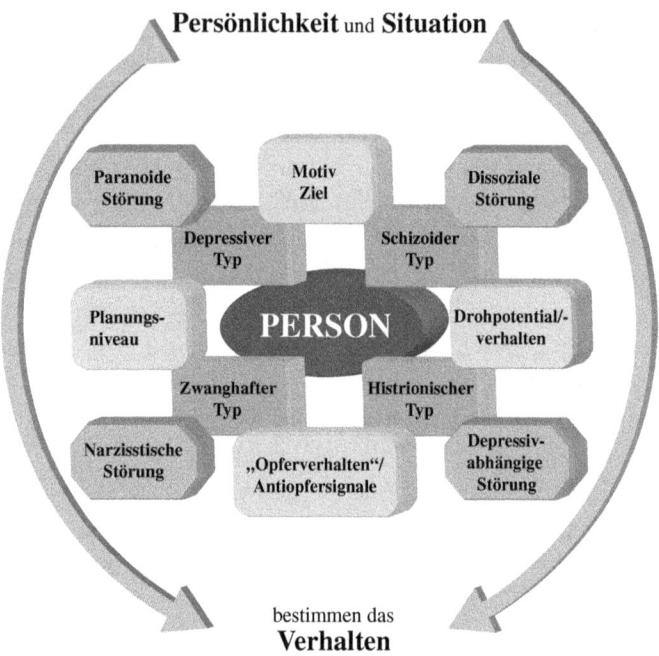

Abb. 7.1 Persönlichkeit und Situation bestimmen das Verhalten des Täters

sondern um die innewohnende Selbstoffenbarung des Täters hinsichtlich seiner psychischen Verfassung und Struktur. Unter bewusster Hintanstellung von analytischen Diagnosen, d. h. auch ohne Begründung, gibt man den nachgefühlten Befindlichkeiten des Täters, die in der Art und Weise seines Verhaltens mitschwingen, verbalen Ausdruck. Das gelingt am besten mit Adjektiven oder bildlichen Vergleichen. Dieser Moment emotionaler Anmutung ist einmalig und sollte genutzt werden, denn oft enthält er bereits wichtige Hinweise auf Tätertyp und psychische Störung.

Was ist das nur für ein Mensch, der so etwas tun konnte? Das ist eine Frage, die in aller Munde ist, wenn ein furchtbares Verbrechen geschieht. Aber nicht nur dann. Insbesondere in zwischenmenschlichen Beziehungen, wenn sich jemand unmoralisch oder dissozial verhält und handelt, wird diese Frage gestellt.

Auch die Wissenschaft hat sich mit dieser Frage beschäftigt. Psychologie, Psychiatrie, Kriminologie und Philosophie versuchen darauf Antwort zu geben. Eine Frage, die beinhaltet, dass die Verantwortung für ein Verbrechen, dissoziales, nicht normkonformes oder einfach ungewöhnliches Handeln bei dem Menschen selbst liegt, mit dem Individuum zu tun hat, also von seiner Persönlichkeit abhängig ist (Musolff und Hoffmann 2002, S. 257). Neben den oben beschriebenen Persönlichkeitstypen und psychischen Störungen können inzwischen sogar zuverlässige Aussagen über die Gefährlichkeit von Straftätern getroffen werden. Dabei berücksichtigt man die Anzahl an Verurteilungen, die Häufigkeit gewalttätiger strafbarer Handlungen sowie das Alter bei der ersten strafrechtlichen Auffälligkeit. Bei zunehmender Gefährlichkeit lassen sich auch die beschriebenen Persönlichkeitseigenschaften deutlich aufweisen. Je jünger ein Täter bei der ersten strafrechtlichen Auffälligkeit ist, desto höher ist sein Drang, feindselige Impulse auszuleben, desto größer ist die Wahrscheinlichkeit, dass er eine kriminelle Karriere vor sich hat und ein strafrechtlich relevantes Leben führen wird (Musolff und Hoffmann 2002, S. 276 f.).

Was ist das nur für ein Mensch, der so etwas tun konnte? „Sehr unterschiedliche Menschen, die viele Gemeinsamkeiten haben", das ist unsere Antwort.

Massive Störungen des Sozialverhaltens in der Kindheit und Jugend, Bindungsstörungen und das Gefühl, ein ungeliebtes und nichtbeachtetes Kind zu sein, sind nur einige der Gemeinsamkeiten. „Die Entwicklung von emotionaler Schwingungsfähigkeit ist entscheidend mit den eigenen Sozialisationserfahrungen in der frühen Kindheit verbunden. Inwieweit man von klein auf Zuwendung, Sorge und positive Gefühle erfahren hat, ist maßgeblich wegweisend für eine spätere psychische Gesundheit, hat vielfach Einfluss auf die Gewaltbereitschaft, aber auch andere psychische Störungen. Frühkindliche Sozialisationsschäden, schlechte Erziehungsbedingungen, Vernachlässigung, Missbrauch, aber auch schwere körperliche Strafen bedingen diese. Kann in der Kindheit keine stabile, gute emotionale Beziehung zu den Erziehungspersonen aufgebaut werden – in der Regel zu Mutter und Vater, gelegentlich auch zu anderen Verwandten, wie Großmutter und Großvater –, wirkt sich das häufig deutlich auf das weitere Verhalten aus" (Kury 2014, S. 23).

Je früher Jugendliche Verbrechen begehen, desto größer wird ihre Persönlichkeitsstörung und desto gefährlicher werden sie mit der Zeit. Im Juli 2019 wurde in Nordrhein-Westfalen ein 18-jähriges Mädchen von fünf Tätern über mehrere Stunden brutal vergewaltigt. Ein Ereignis, das sehr hohe mediale Aufmerksamkeit bekommen hat, denn die Täter waren zwischen 12 und 14 Jahren alt. Sehr schnell werden Forderungen laut, das Alter der Strafmündigkeit herabzusetzen. Die Autoren sind hier aber anderer Meinung. Das Jugendstrafrecht hat sich seit vielen Jahren bewährt und es gibt gute Gründe, warum die Strafmündigkeit erst bei 14 Jahren liegt. Würde man 12-Jährige einsperren, sind sie nach 10 Jahren mit hoher Wahrscheinlichkeit immer noch hoch kriminell. Besser als Bestrafung wären erzieherische Maßnahmen, die von Hoheitsbehörden angeordnet werden und eine ähnliche Wirkung wie eine Strafe entfalten könnten – nur besser. Jugendliche Gewalttäter sollten zuerst einmal Einsicht bekommen in ihr Fehlverhalten. Dann sollte ihnen Gelegenheit gegeben werden, Regeln zu lernen und sich an Regeln zu halten. Eine Resozialisierung eines Straftäters kann nur dann gelingen, wenn er überhaupt eine Sozialisationserfahrung gemacht hat. Viele Täter haben aber aufgrund ihrer frühen Störungen im Sozialverhalten nie Regeln gelernt. Daher brauchen sie familienähnliche Systeme, in denen sie lernen, arbeiten sowie Regeln kennenlernen. Nur so kann unter günstigen Umständen möglicherweise erreicht werden, ihnen ein straffreies Leben zu ermöglichen und Gewaltkarrieren zu verhindern. Nur so kann man Opfer und die Gesellschaft vor solchen Tätern schützen.

Wie bedrohlich Subjekte in unserer Gesellschaft agieren, wenn es nicht nur einzelne Personen, sondern Gruppen oder Bewegungen betrifft, zeigt sich am Beispiel des Vorgehens politisch rechts zu verortender Gruppierungen. Hier sind es neben Subgruppierungen durchaus auch (bislang) rechtsstaatliche Parteien, die sich einer perfiden Taktik bedienen, um ihr Gedankengut zu verbreiten und ihre Anhänger auf sich einzuschwören. Dabei ist ihr Vorgehen so simpel wie wirkungsvoll. Die Gruppen/Parteien nutzen hierfür die enorme Verbreitungskraft der sozialen Medien. Sie nutzen dazu Aussagen in Form von wörtlichen Zitaten, die von Experten oder Personen des öffentlichen Lebens in der Öffentlichkeit, in aller Regel im Fernsehen, getätigt wurden. Diese Aussagen werden aus dem Zusammenhang isoliert und in einen neuen, hetzerischen, den Zielen der Gruppierung entgegenlaufenden Zusammenhang gestellt. Diese so erstellten (Propaganda)Clips werden bei Facebook, Twitter und Co. online gestellt. Dabei halten sich die Ersteller inzwischen peinlich genau an die Rechtslage (z. B. wird die Quelle angegeben und genau zitiert). Von den Anhängern der Gruppierung, die diesen Medien folgen, wird der Clip dann regelrecht gefeiert, tausendfach kommentiert, gelikt, geteilt und weiterverwendet.

Das Perfide an diesem Vorgehen ist dabei nicht, dass diese Gruppierungen und Parteien Aussagen aus dem Zusammenhang reißen und in einen völlig sachfremden Kontext stellen. Auch nicht, dass sie sich durch Quellenangaben und Links zu den Originalbeiträgen einen seriösen Touch geben und sich scheinbar von Fake News abgrenzen. Nein, das wirklich perfide ist, dass diese Gruppierungen und Parteien die gruppendynamischen Prozesse, die durch die massenhafte Verbreitung dieser manipulativen Clips im Netz entstehen, nutzen, um einen *Tsunami des Hasses* zu erzeugen.

Die Konsumenten dieser Clips sehen sich durch die enorme Zustimmung in Form von Kommentaren und Likes in ihrer Einstellung mehr als bestätigt. Sie fühlen sich nicht nur aufgenommen und verstanden in der Gruppe der Kommentierenden und Likenden, sondern auch verbunden im gemeinsamen Kampf gegen das durch den Clip erzeugte personifizierte Feindbild. Darüber hinaus stärkt es die Clipkonsumierer in ihrem Selbst ganz enorm, dass sie (scheinbar) ganz anonym im Internet Hasskommentare abgeben oder die „bösen" und „fehlgeleiteten" Personen, deren Aussagen in den Clips missbraucht werden, per E-Mail natürlich ebenfalls anonym persönlich belästigen, beschimpfen und bedrohen. Zu dem wohligen Wir-Gefühl kommt damit das individuelle Ich-Gefühl, sich für die gemeinsame Sache eingesetzt zu haben. Eine böse Spirale des Hasses.

Traurige Beispiele für dieses Vorgehen gibt es leider viele, jedoch beginnen die ersten Opfer dieses Tsunamis sich zu wehren, und sie bekommen entsprechende Rückendeckung durch Polizei und Gerichte.

Literatur

Dilling, H., Mombour, W., et al. (2018). *Internationale Klassifikation psychischer Störungen: ICD-10 Kapitel V (F) – Klinisch-diagnostische Leitlinien*. Bern: Verlag Hogrefe AG.

Douglas, J., & Olshaker, M. (1997). *Jäger in der Finsternis: Der Top-Agent des FBI schildert seine Methoden bei der Fahndung nach Serienmördern*. Hamburg: Spiegel-Buchverlag.

Kury, H. (2014). *Im Gehirn des Bösen. Die spektakulärsten Fälle eines Gerichtsgutachters*. München: Piper Verlag GmbH.

Musolff, C., & Hoffmann, J. (Hrsg.). (2002). *Täterprofile bei Gewaltverbrechen. Mythos, Theorie und Praxis des Profiling*. Heidelberg: Springer.

Reiners, L. (Hrsg.). (1995). *Der ewige Brunnen. Ein Hausbuch deutscher Dichtung*. München: Beck.

8

Was können wir gegen das Böse im Alltag tun?

Im Grunde ist jeder Mensch zu allem fähig.
(Johann Wolfgang von Goethe)

Zusammenfassung Entwickeln Sie ein Gespür für die Menschen und für Situationen. Verlassen Sie sich auf Ihr Bauchgefühl. So werden Sie schnelle Entscheidungen treffen können, wer gut und wer böse ist.

8.1 Tätereinschätzung und Gespür für die Situation

„Glauben und Wissen verhalten sich wie die zwei Schalen einer Waage: In dem Maße, als die eine steigt, sinkt die andere" (Arthur Schopenhauer, Parerga und Paralipomena). Das Leben bietet uns viele Gelegenheiten zur Vorhersage (Kahnemann 2012, S. 231). Man sagt, der erste Eindruck stimmt oft. Aber wie treffen wir eigentlich

unsere Entscheidungen? Wie erkennen wir, ob ein Mensch gut oder böse ist? Wenn wir zögern, dann kann das manchmal ein überlebensnotwendiger Reflex sein.

Es gibt viele *mentale Muster,* denen wir folgen, und nicht alle davon sind uns bewusst. Je mehr wir aber unsere mentalen Muster kennen, desto besser sind wir gewappnet, verhängnisvolle Fehlentscheidungen zu treffen. Gespür zu haben, ist nichts anderes als das, was wir umgangssprachlich mit *Bauchgefühl* beschreiben. Ein anderes Wort für Bauchgefühl ist *Intuition.* Das Wort Intuition kommt aus dem Lateinischen *„intuere"* und heißt ins Deutsche übersetzt *genau hinsehen.* Intuition ist nicht mehr voll bewusst, wie dies z. B. bei der therapeutischen oder medizinischen Diagnose der Fall sein kann, der sog. *klinische Blick* (Wirtz 2014, S. 830). Wer also genau hinsieht, hat eine zuverlässige Intuition. Je mehr Sie über die Profile des Bösen erfahren, desto genauer werden Sie die Merkmale und Verhaltensauffälligkeiten des Bösen erkennen, umso besser wird Ihre *Intuition für das Böse.*

Intuition ist also nichts Außergewöhnliches oder Übersinnliches, was es ganz nebenbei auch gar nicht gibt. Denn alles, was wir erleben, können wir nur mit unseren sieben Sinnen aufnehmen: Sehen, Hören, Riechen, Schmecken, Fühlen, Gleichgewicht, Tiefen- und Selbstwahrnehmung. Das war's. Mehr Sinne gibt es nicht. Und das Bauchgefühl ist nichts anderes als reine Biochemie, wenn man so will. Mediziner nennen es *„somatische Marker".* Man kann auch sagen *„Körpersignale".* Und Sie zu verstehen ist ganz einfach, denn unser Körper kennt im Grunde genommen nur zwei verschiedene Körpersignale: 1) Stop und 2) Go. Das eine ist negativ, das andere ist positiv. Wenn Sie mal einen Selbstversuch unternehmen wollen, dann öffnen Sie doch am Montagmorgen einmal das Postfach von Ihrem E-Mail-Eingang. Dort sehen Sie, dass Sie gefühlt eine Million neue E-Mails bekommen haben. Wenn Sie jetzt auf einige

8 Was können wir gegen das Böse im Alltag tun?

Absender oder auf die Betreffzeile schauen, kann es sein, dass Sie in einem Bruchteil einer Sekunde ein extrem unangenehmes Gefühl in der Magengegend bekommen. Würde man Sie jetzt in dieser Situation in einem Comic abbilden, dann stünde in der Sprechblase darüber vermutlich: *„Grmpf"*! Das ist das Körpersignal 1. Es ist unangenehm. Körpersignal 2 hingegen ist positiv. Verliebte beschreiben es immer wieder als *„Schmetterlinge im Bauch"*. Das ist auch ein komisches Bauchgefühl, aber es ist *schön komisch*. Der Bauch ist so etwas wie Ihr zweites Gehirn. Also mehr oder weniger intelligent und ziemlich clever. Weil unser Gehirn aber viele Dinge vergisst, vertrauen Sie lieber Ihrem Körper.

Was Ihr Körper einmal gelernt hat, vergisst er nämlich nicht mehr. Hier ein paar Beispiele: Fahrradfahren, Schwimmen, eine Treppe rauf- oder runtergehen, einen Löffel zum Mund führen oder sich mit nacktem Hintern einmal in Brennnesseln setzen. Oder Heiraten *(„Heirate oder heirate nicht. Du wirst beides bereuen" [Sokrates])*. Alles das, was unser Körper mit brennendem Interesse gelernt hat, vergisst er nicht mehr. Aus gutem Grund. Können Sie sich noch daran erinnern, wo Sie waren oder was Sie gemacht haben, als Sie von dem schrecklichen Terroranschlag am 11. September 2001 in New York erfahren haben? Viele Menschen wissen das noch sehr genau, sie wissen sehr viele Details und manchmal auch, was sie an diesem Tag an hatten. Und wissen Sie noch, was Sie heute genau vor einer Woche für eine Kleidung getragen haben? Wissen Sie, wo Sie am 11. September 2003 waren? Ereignisse, die zeitlich betrachtet viel näher liegen, und doch können wir uns nicht mehr daran erinnern.

Alles, was brennendes Interesse erzeugt, ist wichtig und wird sofort im Körpergedächtnis gespeichert. Ihr Bauchgefühl kann so zu einem ganz wichtigen Teil Ihres persönlichen Gefahrenradars werden. Aber wie und wann lernen wir denn Gespür und Intuition? Antwort: schon sehr früh. Lange bevor wir sprechen können. Sie werden sich nicht daran erinnern, aber als Säugling konnten Sie exakt 24,8 cm scharf sehen. Sie denken jetzt, was für ein Quatsch?! Aber von der Natur ist das schon ganz genial angelegt. 24,8 cm ist die durchschnittliche Entfernung zwischen dem Gesicht der Mutter und dem Säugling, beim Stillen oder beim Fläschchen geben. *Eigentlich erblicken wir also nicht das Licht der Welt, sondern das Gesicht von Mamma.* Lange bevor wir sprechen können, fühlen wir die Welt, die sich im Gesicht der Mutter widerspiegelt. Lächelt sie oder ist sie gestresst? Singt sie ein Kinderlied oder meckert sie rum? Bekommen Sie jetzt schon eine Ahnung davon, was wir mit Gespür für einen Menschen und eine Situation meinen? Fühlen wir uns sicher und geborgen oder ängstlich und unsicher? Schauen Sie einen Menschen an, beobachten Sie, wie er oder sie sich verhält, und achten Sie dabei ausschließlich auf Ihr Bauchgefühl. Das nennt man *Gespür.*

Leonardo da Vinci war der Mann, der alles wissen wollte: „Das Gesicht ist im täglichen Miteinander der wohl faszinierendste Körperteil. Vor allem über das Gesicht erhält man Informationen zur Identität von dessen Besitzerin oder Besitzer, auch darüber, ob ein Dritter ihn oder sie als noch unbekannt betrachtet oder bereits als bekannt im Gedächtnis abgespeichert hat und vielleicht mit einem Namen oder einer vertrauten Gegebenheit in Verbindung bringen kann. Die Fähigkeit, Gesichter wiederzuerkennen, ist ein evolutionäres Erbe des Menschen. Ausgehend von ihrer neurologischen Verortung im Gehirn wird vermutet, dass sie bereits bei der Geburt angelegt ist. Obwohl sich das Wiedererkennen von Gesichtern erst im Lauf der Individualentwicklung spezialisiert, gehört es zu den menschlichen Fähigkeiten, die im allgemeinen nicht mühevoll erlernt werden müssen. So ist es wenig verwunderlich, dass das Gesicht eines Menschen insbesondere im Bereich

8 Was können wir gegen das Böse im Alltag tun?

der Authentifizierung von Personen einen sehr hohen Stellenwert hat" (Roeck 2019, S. 369).

Unser Körper lernt schon sehr früh zwischen Gut und Böse zu unterscheiden. Manche Erfahrungen müssen wir dabei selber machen, auch wenn wir aus der Erfahrung anderer hätten lernen können. Beispiel: die berühmte *Hand auf der Herdplatte*. Das ist Erfahrungswissen. Erfahrungswissen ist Intuition und Intuition ist Gespür, alles zusammen nennt man das Bauchgefühl. Und noch etwas: Je besser Sie entspannen können, desto mehr Raum entsteht für das Bauchgefühl. Zu Ihrer eigenen Sicherheit kann es von daher ganz hilfreich sein, wenn Sie eine oder mehrere Entspannungstechniken lernen, und diese im besten Fall täglich anwenden. Es gibt ganz viele wunderbare aktive und passive Entspannungstechniken: Yoga, Meditation, autogenes Training, mit dem Hund rausgehen, Malen, Kochen, ein Buch lesen oder eben Hypnose und Selbsthypnose. Wenn Sie Ihre Entspannungstechniken täglich praktizieren, dann tragen Sie sozusagen Ihr *mentales Wohnzimmer* jederzeit bei sich und dort können Sie sich jederzeit und überall ganz sicher und geborgen fühlen. Vorstellungskraft und Denken sind so etwas wie googlen. Nur cooler.

„*So ein Zufall! Neulich hat sich in Amerika ein Mann gewaschen. Und sein Zwillingsbruder in Australien wurde plötzlich sauber*" (Hirschhausen 2016, S. 90). Vertrauen Sie Ihrem Körper! Vor allen Dingen: Vertrauen Sie Ihrem Bauch. Er weiß mehr als Sie verstehen. Haben Sie sich eigentlich schon mal die Frage gestellt, warum Sie plötzlich etwas wissen, das Sie eigentlich nicht wissen können? Kommt Ihnen das bekannt vor? Sie denken gerade an eine liebe Freundin und genau in diesem Augenblick werden Sie von ihr angerufen. Zufall? Woher wissen Mütter manchmal, dass irgendetwas mit ihrem Kind nicht stimmt, obwohl es kilometerweit entfernt ist. Vorahnung? Sind wir manchmal auf unerklärliche Weise unsichtbar miteinander verbunden? Vorahnungen, manchmal auch das *„zweite Gesicht"* genannt, sind nichts Esoterisches, sondern Realität, für die es sehr seriöse Erklärungsansätze gibt (Schmid 2015). *„Auch das Zufällige ist nur ein auf entfernterem Wege herangekommenes Notwendiges"* (Arthur Schopenhauer). Warum ahnen wir manchmal plötzlich etwas, das wir eigentlich nicht wissen können? Man spürt geradezu körperlich, eine Dringlichkeit zu handeln, und falls man ihr nachgibt, klärt und bewahrheitet sich im Nachhinein der Grund des bis dahin rätselhaften Gefühls. Schmid nennt solche Phänomene *„Klick-Erlebnisse".* Es ist ein quantenbiologisches Phänomen (Schmid 2015, S. 10). Sagen wir doch Bauchgefühl! *„Das wahre Zeichen von Intelligenz ist nicht das Wissen, sondern die Vorstellungskraft"* (Albert Einstein). Je mehr Sie über das Böse wissen und je besser Sie sich das Böse vorstellen können, desto mehr können Sie dagegen im Alltag angehen.

Es gehört zwar nicht genau zum Thema, aber wir wollen für einen kurzen Augenblick noch einmal auf das Thema Kinderlieder zu sprechen kommen. Warum? Mindestens aus zwei Gründen. Erinnern Sie sich gerade noch an das Zitat am Anfang des Buches von Johann Gottfried Seumes? *Wo man singt, da lass dich ruhig nieder, böse Menschen haben keine Lieder.* Mütter und Väter, die ihren Babys Kinderlieder vorsingen, vermitteln den Kindern darüber schon sehr früh ein untrügliches Gespür für das Gute. Sie verpassen ihnen eine schöne Grundierung. Wie bei einer Teflonpfanne, an der das Böse dann einfach nicht haften kann. Es hat etwas mit unserer Seele zu tun. Sie erinnern sich? Unsere Seele ist zweierlei: 1) Träger der bewussten Erinnerungen, 2) Abdruck, den die Welt in einem Menschen hinterlässt. Sitz der Seele ist das Gesicht, die Augen sind der Spiegel der Seele, die Ohren sind das Instrument der Seele, die sie zum Klingen bringt.

8 Was können wir gegen das Böse im Alltag tun?

Aber was haben Seele und Musik überhaupt miteinander zu tun (Lüdke 2017/2)? Musik ergreift uns, berührt uns. Sie macht uns fröhlich oder traurig, stimmt aggressiv oder romantisch. Mit Musik ziehen Menschen in den Krieg, zur Musik tanzen sie, küssen, verlieben sich. Musik erklingt bei Lust und Leid, Hochzeiten und Hinrichtungen. Es gibt keine wissenschaftlichen Studien dazu, warum das so ist. Am stärksten wird der Bezug von Musik und Gefühl bei Liebesliedern und Wiegenliedern empfunden. Herz-Schmerz, Treue-Reue, Frust-Lust. Es sind oft langsam gesungene Musikstücke (meist im Dreivierteltakt), deren Melodien einen einfachen Charakter haben sollen.

Gerade Wiegenlieder sind oft nur ein Singsang, manchmal ein Summen, das bestimmte musikalische Phrasen immer wiederholt. Der Rhythmus wird durch das Schaukeln des Kindes bestimmt. Auf dem Arm oder im Bettchen. Denn das ist Bestandteil der Einschlafzeremonie. Die am häufigsten verwendeten Silben in Wiegenliedern sind Vokal-Konsonanten-Kombinationen, die auch von kleinsten Kindern spontan geäußert werden können: lu-lu, la-la, lu-lei, na-na, bo-bo, do-do. Die können leicht gebildet und ausgesprochen werden, das heißt, der Sänger, meist die Mutter, stellt sich auf die Bedürfnisse des Kindes ein. Die Musik stellt sich auf die Bedürfnisse des Menschen ein. Die Inhalte fast aller Wiegenlieder dieser Welt kann man auf einem Bierdeckel zusammenfassen: *„Schlafe, ein, die Mama ist da und passt auf, es ist alles in Ordnung, du bist in Sicherheit"*. Das war's! Übrigens: Der Übergang von Wiegenliedern zum Gebet und dem Beten sind fließend. Es geht sehr oft um *Wachen, Aufpassen* und *Beschützen*. Kinder verstehen den emotionalen Inhalt von Liedern viel schneller als eine Sprachmelodie. Musik lernt man schneller als Sprechen. Bedenkt man, dass viele Erwachsene, wenn sie mit Babys sprechen, in einen stärkeren Singsang verfallen und Babysprache sprechen: ri-ri-ri, da-da, wau-wau, tai-ta. Sprache ist dann sehr emotionsgeladen.

Emotionen-Musik-Gedächtnis (Körpergedächtnis) und Erinnerungen hängen eng zusammen, fast untrennbar. Es ist aber weniger die Musik als vielmehr die Assoziation von Gefühlen wie auch Erlebnissen im Zusammenhang mit Musik. Gänsehaut: Wer kennt das nicht?! Manchmal läuft einem ein richtiger Schauer den Rücken herunter oder es kommen uns die Tränen beim Hören von Musik. Ausgelöst wird das durch Erinnerungsbilder im emotionalen Gehirn. Diese Erinnerungen können direkt mit der Musik und einem bestimmten Ereignis verbunden sein (wie z. B. das Lied auf dem Weg in die Klinik kurz vor der Entbindung des ersten Kindes oder der Song im Radio nach der Unterrichtung vom Tod eines nahen Angehörigen) oder aufgrund der Ähnlichkeit der Musik(richtung) Erinnerungen hervorrufen. Und auch das Motivationszentrum im Gehirn wird aktiviert, wenn wir Musik hören oder natürliche „Rauschzustände" erleben. Dann wird im Motivationszentrum ein Hormoncocktail gemixt, bestehend aus den Glückhormonen (Endorphinen) Serotonin und Dopamin und dem Bindungs- und Vertrauenshormon Oxytocin. Musik wirkt im Gehirn wie eine Belohnung und macht schnell „süchtig", weil es gute Laune macht und positive Gefühle auslöst. Musik wirkt im Gehirn auf die gleichen Rezeptoren ein wie Heroin. Ein „Musikentzug" ist daher kaum möglich. Allenfalls das Malen in der Kunst. *Angeblich soll Beethoven ja so taub gewesen sein, dass er sein ganzes Leben dachte, er würde malen :-). Ebenso angeblich soll er zu Zeiten, als er noch hören konnte, einmal zu seiner Putzfrau gesagt haben: „Wissen sie eigentlich, dass sie mich ständig inspirieren?" Sie schüttelte aber nur den Kopf und fing herzhaft an zu lachen:*

„*ha-ha-ha*-haaaaaaaaaa":-) (Beethovens 5. Sinfonie, c-Moll, Opus 67). Musik hält unser gehirneigenes Belohnungssystem auf Trab! Es regelt die Aktivität des Mandelkerns herunter und damit unser gehirneigenes Angsterwartungssystem. Musik vertreibt die Angst!!

Fazit: Wer fühlen will, muss hören!

Zwei wichtige Erkenntnisse begleiten die beiden Autoren:

1. Uns stört die Musik nicht beim Tanzen.
2. In der Natur gibt es keine traurigen Töne!

„Und sprich nur ein Wort, so wird meine Seele gesund", sprach der Hauptmann von Kafarnaum zu Jesus (Math. 8:5–13). Hätte er gesagt: „Und sing nur ein Lied …", hätte der Diener vielleicht eine noch schnellere Heilung erlebt.

Kinder können die Welt besser begreifen als verstehen. Das Verstehen ist ohnehin nur eine Illusion (Kahnemann 2012, S. 247). Verstehen ist nichts anderes als ein *Trostpreis im Leben* (Lüdke 2017/2, S. 3 ff.).

8.2 Gefährliche Menschen im Alltag erkennen

Ich trage schwarz, bis es etwas Dunkleres gibt. „Das Unglück vieler guter Menschen gibt den Bösen den Vorzug, als wären sie eigentlich die Glücklichsten". (Friedrich Nietzsche)

Es gibt Menschen die eine sehr verkorkste Persönlichkeit haben. Bei manchen ist die Persönlichkeit nicht nur verkorkst, sondern hat eine sehr dunkle Seite. Dabei zeigen sie eine ganze Reihe von sozial unerwünschten Merkmalen, die im *subklinischen Bereich* liegen. Subklinisch bedeutet, dass diese Personen *nicht alle Kriterien erfüllen, um eine klinische Persönlichkeitsstörung zu diagnostizieren.* Menschen mit einer dunklen Persönlichkeit sind durchaus fähig, am normalen Alltagsleben teilzunehmen, sowohl privat als auch im Arbeitsumfeld. Teilweise können sie in ihrem Beruf sogar sehr erfolgreich sein. Die drei Merkmale dieser dunklen Persönlichkeiten werden „dunkle Triade" genannt. Diese Bezeichnung geht auf zwei kanadische Psychologen (Paulhus und Williams 2002) zurück.

Die Merkmale der *dunklen Triade* sind eine Kombination:

- *Psychopathie,*
- *Narzissmus* und
- *Machiavellismus.*

Zusätzlich umfasst die dunkle Triade das Merkmal Sadismus (Shaw 2018, S. 40). „Sie liegt jetzt vor mir – ganz nackt und gefesselt. Ich habe ihr vorher die Kleider vom Leib geschnitten. Sie gehört jetzt mir, mir ganz allein. Das Messer halte ich ihr ganz nah vor das Gesicht, sie zittert vor Angst am ganzen Körper. Ich spüre ihren schnellen Atem. Ich schneide ihr einige Male in die Wange. Nicht besonders tief. Sie schreit auf und beginnt wild zu zappeln. Ich gehe etwas tiefer und streiche ihr mit dem Messer über die Kehle. Sie hält den Atem an und starrt mit weit aufgerissenen Augen zu mir hoch. Ich spüre, wie ihr Herz rast. Wieder nur ein kleiner Schnitt. Das Blut läuft ganz allmählich über den Hals und tropft auf den Boden. Dann stoße ich ihr mein Messer in den Hals" (Harbort 2002, S. 55).

8 Was können wir gegen das Böse im Alltag tun?

Menschen, die die Merkmale der dunklen Triade in sich vereinen, können sehr gefährlich sein.

In aller Regel haben sie keine feste emotionale Bindung zu ihren Eltern gehabt. Viele von ihnen haben traumatische Brüche in ihren Beziehungen zu einem oder beiden Elternteilen erlebt. Enge, persönliche Beziehungen bedeuten ihnen nichts. Es gibt drei wichtige Warnsignale für künftiges psychologisch auffälliges Verhalten, die sog. *Symptomtrias* (Fink 2000, S. 128): Tierquälerei, unnatürlich langanhaltendes Bettnässen in fortgeschrittenem Lebensalter und jugendliche Brandstiftung. Treten diese drei Symptome, die auch das *mörderische Dreieck* genannt werden, in einem Alter um 12 Jahre zusammen auf, besteht durchaus die Gefahr, dass sich ein Verhalten einstellt, das bis hin zu sadistisch veranlagten Tötungen führen kann – aber natürlich nicht muss. Nicht jeder Junge, der im Kindesalter alle drei Verhaltensauffälligkeiten aufweist, wird zum Serienmörder (Fink 2000, S. 128). Hinzu kommt oft ein viertes Symptom: zwanghaftes Onanieren. Zu onanieren, das ist für Jungen in der Hochphase ihrer Pubertät zunächst erst mal nichts Ungewöhnliches. Außergewöhnlich ist jedoch das Zwanghafte und vor allen Dingen, dass sie sich während der Selbstbefriedigung keine schönen und erotischen Bilder vorgestellt haben, sondern dass sie sich beim Onanieren vorgestellt haben, einem anderen Menschen Schmerzen zuzufügen, ihn zu quälen, zu würgen oder zu strangulieren. Dadurch kann es dann zu einer hochexplosiven Störung kommen. Es kommt zu einer Verbindung von sexueller Erregung und Gewaltfantasien. Und genau diese Kombination macht solche Täter sehr gefährlich. Viele Serientäter begehen ihre Taten als paradoxen Versuch der Eigentherapie, der aber niemals gelingen kann. Gewaltausübung verwandelt das Gefühl von Ohnmacht in ein kurzzeitiges Erleben von Allmacht. Immer wieder vergewaltigen, immer wieder töten, um sich selbst zu behandeln, um das Gefühl von Macht und Überlegenheit und Kontrolle zu gewinnen. Im schlimmsten Fall eben den wahnhaften Wunsch in sich zu tragen, *Herr über Leben und Tod* zu sein.

Damit Sie Menschen mit Merkmalen der dunklen Triade im Alltag besser erkennen können, möchten wir nachfolgend die typischen Merkmale erläutern. Dabei geht es natürlich nicht darum, quasi als Hobbypsychologe auf die Jagd nach Serientätern zu gehen. Vielmehr sollen derartige Verhaltensweisen, die in abgeschwächter Form auch im Alltag vorkommen und zu bösem Verhalten wie Mobbing, Ausgrenzung, Schikane usw. führen, erkannt werden. Das Erkennen, worauf das alltägliche Böse beruht, kann ganz grundlegend zu kompetentem und entschiedenem Umgang mit und der Abwehr von derartigen Angriffen genutzt werden.

- **Psychopathie:** Psychopathie umfasst skrupellosen Egozentrismus, Furchtlosigkeit, Kaltherzigkeit, Impulsivität, Externalisierung von Schuld, sorgenfreie Planlosigkeit und Stressresistenz. Dies verbirgt sich hinter einer charismatischen Fassade. Umgangssprachlich passen dafür vielleicht am besten die Bezeichnungen „moralisches Irresein" oder „Maske der Niedertracht" (Externbrink 2018, S. 11). Psychopathen können durchaus clever sein und geistig gesund, und dennoch können sie Dinge tun, die nach allgemeiner Auffassung als unmoralisch zu bezeichnen sind. Bestimmende Merkmale der Psychopathie sind u. a. oberflächlicher Charme, Lügen, Mangel an Gewissensbissen, dissoziales Verhalten, Egozentrik und vor allen Dingen ein Mangel an Empathie. Wenn solche Menschen böse werden oder sogar Verbrechen begehen oder Regeln und Normen brechen, leiden sie in keiner Weise unter Gefühlen wie Reue oder Traurigkeit. Empathie macht es schwer, Menschen weh zu tun. Psychopathen können allerdings besonders skrupellos sein (Shaw 2018, S. 42). Diese Menschen können andere Menschen sehr gut manipulieren. Auf den ersten Blick wirken sie sehr charmant und sympathisch, also vollkommen normal. Sie können anderen Menschen ganz erheblichen Schaden zufügen, ohne dabei auch nur mit der Wimper zu zucken, ohne dabei irgendeine Form von Furcht, Schuld oder Freude zu empfinden. Umgangssprachlich könnte man sagen, sie haben „eine sehr kurze Zündschnur". Das bedeutet, dass ihre Aggressionsschwelle sehr niedrig ist und sie sehr impulsiv handeln können. Sie sind quasi wie ein Pulverfass, das jederzeit in die Luft fliegen kann. Nicht alle entscheiden sich automatisch für eine kriminelle Karriere, sondern wir können sie teilweise in vielen Unternehmen als Führungskräfte wiederfinden. Psychopathische Profile sind ein ganz wichtiges Merkmal der Profile des Bösen. Natürlich können auch Soldaten, Chirurgen und Topmanager Merkmale der Psychopathie in sich tragen (Externbrink 2018, S. 12). Sie sind in der Regel vollkommen furchtlos und dominant. Psychopathen können gefühlsbetonte Worte nicht verstehen.

- **Narzissmus:** Narzissten leben mit einer Ambivalenz von Grandiosität und Minderwertigkeit. Ihr Verhalten wird also im Wesentlichen von einem zerbrechlichen Selbstwertgefühl bestimmt. Die Genese von Narzissmus lässt sich am besten mit Blick auf die frühkindliche Entwicklung beschreiben. In der westlichen Gesellschaft nehmen narzisstische Tendenzen zu (Externbrink 2018, S. 8). Narzissten halten sich für großartige Menschen. Wenn sie durch die Fußgängerzone gehen, schauen sie nicht in die Schaufenster, sondern betrachten ausschließlich ihr Spiegelbild. Sie benötigen andere Menschen auch nur als narzisstischen Spiegel. Das bedeutet, sie wollen von anderen nur bewundert und geachtet werden. Ihr Selbstbild ist vollkommen überhöht, sie haben eine Überzeugung der eigenen Grandiosität, sie sind vollkommen ichbezogen und vergehen in Eitelkeit und Selbstgefälligkeit (Shaw 2018, S. 44). Der fleischgewordene Narzissmus hat einen Namen: Donald Trump. Wenn Sie einen Narzissten im Alltag erkennen wollen, denken Sie einfach an Trump, was er sagt und was er tut. Narzissten halten sich für absolut überlegen und haben kein Problem damit, das auch öffentlich zu äußern. Sie selbst halten sich für großartig, doch Außenstehende würden dem nicht immer zustimmen. Narzissten sind arrogant, streitsüchtig und drehen ihr Fähnchen oft nach dem Winde. Es sind die typischen Angeber, selbstgefällig und selbstbewusst, manchmal verbittert und abwehrend. Sie selbst glauben aber nicht immer an ihre eigene Überlegenheit. Grandiose Narzissten können frustrierend sein, verletzliche Narzissten können sehr gefährlich sein. Sie sind eine Mischung aus Zorn und Feindseligkeit. Ihr aggressives Verhalten wird häufig befeuert durch Misstrauen, Ablehnung und wütende Grübelei. Menschen, die ihre Unsicherheit hinter einer Fassade der Überlegenheit verbergen, können besonders gefährlich werden und anderen Menschen etwas zuleide tun (Shaw 2018, S. 46). Das Schicksal der Narzissten besteht darin, dass sie in ihrem Inneren von dem überdauernden Wunsch beherrscht werden, immer und überall von allen anderen bewundert zu werden. Sie haben den permanenten Wunsch, dass ihre Grandiosität permanent bestätigt werden muss. Wenn man einen Narzissten kritisiert oder, noch schlimmer, zurückweist, reagiert er äußerst feindselig, abwertend und böse. Narzissten interessieren sich nicht für andere Menschen. Und wenn sie es tun, dann nur, weil sie sie als Konkurrenten ansehen oder sie für eigene Zwecke ausnutzen wollen. Narzissten haben sich in ihrer Ursprungsfamilie nie als etwas Besonderes erlebt. Die Eltern von Narzissten zeichneten sich entweder durch eine übermäßige emotionale Kälte, Frustration und Vernachlässigung aus oder aber durch Idealisierung, Verwöhnung und fehlende Grenzziehung. Im Kind entsteht so eine Zerrissenheit zwischen grandiosen Gefühlen und Minderwertigkeit. Die Entwicklung eines normalen, gesunden und realistischen Selbstwertgefühls wird dadurch erheblich erschwert (Externbrink 2018, S. 9).

- **Machiavellismus:** Machiavellismus beschreibt eine zynische Sicht auf den Menschen, den Glauben an die Wirksamkeit manipulativer Taktiken und eine stark ausgeprägte Orientierung am persönlichen Nutzen (Externbrink 2018, S. 10). Machiavellismus ist das in der *dunklen Triade* am wenigsten bekannte Persönlichkeitsmerkmal. Seinen Namen verdankt dieses Persönlichkeitsmerkmal dem Philosophen Machiavelli, der 1513 ein Buch mit dem Titel *Der Fürst* geschrieben hat. Das Buch gilt als eines der ersten Werke der modernen politischen Philosophie. Darin beschreibt er Menschen, die bereit seien, alle notwendigen Mittel zu nutzen, um ihre Ziele zu erreichen. Der Zweck heiligt die Mittel, und es ist in Ordnung, wenn diese Manipulationen, Schmeichelei und Lügen mit einschließen. Machiavellismus hat viel mit Heuchelei zu tun. Diese Personen sind zynisch und ausschließlich auf den Eigennutz und persönliche Vorteile bedacht. Soziale Strategien beherrschen sie perfekt *(es ist klug, wichtigen Menschen zu schmeicheln)*. Machiavellisten sind bereit, alles zu tun, um ihr Ziel zu erreichen. Man könnte sagen, dass sie bereit sind, über Leichen zu gehen (Shaw 2018, S. 46). Machiavellisten wollen unter allen Umständen politische Macht ergreifen und erhalten. Machiavellisten sind zynische und kühle Taktiker. Oft treffen sie ethisch sehr fragwürdige Entscheidungen. Sie versuchen mit allen Mitteln ihre eigenen Interessen auf Kosten anderer durchzusetzen oder diese für ihre Zwecke zu instrumentalisieren, zu belügen und zu betrügen (Externbrink 2018, S. 10).

Um die dunkle Triade besser verstehen zu können, lohnt es sich, sie mit den bereits beschriebenen anderen Persönlichkeitsmerkmalen und Persönlichkeitsstörungen in Zusammenhang zu bringen. Hierbei geht es um das „Fünf-Faktoren-Modell".

Die *„Big Five"* der Persönlichkeit:

1. Extraversion,
2. Verträglichkeit,
3. Gewissenhaftigkeit,
4. Neurotizismus und
5. Offenheit für Erfahrungen (Externbrink 2018, S. 16).

Menschen mit einer dunklen Persönlichkeit sind weder hilfsbereit noch mitfühlend. Sie sind weder verständnisvoll noch streben sie nach Harmonie. Im Innersten haben sie einen dissozialen Kern, der alle Komponenten der dunklen Triade teilt. Menschen mit einer dunklen Persönlichkeit sind weder ehrlich noch bescheiden. Was sie auch gefährlich macht, ist ihre Fähigkeit, in den Köpfen anderer Menschen denken zu können. Sie können Gefühle denken, sie können die Emotionen anderer erkennen und zielgerichtet verändern. Sie selbst können nicht fühlen, aber sie können die Gefühle anderer Menschen lesen, beeinflussen und manipulieren. Menschen mit einer dunklen Persönlichkeit können keine dauerhafte emotionale Bindung zu Menschen eingehen. Oder anders ausgedrückt: Sie können nicht lieben!

Typisch Mann? Typisch Frau? Mrs. Jekyll und Dr. Hyde? Männer und Frauen unterscheiden sich signifikant in den Dimensionen der dunklen Triade. Männer weisen stärkere narzisstische, machiavellistische und psychopathische Tendenzen auf als Frauen (Externbrink 2018, S. 20).

8.3 Umgang mit Psychopathen, Sadisten, Perversen, Abartigen

Wenn ich du wäre, wäre ich lieber ich. Wir haben die wichtigsten Merkmale der Persönlichkeitsstörungen bereits gründlich unter die Lupe genommen. Betrachten wir die Profile des Bösen, sehen wir mehr Männer als Frauen. Das macht den Umgang schon etwas leichter, weil wir uns mehr auf die Männer fokussieren als auf die Frauen. Von Frauen geht im Alltag nicht so eine hohe Bedrohung aus wie von Männern. Männlichkeit ist toxisch. Gewalt ist männlich. Testosteron macht gewalttätig, es macht aber auch erfolgreich. Wie sollen wir denn nun am besten mit Psychopathen und Co. umgehen? Klingt jetzt vielleicht banal, aber vertrauen Sie Ihrem Bauchgefühl! Achten Sie auf Ihre eigenen Gefühle, denn das ist ein unschlagbarer Vorteil, den sie gegenüber den Psychopathen und Co. haben. Zur Erinnerung: Psychopathen können nicht fühlen, sie können Gefühle nur denken.

Weil Sie aber fühlen können, haben Sie einen enormen Vorteil. Ihre Gefühle sind Ihr *menschliches Frühwarnsystem.* Angst, ein mulmiges oder ein komisches Gefühl sind ein wichtiges Instrument in Ihrem Gefahrenradar. Beobachten Sie Ihr Umfeld und beobachten Sie

Menschen. Gehen Sie nicht in halb gebückter Haltung durch die Straßen und stopfen Sie sich nicht die Ohren mit Kopfhörern zu. Bleiben Sie aufmerksam und bekommen Sie ein Gespür für Menschen und Situationen. Beurteilen Sie Menschen lieber nach dem, was sie *tun*, und nicht, was sie *sagen*. Einen Lügner können Sie anhand seiner Handlung überführen. Es ist nicht entscheidend, was jemand sagt, sondern das, was er tut (Müller 2004, S. 79).

Vielleicht einmal ganz kurz aus dem Nähkästchen geplaudert: Es ist relativ leicht, herauszufinden, ob jemand lügt oder die Wahrheit sagt. Es geht um die sog. Detailverliebtheit. Wenn ihnen jemand die Wahrheit erzählt, wird er ein ganz bestimmtes Detail immer und immer wieder erzählen. Wer lügt, erzählt immer wieder andere und neue Details. Hier aber der Trick: Wenn wir Sie bitten würden, alles das, was Sie am heutigen Tage erlebt haben, einmal rückwärts zu erzählen, dann würden Sie das vermutlich mühelos schaffen. Menschen, die lügen, können etwas angeblich Erlebtes nicht wirklich rückwärts erzählen, weil sie immer wieder neue Zusammenhänge konstruieren müssen. Überlegen Sie beim nächsten Mal also genau, was Sie sagen, wenn Ihre Frau Sie fragt: „Wo kommst du denn gerade her?"…

Bleiben Sie misstrauisch! Machen Sie sich undurchschaubarer, werden Sie eckiger und kantiger. Lassen Sie sich nicht ausnutzen und verschenken Sie nicht Ihr Vertrauen ohne weiteres. Geld verändert nur allzu oft unsere Beziehung zur Moral. Nicht nur Liebe kann blind machen, sondern Geld auch. Oder haben Sie sich noch nie die Frage gestellt, warum diese junge attraktive Frau mit diesem älteren und doch eher hässlichen Herrn unterwegs ist? An seinem Aussehen liegt es vermutlich nicht. Viel Geld kann aber plötzlich attraktiv machen.

8 Was können wir gegen das Böse im Alltag tun?

Lassen Sie sich nicht zu unethischen Handlungen verleiten. Als Beispiel nennen wir Ihnen drei Dinge, und Sie müssen entscheiden, ob Sie sie für böse halten: 1) Prostitution, 2) Kinderarbeit, 3) Tierquälerei. Und wie sieht es mit Folgendem aus: 1) Pornografie, 2) Ramschware, 3) Massentierhaltung? Vieles, was auf den ersten Blick als böse erscheint, erscheint in einem anderen Bezugsrahmen als etwas vollkommen Normales oder sogar Gutes (Shaw 2018, S. 205).

Wir möchten Sie mit unserer Anleitung ermutigen, genau hinzuschauen, mit welchen Menschen Sie es zu tun haben. Achten Sie auf das, was dieser Mensch sagt, und achten Sie darauf, was dieser Mensch tut. Beobachten Sie die Verhaltensmerkmale, und wenn Sie die Verhaltensmerkmale wie ein Bild zusammensetzen und das Bild eines Psychopathen und Co. entsteht, schützen und wehren Sie sich mit all der Ihnen zur Verfügung stehenden Kraft. Wenn Sie unsicher sind und zweifeln, vertrauen Sie lieber nicht. Beobachten Sie aufmerksam weiter! Die Profile des Bösen werden am deutlichsten sichtbar durch die Persönlichkeitsmerkmale eines Menschen und die konkrete Situation, in der er handelt. Wir leben in einem Rechtsstaat und nicht im wilden Westen. Wir haben eines der weltbesten Grundgesetze und genießen von daher schon jede Menge Schutz und Sicherheit. Wenn Ihnen Böses widerfährt, zögern Sie bitte nicht, frühzeitig mit der Polizei zu sprechen oder im Einzelfall auch eine Anzeige zu erstatten. Sie müssen sich nicht alleine gegen das Böse wehren, sondern denken Sie daran: Wir sind Viele! Wenn Menschen meinen, sich nicht an Regeln halten zu müssen, Gesetze und auch persönliche Grenzen missachten und verletzen, dann muss man sich frühzeitig wehren!

Die dunklen Persönlichkeiten sind da draußen. Am besten ist es natürlich, wenn man die Psychopathen und

Co. vollkommen meidet. Aber das ist nicht immer möglich, denn sie begegnen Ihnen nicht nur in Angsträumen, sondern möglicherweise auch bei der Arbeit oder in der Freizeit.

Der Autor war selbst zu ungezählten psychologischen Akutinterventionen nach Terroranschlägen wie New York, Paris und Berlin. Dazu kommen verschiedene Amokläufe wie in Erfurt, Freising, Winnenden und München. Außerdem zahlreiche Geiselnahmen, Entführungen und Bedrohungslagen. Solche Tragödien beherrschen die Schlagzeilen und uns selbst oft wochenlang. Solche Massaker erregen viel öffentliches Aufsehen mit einem schier grenzenlosen medialen Interesse. Solche Tragödien erschüttern uns sehr, weil sie unsere Wahrnehmung verzerren und unsere Aufmerksamkeit weglenken von den Tätern, die tagtäglich Hunderte von Frauen und Kindern misshandeln, quälen und umbringen.

Viele Gewalttaten finden unterhalb des Radars der Öffentlichkeit statt. Aber genau diese Form von Gewalt ist es, der wir am ehesten begegnen können. Die Psychopathen und Co. in unserer Gesellschaft begehen ihre Taten oft hinter verschlossenen Türen, zu Hause, in Kirchen, am Arbeitsplatz. Oft suchen Sie sich arglose, nichts ahnende Opfer und leider schöpft meistens niemand Verdacht, bis es irgendwann zu spät ist (Navarro 2017, S. 20). Raub, Überfälle, Mord, häusliche Gewalt, sexuelle Gewalttaten und viele andere Delikte mehr. Viele Taten werden von den Opfern nicht zur Anzeige gebracht und dementsprechend auch nicht bestraft. Über die Dunkelziffer lassen sich keine verlässlichen Aussagen treffen. Auch nicht über das Ausmaß der damit verbundenen körperlichen und seelischen Verletzungen, von den finanziellen Schäden einmal ganz abgesehen.

Gefährliche Persönlichkeiten stellen eine erhebliche Bedrohung für die Sicherheit und Gesundheit unserer

8 Was können wir gegen das Böse im Alltag tun?

Gesellschaft dar. Die Polizei kann Gefahren nur dann abwehren und Strafen verfolgen, wenn sie davon Kenntnis bekommt. Erfreulich ist die Tatsache, dass sich in den letzten Jahren das Anzeigeverhalten deutlich verbessert hat und Menschen immer mehr Mut und Zivilcourage haben, sich einzumischen, sich zu wehren und Anzeige zu erstatten. Wir möchten Sie hierzu auch unbedingt dazu ermutigen. Haben Sie keine Angst, etwas falsch gemacht zu haben. Schuld hat immer nur der Täter! Sprechen Sie mit der Polizei und befürchten Sie nicht, dass es unangenehm oder peinlich wäre. Wenn Sie außergewöhnliche Dinge in Ihrem Umfeld erleben oder wahrnehmen, können Sie durch Informationen an die Polizei möglicherweise bedrohtes Menschenleben retten. Sicherlich kennen Sie die Redewendung *„der Schein trügt"*. Und so ist es doch auch oft mit den dunklen Persönlichkeiten. Es steht ihnen ja nicht auf die Stirn geschrieben: *Achtung! Ich bin böse! Ich möchte Ihr Vertrauen ausnutzen!* Um Psychopathen und Co. zu erkennen und zu meiden, benötigen Sie im Grunde genommen nur Ihr Bauchgefühl und eine gute Beobachtungsgabe.

Auf welche Warnzeichen es bei den Profilen des Bösen ankommt, haben wir Ihnen bereits verraten. Jetzt sind Sie dran! Wir wollen nicht, dass Sie Opfer werden, sondern dass Sie sich gegen böse Menschen schützen können. Wir wollen, dass Sie glücklich und unbeschwert Ihr Leben genießen können. Machen Sie sich mit den Persönlichkeitsmerkmalen und Verhaltensauffälligkeiten, die wir beschrieben haben, vertraut. Wenn Sie diese verinnerlicht haben, wird Ihr menschliches Frühwarnsystem viel schneller reagieren als bisher: Vorsicht! Hier stimmt etwas nicht! Pass auf dich auf und bringe dich sofort in Sicherheit! Je schärfer Ihr Blick für die Profile des Bösen ist, wenn jemand versucht, Sie auszunutzen oder zu verletzen, desto schneller können Sie eigenverantwortlich für Ihre

Sicherheit sorgen. Wir möchten unser Erfahrungswissen mit Ihnen teilen, weil niemand ständig einen Experten bei sich hat, den er fragen könnte: „Was meinst du, ist der hier gefährlich? Ist der hier ein netter Mensch? Darf ich ihr mein Kind anvertrauen? Darf ich bei ihm investieren? Sollte ich sie zu meiner Zimmergenossin machen? Hat dieser Manager das Zeug dazu, mein Unternehmen zu ruinieren? Kann ich ihn über Nacht mit nach Hause nehmen?" (Navarro 2017, S. 24). Diese Entscheidungen können nur Sie selbst treffen. Aber zukünftig werden Sie diese Entscheidungen sicherer treffen können. Denken Sie bitte immer wieder daran: Persönlichkeit und Situation bestimmen das Täterverhalten. Zusammen mit unseren Anleitungen und Ihrem Gespür für die Persönlichkeit und die Situation wird es Ihnen zukünftig leichter fallen, das Risiko zu reduzieren, seelischen, finanziellen oder körperlichen Schaden zu erleiden. Benjamin Franklin brachte es auf den Punkt: *„Eine Investition in Wissen bringt die höchsten Zinsen"* (Navarro 2017, S. 25).

> Vasudevas Gesicht überzog sich mit hellem Lächeln. »Ja, Siddhartha«, sprach er. »Es ist doch dieses, was du meinst: dass der Fluss überall zugleich ist, am Ursprung und an der Mündung, am Wasserfall, an der Fähre, an der Stromschnelle, im Meer, im Gebirge, überall, zugleich, und dass es für ihn nur Gegenwart gibt, nicht den Schatten der Zukunft?« »Dies ist es«, sagte Siddhartha. »Und als ich es gelernt hatte, da sah ich mein Leben an, und es war auch ein Fluss, und es war der Knabe Siddhartha vom Manne Siddhartha und vom Greis Siddhartha nur durch Schatten getrennt, nicht durch Wirkliches.« Es waren auch Siddharthas frühere Geburten keine Vergangenheit, und sein Tod und seine Rückkehr zu Brahma keine Zukunft. Nichts war, nichts wird sein; alles ist, alles hat Wesen und Gegenwart. (Hesse 1969, S. 98).

8.4 Tipps für den Alltag

„Gefühle sind ein chemischer Defekt, den man auf der Verliererseite findet." (Sherlock Holmes)

Das Licht vertreibt immer die Schatten und niemals umgekehrt! Je mehr Licht Sie in die Schatten der Profile des Bösen bringen, desto schneller und deutlicher werden Sie Psychopathen und Co. erkennen und sich vor ihnen schützen können. Das Zauberwort der Prävention heißt Bildung! In jeder Hinsicht. Persönlichkeitsbildung, emotionale Bildung, soziale Bildung, Wertebildung, Beziehungsbildung, Vertrauensbildung. Gute Bildung braucht Zeit! Ausbildung und Weiterbildung auch (Lüdke 2017, S. 7). Es gibt praktische Handlungshilfen, mit denen Sie sich für konkrete Bedrohungssituationen im Alltag wappnen können und durch die Sie Ihr Sicherheitsgefühl weiter steigern können. Beide zusammen werden es Ihnen ermöglichen, Ihr Leben noch selbstbestimmter zu führen, als Sie es heute schon tun.

Der Schatten ist alles das, was du auch bist, aber auf keinen Fall sein willst (C. G. Jung). Jeder Mensch trägt Licht und Schatten in sich. Unsere hellen Seiten, die wir mögen und auf die wir stolz sind, nehmen wir meist stärker wahr als unsere „düsteren", für die wir uns schämen, die uns vielleicht sogar Angst machen. Der Psychiater und Begründer der analytischen Psychologie, Carl Gustav Jung, beschäftigte sich als einer der ersten mit den Schattenseiten des Menschen. Jung fasste alle diese dunklen Anteile in uns selbst zusammen und nannte sie den „Schatten" (Benecke 2013, S. 317). Jung wusste genau, worüber er sprach, denn sein eigener Schatten hat ihn mindestens einmal in ernste Schwierigkeiten gebracht, als der damals 31-jährige Ehemann und Familienvater

Jung seinem Mentor Sigmund Freud gestand, eine Affäre mit seiner 10 Jahre jüngeren Patientin Sabina Spielrein begonnen zu haben. Aus gutem Grund sollten Psychotherapeuten ihre eigenen Schattenseiten kennen, bevor sie beginnen, Patienten zu behandeln. Und vielleicht haben Sie ja auch beim Lesen unserer Anleitung das eine oder andere Mal Ihren eigenen „Schatten" gesehen?! Wenn ja, wäre das vollkommen normal. Solange unsere hellen Seiten überwiegen, brauchen wir uns aber keine Sorgen zu machen. Besorgniserregend sind hingegen die Menschen, die besonders düstere Schatten in sich tragen und die dahinter befindlichen Bedürfnisse skrupellos befriedigen. Vor diesen müssen wir uns schützen. Sie haben ein Herz aus Eis. Durch unsere Anleitung haben Sie vielleicht eine Vorstellung davon bekommen, wie ein Mensch nach außen wirkt und was in seinem Inneren, in seinem „Schatten", schlummert.

> „Verlassen sind wir doch wie verirrte Kinder im Walde.
>
> Wenn Du vor mir stehst und mich ansiehst, was weißt Du von den Schmerzen, die in mir sind und was weiß ich von den Deinen. Und wenn ich mich vor Dir niederwerfen würde und weinen und erzählen, was wüßtest Du von mir mehr als von der Hölle, wenn Dir jemand erzählt, sie ist heiß und fürchterlich. Schon darum sollten wir Menschen voreinander so ehrfürchtig, so nachdenklich, so liebend stehn wie vor dem Eingang zur Hölle …" (Franz Kafka aus einem Brief an seinen Freund Oskar Pollak, 08.11.1903; zit. nach Lüdke 2018, S. 111).

Was Ihre Mitmenschen in sich tragen, werden Sie nur selten wirklich erfahren. Umgekehrt werden die wenigsten Ihren Schatten jemals wirklich kennen lernen. Einiges, was diesen Schatten ausmacht, ist vielleicht so unangenehm für Sie selbst, dass Sie es lieber ignorieren und gar nicht wissen wollen, was dahinter steckt.

Wir alle haben einen Schatten und können daraus das Beste machen. Solange wir unseren Schatten im Griff haben, ist alles in Ordnung. Manchmal kann er uns sogar helfen, alte Muster oder Gewohnheiten zu durchbrechen und verrückte Dinge zu tun, die wir uns ohne diesen Schatten niemals trauen würden. Solange wir damit niemandem schaden, kann dies unseren Horizont und unsere Lebenserfahrung erweitern. Wenn wir unsere eigenen Schattenseiten erkennen, sollten wir uns die Frage stellen, was das Gute im Schlechten ist. Nur so können wir auch unsere Schatten akzeptieren und von ihnen lernen. Es kann uns helfen, das eigene Leben bewusster, selbstbestimmt und verantwortungsvoll zu gestalten. Um es mit den Worten von C. G. Jung zu sagen: *„Ich möchte lieber ganz sein als gut"* (Benecke 2013, S. 326 f.).

8.4.1 Richtiges Verhalten in Gefahrensituationen

Nachfolgend finden Sie einige Tipps, wie Sie Gefahrensituationen vermeiden können und wie Sie sich selbstsicher und souverän vor gewalttätigen Übergriffen schützen können (Lüdke 2017, S. 13 ff.):

- Bekommen Sie ein Gespür für die Situation. Vertrauen Sie Ihrem Bauchgefühl und Ihrer Intuition. Es gibt keine falschen Gefühle, Gefühle sind immer richtig, und oft auch der erste Eindruck und v. a. das erste Gefühl, das erste Gespür.
- Atmen Sie! Atmen ist sehr gesund! Atmen entspannt! Atmen Sie bewusst tief ein und aus, dadurch sammeln

Sie Kräfte und bleiben ruhig und bewahren einen kühlen Kopf.
- Lernen Sie Gefahrensituationen frühzeitig zu erkennen und zu vermeiden.
- Eigensicherung geht vor. Bevor Sie anderen Menschen helfen, achten Sie unbedingt darauf, sich durch Ihr Handeln nicht selbst in Gefahr zu bringen.
- Wählen Sie den Notruf der Polizei 110! Organisieren Sie Hilfe.
- Legen Sie Hemmungen ab, werden Sie laut und entschlossen.
- Fordern Sie andere Menschen aktiv und direkt zur Mithilfe auf.
- Beobachten Sie Täter, prägen Sie sich Tätermerkmale ein.
- Kümmern Sie sich um Opfer.
- Stellen Sie sich als Zeuge zur Verfügung.
- Haben Sie den Mut, Anzeigen zu erstatten.
- Machen Sie Fotos oder Videos, ohne sich in Gefahr zu bringen.
- Nutzen Sie Ihre mentale Stärke! Selbstschutz und Selbstverteidigung beginnen im Kopf. Lernen Sie Entspannungstechniken und praktizieren Sie diese täglich.
- Sorgen Sie im Alltag für ausreichend Bewegung, fitness gibt Sicherheit.
- *„Trau lieber deiner Kraft als deinem Glück"* (Publilius Syrus, 1. Jh. v. Chr.)
- Lernen Sie frühzeitig, Gefahrensituationen zu erkennen. Nutzen Sie Ihren emotionalen Gefahrenradar und Ihr menschliches Frühwarnsystem: Beide sind zuverlässige und mächtige Begleiter im Alltag. Es sind natürliche Waffen. Sie sind wie eine Garantie oder ein Versprechen, sich richtig zu verhalten, wenn es darauf ankommt. Gehen Sie mit offenen Augen und

8 Was können wir gegen das Böse im Alltag tun?

Ohren durch die Welt. Nehmen Sie alles um Sie herum (selbst-)bewusst wahr. Das nennt man auch entspannte Wachheit.
- Wer sich die Ohren mit Kopfhörern zusteckt und in halb gebückter Haltung mit seinem Smartphone durch die Gegend taumelt, bekommt Vieles nicht mit. Wer Augen und Ohren verschließt, wird früher oder später zum gefundenen Opfer. Von Diebstahl bis zu Vergewaltigung.
- Der beste Schutz ist, möglichst der Gefahrensituation aus dem Wege zu gehen. Beobachten Sie Ihre Umwelt. Konzentrieren Sie sich auf den Weg und texten Sie zum Beispiel nicht permanent auf Ihrem Handy. Wenn Ihnen eine Situation merkwürdig vorkommt, trauen Sie Ihrem Gefühl und gehen Sie dorthin, wo Menschen sind, die Ihnen notfalls helfen können.
- Bevor es zu einem Angriff oder körperlichen Übergriffen kommt, gibt es in 99 % aller Fälle 3 Stufen. Diese Täterrituale dauern zwischen wenigen Sekunden und einigen Minuten.
  – Stufe 1: Der Aggressor sucht sich ein Opfer aus, fixiert dieses mit seinen Blicken. „Was guckst du?!" ist der Klassiker. Wer jetzt wegsieht oder den Kopf plötzlich senkt, wirkt schwach und macht sich als Opfer interessant.
  – Stufe 2: Das Opfer wird jetzt verbal provoziert und beleidigt. Die Adrenalin-Monster blasen ihr mickriges Ich allmählich auf und testen, wie das Opfer reagiert und was es so drauf hat.
  – Stufe 3: Jetzt kommt es zu körperlichen Übergriffen, Anfassen, Begrapschen, Schubsen usw. Der Täter will sich weiter aufplustern, sich selbst Mut machen und sein Opfer runtermachen.

- Je früher Sie wahrnehmen, dass die Vorstufen der gewalttätigen Übergriffe beginnen, desto mehr Möglichkeiten haben Sie, sich zu schützen.
- Jeder Mensch hat einen angeborenen genetischen Schutzmechanismus in sich, der bei emotionaler Bedrohung automatisch aktiviert wird. Er hat schon in der Steinzeit bei der Begegnung mit Säbelzahntigern unser Überleben gesichert. Dieser natürliche Schutzmechanismus lautet: *Fliehe, kämpfe* oder *erstarre*.
  - Flucht ist immer der beste und sicherste Schutz.
  - Wenn wir nicht mehr flüchten können, dann sollten wir „Kampfsignale" als „Antiopfersignale" aussenden.
  - Erstarrung wäre die denkbar schlechteste Reaktion und ist nur dann überlebenswichtig, wenn wir mit Waffengewalt bedroht werden. Wer mit einer Waffe bedroht wird, sollte weder flüchten noch kämpfen. Beides könnte lebensgefährlich sein.
- Selbstbehauptung ist das A und O der Gewaltprävention. Selbstverteidigungstricks sind ganz nett, wenn man sie mal von einem erfahrenen Trainer gezeigt bekommt und sie in seiner Anwesenheit übt. Wie so oft sind diese Techniken aber nur dann brauchbar, wenn ich sie täglich übe oder wöchentlich trainiere. In Gefahrensituationen sind der Stress und die Anspannung oft so groß, dass man Techniken, die man nur einmal geübt hat, dann nicht mehr automatisiert abrufen und einsetzen kann. Daher nicht auf Scheinsicherheit setzen.
- Selbstschutz und Selbstsicherheit beginnen im Kopf. Entscheidend sind dabei die innere Haltung und die mentale Einstellung. Sie können sich mental ganz leicht selbst programmieren, indem Sie bestimmte Situationen gedanklich durchspielen. Prävention heißt auch, das Undenkbare zu denken und sich das Unvorstellbare vorzustellen. Alles was zählt, ist der Wille sich zu

verteidigen, also der Wehrwille und das Wehrverhalten. Entschlossenes und zielorientiertes Handeln und das Ausstrahlen einer natürlichen Autorität und gesunden Härte wirken präventiv. Täter sind feige. Täter wollen keinen Kampf und kein Risiko. Täter wollen Opfer und keine Gegner. Treten Sie entschlossen auf. Denken Sie daran: Sie haben nur ein einziges Leben! Gehen Sie damit nicht fahrlässig um. Wenn es sein muss, schützen Sie Ihr Leben und Ihre Gesundheit mit allen Mitteln.

8.4.2 So reagieren Sie souverän in kritischen Situationen

- Seien Sie aufmerksam.
- Treten Sie selbstbewusst auf.
- Werden Sie laut, wenn es sein muss: Schreien Sie aus Leibeskräften und üben Sie das ruhig mal ganz laut vorher in einem geschützten Bereich. Wenn man angesprochen oder bedrängt wird, sollte man sich nicht wegducken: Sagen Sie dem Angreifer laut und deutlich, dass er weggehen soll. Das schreckt ab und macht umstehende Personen auf die Situation aufmerksam.
- Siezen Sie fremde Personen in Gefahrensituationen. Sie sollten in bedrohlichen Gefahrensituationen den Angreifer immer siezen: Nur so werden Außenstehende hellhörig und sind eher bereit, sich einzumischen oder Hilfe zu holen.
- Bitten Sie Menschen gezielt um Hilfe.
- Achten Sie auf einen sicheren Stand, Stabilität und Gleichgewicht.
- Eine starke innere Einstellung zeigt sich in Ihrer äußeren Haltung.
- Bleiben Sie entspannt, entschlossen und willensstark.

- Körperliches Gleichgewicht führt zum inneren Gleichgewicht.

- Affen haben so wenig Haare im Gesicht, weil sie viel über Mimik kommunizieren. Täteraffen muss man wie Primaten begegnen:
  - *Körperhaltung.* Ihr Körper verleiht dem NEIN den nötigen Ausdruck.
  - *Gang.* Richten Sie Ihren Oberkörper auf, gehen Sie aufrecht. Strecken Sie die Brust raus. Auch wenn man das so sonst nur im Affenkäfig sieht. Halten Sie den Kopf aufrecht und heben Sie Ihr Kinn leicht an. Das strahlt Arroganz, Überheblichkeit und Selbstbewusstsein aus.
  - *Blickverhalten.* Halten Sie Blickkontakt. Ein fester Blick drückt Selbstbewusstsein aus. Wer den Blick nach unten richtet oder den Kopf senkt, wirkt unsicher. Schauen Sie hin. Wenn Sie jemand mit den Augen fixiert, erwidern Sie den Blick und schauen nicht zur Seite.
  - *Stimme.* Sprechen Sie mit lauter Stimme. Wenn es sein muss, schreien Sie auch. Wer laut ist, demonstriert Stärke.
  - *Körpersprache.* Sie können Ihren Arm wie eine verlängerte Waffe nutzen. Strecken Sie dem Aggressor außer Schlagweite den Finger ins Gesicht und sagen Sie energisch „Stopp" oder „lassen Sie mich in Ruhe", „gehen Sie mir aus dem Weg", „hören Sie auf damit".

- Sicherer Stand. Eine ängstliche Körperhaltung strahlt Unsicherheit in Gestik und Mimik aus. Bei unsicheren Menschen stehen die Füße eng zusammen, die Haltung ist gebückt, die Beine stehen eng zusammen, die Arme

8 Was können wir gegen das Böse im Alltag tun?

befinden sich vor dem Körper, Schultern und Kopf sind nach vorne gebeugt. Täter suchen genau diese Opferhaltung. Durchbrechen Sie das Muster. Stellen Sie die Beine weiter auseinander, richten Sie Ihren Oberkörper auf, heben Sie den Kopf und das Kinn. Halten Sie den Kopf gerade. Halten Sie die Arme vor dem Körper und die Handinnenflächen nach oben. Dies wirkt beschwichtigend und, wenn es sein muss, können Sie sich schneller schützen. Stehen Sie dem Angreifer nicht frontal gegenüber, wenn es geht. Drehen Sie sich leicht weg, so bieten Sie auch weniger Angriffsfläche. Halten Sie Abstand, wenn es geht. Bleiben Sie aus Schlag- oder Trittweite.

- Selbstbewusst auftreten. Achten Sie auf Ihre Körperspannung, das Kinn anheben und seinen Weg zielgerichtet verfolgen: Was so simpel klingt, kann bereits viel bewirken. Täter suchen sich oft unsichere Menschen aus, weil sie von diesen weniger Gegenwehr erwarten.
- Gezielt Menschen um Hilfe bitten. Je mehr Augenzeugen dabei sind, umso geringer ist die Wahrscheinlichkeit, dass jemand eingreift und Hilfe leistet. Psychologen nennen dies den Zuschauereffekt, Kitty-Genovese-Syndrom oder Verantwortungsdiffusion. Daher ist es besser, Menschen gezielt anzusprechen und sie um Hilfe zu bitten: Sprechen Sie Menschen gezielt an und bitten Sie um Hilfe. Anstatt „Kann mir jemand helfen" sagen Sie besser „Hey, Sie in der gelben Jacke, ich brauche Ihre Unterstützung", „Sie mit dem roten Pullover, rufen Sie bitte die Polizei".
- Wenn Sie unterwegs sind, machen Sie regelmäßig einen schnellen Lagecheck:
  - Wo befinde ich mich?
  - Bin ich alleine?

– Habe ich Chance auf Hilfe?
– Was will der Täter von mir?
– Ist der Täter angetrunken?
– Kann ich weglaufen? Wohin?

- Mentale Eigenprogrammierung. Sie ist eine Form des mentalen Trainings. Unser Gehirn kann nicht unterscheiden, ob wir etwas gedanklich durchspielen oder etwas tatsächlich tun. Was Sie denken können, können Sie auch tun. Probieren Sie einmal folgende Übung aus: Stellen Sie sich schulterbreit hin, heben Sie Ihren rechten Arm und den rechten Daumen, so, dass Sie damit „zielen" können. Nun drehen Sie den Oberkörper soweit nach rechts, bis es nicht mehr weiter geht. Zielen Sie dann auf den Punkt, wo es nicht mehr weiter geht und prägen sich diesen genau ein. Nun drehen Sie Ihren Körper zurück in die Ausgangsposition, senken den Arm und Daumen und schließen dabei einmal die Augen. Jetzt stellen Sie sich in Ihrer Fantasie einmal den Punkt vor, auf den Sie kurz vorher gezielt haben und lassen diesen Punkt ganz genau vor Ihrem inneren Auge entstehen. Nun stellen Sie sich dabei vor, Ihr Arm würde sich jetzt weiter drehen über diesen Punkt hinaus, und dass es Ihnen ganz leicht fällt. Als nächstes öffnen Sie Ihre Augen, heben Ihren Arm und Daumen erneut und drehen sich jetzt wieder, so weit es geht, und lassen sich dabei überraschen, was geschieht. Verblüffend, oder?

8.4.3 Anmache und blöde Sprüche: Was guckst du?

Hier finden Sie einige Ideen, wie Sie auf blöde Sprüche, Beleidigungen, Pöbeleien und Provokationen reagieren können. Grundsätzlich können Sie Blech natürlich mit

8 Was können wir gegen das Böse im Alltag tun?

Blech beantworten. Dies führt dann aber nicht selten zu einer Eskalation der Situation, da die Provokation mit einer Gegenprovokation beantwortet wird und so eine sehr unschöne Spirale in Gang gesetzt werden kann. Setzen Sie besser auf Selbstverteidigung mit Worten. Üben Sie Schlagfertigkeit mit einfachen kurzen Sätzen. Zur Erinnerung: *Täter sind dumm!*

Lernen Sie Schlagfertigkeit und Selbstverteidigung mit Worten. Selbstverteidigung funktioniert nämlich auch mit Worten! Wissen Sie, wie man am besten kontert und auf blöde Sprüche reagiert? Mit Sprichwörtern oder mit Fragen. Das kann man wunderbar üben. Setzen Sie sich mit Freunden oder Kollegen in einem Kreis zusammen; einer von Ihnen muss in die Mitte. Am besten stellen Sie sich hin. Dann haben Sie schon mal einen guten Stand, wie man sagt, denn so kann man besser antworten. Die anderen lassen dann ein paar dumme Sprüche vom Stapel und der Übungsteilnehmer in der Mitte versucht zu kontern, z. B. so:

- Sie können den Angreifer ins Leere laufen lassen.
- Sie können seine Provokationen ignorieren oder stumme Gesten als Antwort senden.
- Sie können seinen Angriff umlenken oder ihn mit unpassenden Sprichwörtern verwirren, indem Sie einfach zwei Sprichwörter miteinander mischen: „Ja ja, wie meine Großmutter schon sagte, je höher der Kirchturm, desto tiefer das Wasser"!
- Sie können auch sinnlos antworten. Manchmal genügen zwei Silben: Ach was, Potz Blitz, So so, A-ha, Oh je, Scha-de, Oh-ha, …

Hier einige Antwortideen bei Beleidigungen:

- „Du Brillenschlange!" Antwort: Brille ja, Schlange nein. Oder: Wenn du meinst.

- „Du bist fett!" Antwort: Stimmt. Oder: Danke für den Hinweis.
- „Hurensohn/Hurentochter." Antwort: Du musst mich verwechseln. Meine Mutter ist Verkäuferin. Oder: Meine Mutter hat halt nichts anderes gelernt.
- „Ich fick deine Mutter!" Antwort: Das würdest du nicht sagen, wenn du sie kennen würdest. Oder: Ich schreib dich auf eine Liste.
- „Fick deine Mutter"!" Antwort: Das macht schon mein Vater. Oder: Nein, danke. Das möchte ich nicht.

Lassen Sie es nicht zu, dass Ihre Grenzen verletzt werden! Es gibt ein paar Tricks, wie Sie in einer bedrohlichen Situation schon durch Ihr Auftreten und Ihre Körperhaltung für Entspannung sorgen können:

- Machen Sie sich nicht kleiner als Sie sind: Rücken gerade, Brust raus, Kopf hoch, Schultern breit. Bleiben Sie fest auf beiden Füßen stehen, sonst kommen Sie aus dem Gleichgewicht.
- Schauen Sie Ihrem Gegenüber ruhig in die Augen und halten Sie Blickkontakt – v. a., wenn es mulmig und unangenehm wird. Lachen Sie auf gar keinen Fall und setzen Sie auch kein Hab-mich-lieb-Lächeln auf, sondern sehen Sie Ihr Gegenüber ernst an. Ziehen Sie dabei die Augenbrauen herunter, sodass Ihnen die Verachtung quasi aus den Augen springt.
- Lassen Sie den Provokateur zunächst ins Leere laufen. Antworten Sie nicht mit Worten, sondern nur mit Ihrer Körpersprache. Niemand kann Ihnen ein Gespräch aufzwingen, wenn Sie es nicht wollen. Gegen Hartnäckigkeit hilft nur Hartnäckigkeit. Bleiben Sie hart und willensstark!
- Atmen Sie immer tief und gleichmäßig: ein, aus, ein, aus.

- Halten Sie Abstand, bleiben Sie außer Schlag- und Trittweite, sodass die Person Sie körperlich nicht erreichen kann. Bleiben Sie cool und gelassen, lassen Sie sich Ihre innere Aufregung nicht anmerken. Je mehr Sie sich aufregen, desto mehr Spaß hat der andere, weil er Sie ja provozieren will und Sie genauso reagieren, wie er es will.
- Sagen Sie sich immer: Ich kann siegen, ohne zu kämpfen.
- Sprechen Sie laut und mit fester Stimme.
- Bleiben Sie wortkarg und gehen Sie nicht auf die Provokation ein, lassen Sie sich nicht auf Diskussionen ein.
- Wenn der andere nicht lockerlässt, sagen Sie kurz und knapp, klipp und klar, was Sie wollen, z. B.: „Lassen Sie mich in Ruhe! Gehen Sie mir aus dem Weg! Hören Sie damit auf!"
- Üben Sie mit anderen in Rollenspielen. Das macht nicht nur Spaß in der Gruppe, sondern Sie bekommen auch Sicherheit für reale Gefahrensituationen. Lernen Sie durch Simulationsübungen v. a. die Antiopfersignale.

8.4.4 Wenn Sie körperlich angegriffen werden

Wenn Sie einen körperlichen Angriff nicht abwenden können, seien Sie zu Allem entschlossen, um sich zu wehren! Sie haben den Täter/Angreifer nicht darum gebeten, sich in Ihr Leben einzumischen! Wichtiger als Selbstverteidigung ist der Wehrwille!

Sich zu wehren, wenn man sonst keinerlei Berührungspunkte mit körperlichen Auseinandersetzungen hat, kostet eine Menge Überwindung. Nutzen Sie das Adrenalin, mit dem Ihr Körper Sie in diesen Fällen versorgt und haben Sie immer vor Augen, dass Ihr Gegner wenig rücksichtsvoll mit Ihnen umgeht.

Wo es Männern weh tut: Eigentlich müssen Sie sich nur drei empfindliche Ziele beim Mann (das gilt natürlich auch für Frauen) einprägen, die Sie erreichen können. Mit wenig Kraft können Sie maximale Wirkung und Irritationen erzielen und Zeit zur Flucht gewinnen:

- *Augen:* Wenn es sein muss, kratzen Sie dem Täter die Augen aus; stechen Sie mit dem Finger oder mit Hilfsmitteln in die Augen.
- *Kehlkopf:* Schlagen oder stoßen Sie mit den Fingern, den Fingerspitzen, der Handkante oder einem Hilfsmittel gegen den Kehlkopf.
- *Genitalien:* Treten Sie dem Mann mit dem Fuß zwischen die Beine oder rammen Sie ihm Ihr Knie in die Genitalien, oder wenn Sie zugreifen können, zerquetschen Sie alles, was Sie packen können.
- Kämpfen Sie bei einem bewaffneten Angriff niemals um Geld oder Wertgegenstände. Geld oder Leben? Wählen Sie immer das Leben. Wenn Sie ein Täter mit einem Messer oder einer Schusswaffe bedroht, tun Sie genau das, was er von Ihnen verlangt, und zwar sofort! Achtung: Auch alkoholisierte Täter oder Täter, die unter Drogeneinfluss stehen, reagieren nicht bewusstseinsklar. Versuchen Sie zu flüchten.

In Gefahrensituationen können Sie sicher reagieren, wenn Sie sich auf mögliche An- und Übergriffe mental und körperlich vorbereiten. Dadurch verfügen Sie über eine Anzahl von geeigneten Verhaltensmustern, die Ihnen in einer latenten Gefahrensituation zur Verfügung stehen. Damit haben Sie zum einen Handlungssicherheit, strahlen diese aber auch aus, was schon dazu beitragen kann, dass aus einer latenten keine manifeste Gefahr wird, Angriffe also vielleicht schon im Keim erstickt werden. Zu einer solchen mentalen und körperlichen Vorbereitung ist es erforderlich, dass eine Gefahrenerkennung schon vorher wiederholt geübt wurde, da Gefahren, die man schon einmal trainiert oder besprochen hat, schneller erkannt werden können. Auch muss der Umgang mit Überraschungseffekten geprobt worden sein. Programmieren Sie sowohl immer wieder im Alltag als auch in einer Gefahrensituation mental den entschlossenen Willen „*Ich bin kein Opfer, ich bin ein Gegner*". Durch mentale und körperliche Vorbereitung werden Ihre innere und äußere Haltung zu den wichtigsten Bausteinen des Selbstschutzes. Ihre Aufmerksamkeit sowie das (kontrollierte) Erleben von Situation werden erheblich verbessert.

Wenn es dann zu einer Gefahrensituation kommt, ist es wichtig, dass Sie ganz in der Situation sind und das, was Sie tun, wachsam und aufmerksam machen; nehmen Sie alles um Sie herum bewusst wahr, mit allen Einzelheiten. Nur diese Situation ist entscheidend, bleiben Sie im Hier und Jetzt und handeln Sie situationsangemessen und spontan. Dazu ist es wichtig, dass Sie sich selbst in der Situation bewusst wahrnehmen. Stoppen Sie bewusst den Gedankenfilm „was wäre wenn ..." und „was könnte alles passieren", um intuitiv zu handeln. Dabei gilt, es kann nicht oft genug gesagt werden, dass Eigenschutz und v. a. Handlungsfähigkeit in Stresssituationen Vorrang haben! Ein toter Held ist kein guter Held...

Sollten Sie das zweifelhafte Vergnügen haben, einem persönlichkeitsgestörten Menschen nicht nur zu begegnen, sondern in dessen Zielbereich zu geraten, gelten eigene Regeln im Umgang mit diesem besonderen Menschen. Aber auch hier gibt es Sofortmaßnahmen für den Umgang mit Psychopathen und Co. (Navarro 2017, S. 63 ff.):

Wenn Sie es mit einem *Narzissten* zu tun haben, vielleicht bei der Arbeit, ist es ganz gut, wenn sie ihm aus dem Weg gehen können. Wenn Sie mit einem Narzissten zusammenleben, müssen Sie seine Unarten möglicherweise ertragen, wenn es nicht allzu schlimm ist. Wenn Sie von diesem Menschen erniedrigt und gedemütigt werden und seelischen Schaden befürchten, sprechen Sie mit einem Menschen, den Sie gut kennen und dem Sie vertrauen. Sie müssen bei keinem Menschen oder bei keiner Firma bleiben, in der Sie tyrannisiert, gequält und schikaniert werden. Entfernen Sie sich so weit wie nötig von diesem Typen. Grenzen Sie sich ab. Narzisstische Persönlichkeiten sind wie Vampire, sie saugen die anderen Menschen aus, bis sie emotional und körperlich vollkommen leer sind. Auch wenn es hart ist: Verbannen Sie diese Menschen aus Ihrem Leben.

Haben Sie es mit einer *depressiv-abhängigen Persönlichkeit* zu tun, sollten Sie unbedingt die Hilfe eines kompetenten Psychotherapeuten in Anspruch nehmen. Diese Menschen können Ihnen schwere seelische Verletzungen beibringen, ohne Sie auch nur anzurühren. Setzen Sie ganz klare Grenzen. Bleiben Sie bei Konflikten sehr konsequent, denn nur so kann Stabilität angestrebt werden. Werden Sie emotional von der depressiven Persönlichkeit wiederholt verletzt, sollten Sie auf Distanz gehen. Wenn diese Person bei einer möglichen Trennung damit droht, sich umzubringen, sollten Sie nicht zögern, den Notruf zu wählen. Es gibt in Deutschland ein Psychisch-Kranken-Gesetz (PsychKG). Darin sind Schutz und Hilfen für psychisch kranke Menschen geregelt. Falls eine Gefährdung Dritter oder eine Selbstschädigung aufgrund psychischer Krankheiten zu befürchten ist, kann eine solche Person auch zwangseingewiesen werden. Wenn Sie Kinder haben, denken Sie bitte daran, dass sich Kinder gegen diese Person nicht alleine wehren können und Ihren Schutz brauchen.

8 Was können wir gegen das Böse im Alltag tun?

In den Fällen, in denen Sie es mit einer *paranoiden Persönlichkeit* zu tun haben, kann das sehr kräftezehrend sein. Solche Menschen sind für jede Partnerschaft oder Familie eine gewaltige Herausforderung. Das Verhalten von paranoiden Persönlichkeiten lässt sich nicht vorhersagen und niemand weiß, wann es zu einem Wut- oder sogar einem Gewaltausbruch kommt. Paranoide Persönlichkeiten erkennen selbst nicht, dass bei ihnen etwas nicht stimmt. Deshalb lehnen sie auch jede Form von Hilfe ab. Seien Sie vorsichtig und passen Sie auf sich auf, denn paranoide Persönlichkeiten vergessen keine Kränkungen. Im Berufsalltag nerven diese Menschen einfach nur. Sie stören das Betriebsklima, sie suchen Streit und vergiften die Atmosphäre. Paranoide Mitarbeiter sind für jedes Unternehmen eine Belastung und ein nicht zu kalkulierendes Risiko. Besondere Vorsicht ist geboten, wenn paranoide Persönlichkeiten gekränkt werden, sie können dann sehr schnell aggressiv werden. Es gibt krasse paranoide Persönlichkeiten, die am Ende auch Amok laufen könnten. Doch den größten Schaden verursachen diese Typen im zwischenmenschlichen Bereich, zu Hause und an der Arbeit. Wenn Sie den Eindruck haben, es mit einer paranoiden Persönlichkeit zu tun zu haben, sprechen Sie mit einer Person, die Sie gut kennen, das hat nichts mit Petzen zu tun. Wird das Verhalten der paranoiden Persönlichkeit unerträglich, bringen Sie sich dringend in Sicherheit. Sollten Sie bei dem Menschen bleiben, seien Sie gewarnt.

Absolute Vorsicht ist geboten, wenn Sie es mit *dissozialen Persönlichkeiten* zu tun haben. Raubtiere bleiben Raubtiere. Dissoziale Persönlichkeiten sind und bleiben eiskalt. Wir halten sie für die gefährlichsten Persönlichkeiten bei den Profilen des Bösen. Halten Sie sich fern von diesen perfiden Reaktionsmaschinen. Sie werden Ihnen früher oder später schaden und Ihr Leben zerstören, ohne auch nur mit der Wimper zu zucken und das mit einem

Ruhepuls von 48/min. Auch wenn natürlich nicht jeder Dissoziale Menschen umbringt, so geht von ihm immer die Gefahr aus, Ihr Leben auf jedwede andere Weise zu (zer-)stören.

Auch im Umgang mit Psychopathen und Co. gibt es Interventionsmöglichkeiten und Selbstschutzmaßnahmen, die Sie im Alltag wirkungsvoll anwenden können:

- Nutzen Sie Ihre Kenntnisse der Persönlichkeitsstörungen als *„Arzneimittel"*.
- Machen Sie sich zum *Psychopathen mit Methode:* Erinnern wir uns noch einmal daran, welches die sieben Siegermerkmale sind: Skrupellosigkeit, Scham, Fokussierung, mentale Härte, Furchtlosigkeit, Achtsamkeit (im Augenblick Leben) und Handeln. Wer von uns würde in gewissen Momenten seines Lebens nicht davon profitieren, einen oder zwei von ihnen ein bisschen höher einzustellen? Wichtig ist, dass man sie dann auch wieder herabregeln kann (Dutton 2014, S. 203). Schlüpfen Sie in die Rolle, wenn es die Situation erfordert, wenn Sie Ihr Ziel erreicht haben, legen Sie die Rolle wieder ab.
- Wenn Sie ein ungutes Gefühl haben und Ihnen die Dinge spanisch vorkommen, sammeln Sie Informationen und dokumentieren Sie einzelne Vorfälle. Das kann möglicherweise bei einer späteren rechtlichen Auseinandersetzung sehr hilfreich sein.
- Schauen Sie nicht weg, sehen Sie hin. Wenn Sie sich nichts Böses denken, sehen Sie auch nichts Böses. Auch wenn Sie lieber nicht sehen und glauben wollen, es mit einer persönlichkeitsgestörten Person zu tun zu haben, seien Sie gewiss, es gibt diese Menschen – auch in Ihrem Alltag. Jetzt wissen Sie, auf welche Merkmale und Auffälligkeiten Sie achten können. Beobachten Sie und bleiben Sie aufmerksam.

8 Was können wir gegen das Böse im Alltag tun?

- Vertrauen Sie auch hier Ihrem Bauchgefühl. Verlassen Sie sich auf Ihr menschliches Frühwarnsystem. Ihr Gefahrenradar signalisiert Ihnen sehr schnell, wie Sie sich in der Gegenwart einer Person fühlen. Haben Sie ein komisches Gefühl in der Magengegend? Stellen sich Ihnen die Nackenhaare auf? Läuft Ihnen ein eiskalter Schauer den Rücken runter? Fühlen Sie sich unwohl, ängstlich oder beunruhigt? Es gibt keine falschen Gefühle! Ihre Gefühle sagen Ihnen: Pass auf, dieser Mensch könnte gefährlich sein! Ihre Angst kann zu einem sehr mächtigen Begleiter werden und Sie beschützen.
- Erkennen Sie den Unterschied zwischen „nett" und „gut". Nette Menschen können in Wirklichkeit sehr böse sein. Nur wer nette Dinge tut, muss nicht zwangsläufig ein guter Mensch sein. „Güte" kommt von Herzen und gehört zum Charakter eines Menschen. Gütige Menschen sind empathisch, sie können die Bedürfnisse anderer Menschen wahrnehmen, gütige Menschen können Bindungen und Beziehungen eingehen, ohne damit ein Ziel zu verfolgen. Nett sein kann jeder. Aber nur gütige Menschen können wirklich lieben.
- Spontanität will gut überlegt sein. Lassen Sie sich von niemandem bedrängen und nehmen Sie sich ganz viel Zeit und Ruhe, um Ihre persönlichen Entscheidungen zu treffen. Zeitdruck und Stress sind keine guten Berater.
- Wenn ein Mensch Sie liebt, lässt er Ihnen alle Freiheiten, die Sie benötigen. Böse Menschen wollen Sie oft zu Marionetten machen. Lassen Sie sich nicht fremdsteuern. Durchtrennen Sie die Fäden zu den Marionettenspielern, die versuchen, die Kontrolle über Ihr Leben zu bekommen. Denken Sie daran: Liebe ist ein Kind der Freiheit. Der Autor definiert Freiheit

folgendermaßen: *„Freiheit ist, wenn ich mir die Regenjacke anziehe, obwohl meine Frau sagt: Zieh dir die Regenjacke an."*
- Vertrauen ist gut, Kontrolle ist besser. Wenn Sie sich zum Beispiel im Geschäftsleben nicht ganz sicher sind, ob jemand wirklich ist, wer er zu sein vorgibt, ob jemand vertrauenswürdig ist oder ob irgendetwas im Busch ist, dann zögern Sie nicht, diese Person mit allen legalen Mitteln zu überprüfen, zum Beispiel ein Führungszeugnis anzufordern. Viele Menschen nehmen sich mehr Zeit für die Auswahl ihres neuen Autos als für ihren neuen Partner. Denken Sie daran: Partnerwahl ist Problemwahl.
- Wenn Gefahr im Verzug ist und eine gefährliche Persönlichkeit dermaßen kriminell oder aggressiv ist, dann müssen Sie sofort handeln. Wenn Sie bedroht werden, rufen Sie sofort die Polizei.
- Auch wenn Sie das Gefühl haben der einsamste Mensch auf der ganzen Welt zu sein, rufen Sie sich in Erinnerung, dass Sie es nicht sind! Es gibt Menschen, und zwar richtige Profis, die dafür bezahlt werden, dass sie Ihnen helfen und Sie beschützen. Ärzte, Polizei, Rettungsdienste und Beratungsstellen. Zögern Sie nicht, sie zu kontaktieren. Sie werden Ihnen helfen.

8.4.5 Fazit

Sie haben zahlreiche Hinweise und Tipps für ganz unterschiedliche Situationen kennengelernt. Die wichtigsten Handlungsoptionen können, wie folgt, zusammenfasst werden:

- Hören Sie auf Ihr *Bauchgefühl* und Ihre *Intuition:* Erfahrungswissen und Frühwarnsysteme für bedrohliche Situationen. Lernen Sie, Ihrer Intuition zu

vertrauen, und trainieren Sie so Ihr emotionales Frühwarnsystem für bedrohliche Situationen.
- Kommunizieren sie über *gewaltfreie Kommunikation:* Der gezielte Einsatz von Psychologie, Körpersprache und kommunikativen Mitteln eröffnet die Möglichkeit, Streit und Übergriffe zu vermeiden.
- Treten Sie mit *Selbstbewusstsein* auf: Durch Selbstbehauptung und ein gesteigertes Selbstbewusstsein verlassen Sie die mögliche Opferrolle. Sie erlangen mehr Sicherheit und Durchsetzungsvermögen.
- Achten Sie auf ausreichend *Bewegung:* Wer sich körperlich betätigt, tut nicht nur seinem Körper etwas Gutes, sondern gerade über Sport können wir innerhalb kurzer Zeit unser Selbstbewusstsein stärken. Wer sich in seinem Körper wohl fühlt, kann seine mentalen Stärken noch besser zur Entfaltung bringen.
- Zeigen Sie *Zivilcourage:* Wer sich selbst verteidigen und behaupten kann, hat auch das Selbstbewusstsein und den Mut, anderen zu helfen. Wer nur zuschaut, hilft dem, der zuhaut!
- Aber *Vorsicht:* Sie ist nicht nur die Mutter der Porzellankiste, sondern auch der Sicherheit.
- **Nachdem Sie jetzt so viel über das Böse gelernt haben, sind Sie immer noch verwirrt. Aber auf einem deutlich höheren Niveau!**

Literatur

Benecke, L. (2013). *Auf dünnem Eis. Die Psychologie des Bösen.* Köln: Bastei Lübbe.
Dutton, K. (2014). *Psychopathen. Was man von Heiligen, Anwälten und Serienmördern lernen kann.* München: Deutscher Taschenbuch Verlag.

Externbrink, K., & Keil, M. (2018). *Narzissmus, Machiavellismus und Psychopathie in Organisationen. Theorien, Methoden und Befunde zur dunklen Triade.* Wiesbaden: Springer Fachmedien.

Fink, P. (2000). *Immer wieder töten. Serienmörder und das Erstellen von Täterprofilen.* Hilden: Verlag Dt. Polizeiliteratur.

Harbort, S. (2002). *Das Hannibal-Syndrom. Phänomen Serienmord.* Leipzig: Militzke.

Hesse, H. (1969). *Siddhartha. Eine indische Dichtung.* Berlin: Suhrkamp.

Kahnemann, D. (2012). *Schnelles Denken, langsames Denken.* München: Siedler.

Lüdke, C. (2017/2). *Musik der Seele. Tera-Gramm Spezial.* Essen: Good-News-Letter der Terapon Consulting GmbH. www.terapon.de.

Lüdke, C. (2018). *Wer hat Stella & Tom die Angst gemopst? Geschichten die Kinder stark machen.* Heidelberg: medhochzwei.

Müller, T. (2004). *Bestie Mensch: Tarnung – Lüge – Strategie.* Salzburg: ecowin.

Navarro, J. (2017). *Die Psychopathen unter uns.* München: mvg.

Paulhus, D., & Williams, K. (2002). The dark triad of personality: Narcissim, Machiavellianism, and psychopathy. *Journal of Research in Personality, 36*(6), 556–563.

Roeck, B. (2019). *Leonardo. Der Mann, der alles wissen wollte.* München: Beck.

Schmid, G. B. (2015). *Klick; Warum wir plötzlich wissen, das wir eigentlich nicht wissen können.* Zürich: orell füssli.

Shaw, J. (2018). *Böse. Die Psychologie unserer Abgründe.* München: Hanser.

Von Hirschhausen, E. (2016). *Wunder wirken Wunder. Wie Medizin und Magie uns heilen.* Reinbek bei Hamburg: Rowolth.

Wirtz, M. A. (Hrsg.). (2014). *Lexikon der Psychologie.* Bern: Huber.

9

Hilfsangebote

Alles Böse traue ich dir zu: Darum will ich von dir das Gute.
(Nietzsche 1901, Kap. 46)

Zusammenfassung Vorbeugen ist besser als heilen, sagt der Volksmund. Prävention ist besser als Rehabilitation. Wie können wir uns schützen und was können, sollen und dürfen wir rechtlich eigentlich alles tun, um unsere Gesundheit, unseren Leib und unser Leben zu schützen? Und was tun, wenn wir mal nicht weiter wissen? Es gibt zahlreiche Möglichkeiten, sich kompetente und souveräne Hilfe zu holen. Sich helfen zu lassen, ist weder peinlich noch böse! Auch der Glaube kann für viele Menschen eine wertvolle und wichtige Hilfe sein.

Notwehr und Nothilfe
Gewaltvermeidung sollte an erster Stelle stehen (Lüdke 2017, S. 19 ff.): Ziel von Notwehr und Nothilfe ist

Deeskalation und Erhaltung der Handlungsfähigkeit. Notwehr steht jedem Menschen zu, egal ob privat oder beruflich. Wenn Sie angegriffen werden, dürfen Sie sich verteidigen. Normiert sind Notwehr und Nothilfe (Abwehr von Angriffen gegen einen anderen als sich selbst) im Strafgesetzbuch (StGB).

> Notwehr ist die Verteidigung, die erforderlich ist, um einen gegenwärtigen rechtswidrigen Angriff von sich oder einem anderen abzuwenden. (StGB, § 32)

Notwehr heißt, kurz gesagt, sich zu verteidigen, ohne selbst dafür bestraft zu werden. Das wussten auch schon die alten Römer: Gewalt darf mit Gewalt erwidert werden („vim vi repellere licet"). Gegen Gewalt hilft in extremsten Situationen nur Gegengewalt.

Das gilt aber natürlich nicht uneingeschränkt und immer, sondern nur unter den gesetzlichen Gegebenheiten. An dieser Stelle soll keine juristische Würdigung der Tatbestandsmerkmale erfolgen, sondern lediglich das eine oder andere wichtige Detail erläutert werden. Auch wenn gelegentlich ein Angriff die beste Verteidigung ist, muss ein *Angriff* vorliegen. Dieser muss *gegenwärtig* sein. Das ist er dann, wenn er unmittelbar bevorsteht, gerade stattfindet oder noch andauert.

Es gibt aber auch eine Grenze bei der Notwehr. Überschreitet derjenige, der sich verteidigt, das Ausmaß der Notwehrhandlung innerhalb einer Notwehrlage über die gebotene Erforderlichkeit seiner Abwehrhandlung hinaus, liegt eine Überschreitung der Notwehr (sog. Notwehrexzess) vor. Derjenige, der sich so überbordend verteidigt, handelt in diesem Fall rechtswidrig, kann aber unter Umständen straflos bleiben, wenn er aus Verwirrung, Furcht oder Schrecken gehandelt hat. Das ist also ein Strafausschließungs-, kein Rechtfertigungsgrund.

Wichtig ist auch die Verhältnismäßigkeit Ihrer Notwehrhandlung, mit der Sie sich gegen einen Angreifer zur Wehr setzen. Die Verteidigungshandlung darf zum Angriff nicht außer Verhältnis stehen. Wenn ein 4-jähriges Mädchen Sie vor das Schienbein tritt, dürfen Sie nicht zuschlagen, um sich zu wehren, auch wenn dieses Sie ja gewissermaßen angreift. Wenn ein 100-kg-Mann Sie vor das Schienbein tritt, dürfen Sie zuschlagen oder zutreten, um sich zu wehren.

Notwehr lässt sich am besten mit dem gesunden Menschenverstand erklären:

- *Situation:* Sie oder ein anderer Mensch geraten in eine Gefahrensituation oder Notlage.
- *Möglichkeit:* Sie dürfen sich verteidigen, um die Notlage abzuwenden.
- *Bedingung:* Die Verteidigung darf nicht schlimmer sein als die Notlage.
- *Beispiel:* Sie dürfen eine Scheibe einschlagen, um aus einem brennenden Haus zu fliehen. Sie dürfen jemanden schlagen oder treten, der Sie angreift. Sie dürfen aber einen Mieter nicht aus der Wohnung prügeln, wenn er seine Miete nicht zahlt.

Warnhinweis

Bewaffnen Sie sich nicht! Das ist extrem gefährlich und möglicherweise auch rechtswidrig. Waffen wie Elektroschocker oder Schreckschusswaffen mit Tränengaspatronen sind leicht zu beschaffen und vermitteln eine trügerische Sicherheit. Das Problem mit diesen Waffen ist, dass sie schnell gegen das Opfer selbst gerichtet werden können. Man kann außerdem sehr schnell selbst zum Täter werden. Verletzen Sie einen Menschen mit einer Waffe, ist das eine gefährliche Körperverletzung. Die Strafe ist direkt viel höher, egal, ob der andere sich stark oder gar nicht verletzt hat. Auch wer einen Schraubenzieher mit sich führt, muss sich darüber im Klaren sein, dass dies als „gefährliches Werkzeug" gilt. Sollte es dennoch zu einer Situation kommen, in der man sich körperlich wehren muss, können auch schon Alltagsgegenstände wie Zeitungen, Regenschirm, Haarspray oder eine Trillerpfeife eine gute Hilfe sein. Richtig eingesetzt, kann man sein Gegenüber kurzfristig außer Gefecht setzen oder so irritieren, dass man aus der Situation entkommen kann.

Sicherheitshinweise

- Wählen Sie in Gefahrensituationen den Notruf der Polizei 110.
- Lassen Sie nicht zu, dass Ihre Grenzen überschritten werden.
- Überschreiten Sie auch nicht die Grenzen der anderen.
- Schuld hat nur der Täter, nicht wer in Notwehr handelt.

Zeigen Sie, dass Sie kein Opfer sind und setzen Sie sich immer zur Wehr. Vorbeugen ist der beste Schutz, denn damit kann verhindert werden, dass es überhaupt zum Angriff kommt: Durch selbstbewusstes Verhalten, das durch die Ausstrahlung von Anti-Opfer-Signalen erreicht wird.

9.1 Hilfe für Opfer

- Notruf der Polizei 110

Gesundheitsschutz/Gesundheitsförderung/Gesundheitstrainings
(zertifiziert von der Zentralen Prüfstelle Prävention, von allen Krankenkassen anerkannt)

Präventive Onlinetherapie/Tera-Pi
www.terapi.de
Gewalt gegen Kinder/Kindeswohlgefährdung/Kindesmisshandlung
Deutscher Kinderschutzbund/Bundesverband e. V.
Telefon: 030/214 809-0
E-Mail: info@dksb.de
www.dksb.de
Häusliche Gewalt/Gewalt gegen Frauen
Hilfetelefon: 08000 116016
www.hilfetelefon.de
Hilfe für Opfer von Kriminalität und Gewalt
Weisser Ring
Telefon: 116 006 (bei einer Straftat)
E-Mail: info@weisser-ring.de
www.weisser-ring.de
Bei übermächtigen Ängsten/kein Lebensmut mehr
Telefonseelsorge (zu jeder Tages- und Nachtzeit)
Telefon: 0800/111 0 111 oder 0800/111 0 222
www.telefonseelsorge.de

Psychiatrische Notfälle

- Rettungsdienst 112

9.2 Wenn ich böse bin

Der Mensch ist, wie er ist, böse oder gut.

Wenn Sie ...

- glauben, Sie könnten eine gefährliche Persönlichkeit sein,
- Gewaltfantasien haben,
- wissen wollen, welche Persönlichkeitsmerkmale Sie in sich tragen,

- erfahren möchten, welche Verhaltensmuster Ihr Denken, Fühlen und Handeln bestimmen,
- einen erhöhten Leidensdruck haben,
- sich in einer unerträglichen Situation befinden,
- das Gefühl haben, die Kontrolle über sich zu verlieren,
- nicht mehr wissen, was wirklich ist und was nicht,
- einfach mal ein stützendes Gespräch benötigen,

wenden Sie sich an einen Menschen, den Sie gut kennen!

Wenn ein Sie einen solchen Menschen nicht haben oder dieser nicht sofort erreichbar ist, können Sie sich auch an jemanden wenden, der sich gut mit seelischen Krisen auskennt und versteht, was mit Ihnen los ist. Auch Partner, Verwandte, Freunde oder Kollegen können sich Rat holen, wenn sie die akute Krise eines Menschen erleben und nicht wissen, was sie tun können. Am besten suchen Sie in solchen Fällen Hilfe bei einem Arzt oder Psychotherapeuten. Verhaltenstherapeuten und Klinische Hypnotherapeuten sind immer eine gute Wahl. In akuten psychischen Notfällen, insbesondere wenn eine unmittelbare Gefahr für Sie selbst oder andere besteht, sollten Sie nicht zögern, sofort den Rettungsdienst (112) oder die Polizei (110) zu verständigen (BPtK 2019).

9.3 Adressen

Psychotherapeuten sind bezahlte Freunde.

Deutsche Gesellschaft für Hypnose und Hypnotherapie e. V.
Qualifizierte, seriöse und zertifizierte Hypnotherapeuten
E-Mail: DGH-Geschaeftsstelle@t-online.de
www.hypnose-dgh.de

Bundespsychotherapeutenkammer/Psychotherapeutensuche
Psychologischen Psychotherapeuten/Kinder- und Jugendlichenpsychotherapeuten
E-Mail: info@bptk.de
www.bptk.de
Präventive Onlinetherapie
(von allen Krankenkassen anerkannt, persönlich, anonym)
www.terapi.de
Infrastrukturelles Gebäudemanagement/Sicherheitsdienste/Sicherheitstechnik/Reinigungsdienste/Personaldienste
KÖTTER Services
Wilhelm-Beckmann-Straße 7
45307 Essen
E-Mail: info@koetter.de
www.koetter.de
TERAPON Consulting GmbH
Psychologische Akutintervention nach belastenden Ereignissen
Soforthilfe/Prävention/Gesundheitstrainings/Vorträge
(schnelle Hilfe vor Ort, bundesweites Expertennetzwerk, egal wo, egal wann, rund um die Uhr 24/7/365)
E-Mail: info@terapon.de
www.terapon.de

9.4 Glaube kann helfen

Vater unser im Himmel,
geheiligt werde dein Name.
Dein Reich komme.
Dein Wille geschehe,
wie im Himmel so auf Erden.
Unser tägliches Brot gib uns heute.
Und vergib uns unsere Schuld,
wie auch wir vergeben unsern Schuldigern.

Und führe uns nicht in Versuchung,
sondern ***erlöse uns von dem Bösen***.
Denn dein ist das Reich und die Kraft
und die Herrlichkeit in Ewigkeit.
Amen.

„If" ist ein Gedicht von Rudyard Kipling, dem britischen Schriftsteller (*Das Dschungelbuch*) und Dichter, der im Jahr 1907 den Literaturpreis erhalten hat.

> Wenn du den Kopf behältst und alle anderen
> verlieren ihn und sagen: Du bist schuld!
> Wenn keiner dir mehr glaubt, nur du vertraust dir
> und du erträgst ihr Misstrauen in Geduld.

> Und wenn du warten kannst und wirst nicht müde,
> und die dich hassen dennoch weiter liebst,
> die dich belügen strafst du nicht mit Lüge
> und dich trotz Weisheit nicht zu weise gibst.

> Wenn du dich nicht verlierst in deinen Träumen
> und du nicht ziellos wirst in deinem Geist,
> **wenn du mit Sieg und Niederlage umgehen kannst,**
> **und diese beiden Blender gleich behandelst.**

> Wenn du die Worte, die du mal gesprochen,
> aus Narrenmäulern umgedreht vernimmst
> und siehst dein Lebenswerk vor dir zerbrochen
> und niederkniest, wenn du es neu beginnst.

> Setzt du deinen Gewinn auf eine Karte,
> nur das zu tun, was du von dir verlangst,
> auch wenn du glaubst, es gibt nicht mehr da drinnen
> außer dem Willen, der dir sagt: Du kannst!

Wenn dich die Menge liebt und du noch du bleibst,
  wenn du den König und den Bettler ehrst,
  wenn dich nicht Feind noch Freund verletzen können,
  und du die Hilfe niemandem verwehrst.

Wenn du in unverzeihlicher Minute
  sechzig Sekunden lang verzeihen kannst:
  Dein ist die Welt – und alles was darin ist gut.
  Und was noch mehr ist – dann bist du ein Mensch!
(Kipling 2016, S. 232)

Literatur

Kipling, R. (2016). *Rewards and fairies.* London: House of Stratus.
Lüdke, C. (2017/2). *Musik der Seele. Tera-Gramm Spezial.* Essen: Good-News-Letter der Terapon Consulting GmbH. www.terapon.de.
Nietzsche, F. (1901). *Also sprach Zarathustra? Ein Buch für Alle und Keinen.* (Nietzsche's Werke. 1901. Erste Abteilung. Bd. VI). Leipzig: Verlag C. G. Naumann.

GPSR Compliance

The European Union's (EU) General Product Safety Regulation (GPSR) is a set of rules that requires consumer products to be safe and our obligations to ensure this.

If you have any concerns about our products, you can contact us on

ProductSafety@springernature.com

In case Publisher is established outside the EU, the EU authorized representative is:

Springer Nature Customer Service Center GmbH
Europaplatz 3
69115 Heidelberg, Germany

www.ingramcontent.com/pod-product-compliance
Lightning Source LLC
LaVergne TN
LVHW010254260326
834688LV00044B/1281